Die fröhliche Schule

Karin Michaëlis

Die fröhliche Schule

Herausgegeben von Robert Streibel

Aus dem Dänischen übersetzt von
Sven Hakon Rossel und Alexander Sitzmann

Löcker

Die Übersetzung wurde durch die Österreichische Nationalbank, den Österreichischen Zukunftsfonds und Statens Kunstfond (Danish Arts Foundation) unterstützt.

Übersetzung: Sven Hakon Rossel, Alexander Sitzmann
Herausgeber: Robert Streibel

Die Originalausgabe ist bei *Gyldendal,* Kopenhagen unter dem Titel *Glædens Skole* erschienen.

Für die deutsche Ausgabe:

Herstellung: Prime Rate, Budapest
ISBN 978-3-85409-992-5

Inhalt

Für Elisabeth Streibel, eine begnadete Lehrerin aus Leidenschaft,
die sich über eine Direktorin wie Eugenie Schwarzwald gefreut hätte.

Hinter den himmelhohen Mauern der Fantasie

Eugenie Schwarzwalds fröhliche Schule

Robert Streibel

Was war nun das Besondere an der Schwarzwaldschule? Diese Frage wird so oft gestellt, wie im gleichen Atemzug das Bedauern folgt, dass Eugenie Schwarzwald kein pädagogisches Konzept formuliert habe. Nur über Umwege kann die Sonderstellung gezeigt werden, Berichte und Erinnerungen von Schülerinnen und Schülern, die Berichte der Schulbehörde und nicht zuletzt die Feuilletons, die in verschiedenen Zeitungen erschienen sind, lassen Rückschlüsse zu. Bisher unbeachtet blieb eine Quelle, die so unglaublich wie umfangreich ist. Das Buch *Glædens Skole* von Karin Michaëlis wird zwar immer wieder erwähnt, doch da Dänisch keine Weltsprache ist, blieb es weitestgehend unbeachtet. »Die fröhliche Schule« wird zwar als Begriff zitiert[1], aber nie in dem Ausmaß rezipiert, wie es die Sache nötig gemacht hätte. Alles lag da vor uns, oder besser gesagt in einigen Bibliotheken in Dänemark, und wartete darauf übersetzt zu werden. Die deutsche Übersetzung des Buches war geplant und bereits fertig, doch der Beginn des Ersten Weltkrieges verhinderten ein Erscheinen, und nach 1918 konnte sich Karin Michaëlis zu keiner Überarbeitung aufraffen. So wurde dieses Werk mehr oder weniger vergessen, obwohl es für die Rezeption des Lebenswerkes von »Fraudoktor« eine große Rolle hätte spielen können.

Glaedens Skole gibt nicht nur einen genauen Einblick in den Schulalltag und die Form des Unterrichtens, sondern ist auch ein besonderes Dokument der Freundschaft zwischen Karin Michaëlis und Eugenie Schwarzwald. Dieser Freundschaft konnte auch die räumliche Trennung – Karin Michaëlis lebte in Kopenhagen oder auf der Insel Thurø – keinen Abbruch tun und dauerte von 1910 bis zum Tod von Eugenie Schwarzwald. Über den Tod von »Fraudoktor« hinaus blieb Michaëlis mit dem Freundeskreis verbunden. (»Eine lebenslängliche Bruderschaft, die ihre Arme weltweit ausstreckt.«[2])

Dokumentiert ist diese Freundschaft auch in einem beispiellosen Briefwechsel der beiden »seelenverwandten« Frauen. In der Königlichen Bibliothek in Kopenhagen liegen insgesamt 164 Briefe, die die Schwarzwalds an Karin Michaëlis geschrieben haben. Der Großteil stammt von Eugenie Schwarzwald. Vor allem in den Jahren 1912 bis 1917 war auch Hermann, Eugenies Mann, ein Briefpartner von Karin. Die Dritte im Bunde ist Marie Stiasny, die Sekretärin von »Fraudoktor« und Partnerin von Hermann Schwarzwald. Von ihr liegen Briefe datiert zwischen 1931 und 1935 bzw. 1940 vor.

Wie beschreibt Karin Michaëlis dieses Kennenlernen im Vorwort des Buches?

»Ein Zufall, der für mich etwas wie eine Fügung des Schicksals war, führte mich mit dieser Frau zusammen, über die dieses Buch entstanden ist. Ich will sie hier Louise nennen, weil ich diesen Namen so gern habe. Ich lernte ihr Werk kennen, das war schon viel; ich lernte sie selbst kennen, das war noch mehr. Meine Bewunderung für ihre Arbeit wird nur von der Bewunderung für ihre Menschlichkeit übertroffen.«

Dass dieses Buch nicht das Ergebnis eines flüchtigen Besuchs war, wird nach wenigen Zeilen klar.

»Ich ging zu dieser Schule und verfolgte den Unterricht viele Stunden lang mit. Wessen wurde ich nicht alles Zeuge!

So kam eines Tages in mir der Wunsch auf – nein, eher der unwiderstehliche Drang – der ganzen Welt Einblick zu gewähren in diesen Paradiesgarten, dessen Gärtnerin junge Seelen kultivierte. Ich bat um Erlaubnis, schildern zu dürfen, was ich sah und hörte, und ich erhielt die Genehmigung – jedoch unter dem Vorbehalt, dass ich nicht den Namen der Gärtnerin oder den Ort, wo der Garten lag, nennen durfte.«

Bereits die wenigen Zeilen des Beginns und die erste Schilderung von Louise bauen eine Erwartungshaltung auf, die förmlich dazu zwingt, die Schultore zu öffnen, oder wie es Karin Michaëlis formuliert hat: »Die Schule, in der sich die Kinder umsorgt fühlen wie hinter den himmelhohen Mauern ihrer Phantasie. Wo sie sich glücklich fühlen wie die Vögel in der Luft, wie die Fohlen auf dem Feld, wie die Blumen, die von der milden Morgensonne im Herzen geküsst werden.«

Die Begeisterung trägt natürlich die Handschrift des Jahres 1910, doch was hier vier Jahre vor dem Ersten Weltkrieg realisiert wurde, muss auch Bildungspolitikerinnen und Bildungspolitiker des Jahres 2019 noch vor Neid erblassen lassen und vielleicht auch die Schamesröte ins Gesicht treiben.

Seit 1938 sind die Schultore geschlossen, heute befindet sich in der ehemaligen Schwarzwaldschule in Wien in der Wallnerstraße ein Hotel.

Das Ziel der Schule wird erläutert. Und einige pädagogische Leitlinien werden entwickelt, die auf den ersten Blick höchst ungewöhnlich klingen (»Die Schule hat auch die Aufgabe, den richtigen Genuss des Jetzt zu lehren.«) Und muss sich bewusst sein, wie wichtig diese Zeit für die Kinder ist. (»Die Jugendzeit ist so wunderbar – und so kurz, und kein Wissen der Welt kann es einem ersetzen, wenn die Jugendfreude vergeudet wird.«)

Zum Beispiel wird dies erreicht durch »Feste als Erziehungsmittel« (»Am besten sollen die festlichen Augenblicke so dicht auf seinem Weg verstreut liegen wie die Sterne an einem Herbsthimmel.«), wichtig ist es, die Sinne zu schärfen und ihre »systematische Auslöschung«, die das Erwachsenwerden bedingt, zu verhindern.

Beispiele der pädagogischen Praxis sind das Führen von Tagebüchern, die lustige Grammatik und die Zehn-Minuten-Aufgaben (»Einer der Gründe dafür, dass die Kinder in dieser Schule so einen erstaunliches Stilgefühl haben und sich in Briefen so frei und persönlich auszudrücken vermögen, ist sicherlich auf die Einführung der ›Zehn-Minuten-Aufgaben‹ zurückzuführen. (...) Sobald die Kinder einigermaßen sauber schreiben können, soll heißen (...) – ab ihrem siebten Lebensjahr, bekommen sie ein Thema aufgegeben und können nun schreiben, wozu sie Lust haben, viel oder wenig, es darf nur nicht mehr als zehn Minuten dauern. Und während der Arbeit wird nicht gesprochen.«)

Es gibt die großen »Fragestunden« (»Louise ist eine Freundin großer leidenschaftlicher Diskussionen, die ihrer Meinung nach von gleichem Nutzen für die Entwicklung sind, wie Schimpfen ihr zum Schaden gereicht. Sie wünscht sich, dass die Kinder leidenschaftlich einen Standpunkt vertreten und dass sie ihre Behauptung verteidigen können.«) Regelmäßig im Schuljahr wird großer Männer und Frauen gedacht. (»Die Kinder wachsen nun auf mit einem Hintergrund an Kenntnissen über die großen und bedeutenden Männer und Frauen, die sie sonst zu kennen keine oder nur geringe Veranlassung hätten. Und während man sie von den bunten Darstellungen aktueller Ereignisse in den Tageszeitungen fernhält, erhalten sie einen gesunden und echten Überblick über die inneren Begebenheiten, auf denen die Kultur der Welt und der Fortschritt der Menschheit ruhen.«)

Und darüber hinaus gibt es »wilde Gesangsstunden«. Dass Mädchen zum Schneidern angehalten werden, sich selbst ihre Kleidung schneidern können sollen, wird auch 1910 unter dem Titel »Ein altmodisches Kapitel« überschrieben. Karin Michaëlis schildert auch, wie in der Schule auf die Empfindsamkeit bei Kindern eingegangen wird, widmet sich dem Lügen und den »kleinen Dieben«, vergisst nicht auf die »Kinderliebe«. So wichtig die Erziehung zu Gefühlen ist, wird die sentimentale Erziehung als nicht gerade gesund bezeichnet: »sie schärft das Vermögen zu lieben, aber sie befähigt den Menschen nicht, am Lebenskampf teilzunehmen.« Der Optimismus ist eine Grundkategorie in dieser Erziehung. (»Man braucht das Kind nicht vor schlechten Büchern warnen, indem man sie kritisiert. Gibt man dem Kind eine ausreichend große Anzahl guter Bücher – sodass es in seinem Hunger nicht zu allem greift, was gerade zur Hand ist –, dann veredelt man den ihm von der Natur gegebenen guten Geschmack, sodass es von schlechten Büchern gar nichts wissen will.«)

Die Schule ist kein abgeschlossener Raum, und die Sorgen des Alltags sind integraler Bestandteil, so gibt es eine »Schulbank«, in die alle Kinder einzahlen und aus diesen Einnahmen kann jedes Kind, wenn es etwas braucht, Geld anfordern. Für die Absolventinnen der Schwarzwaldschule ist es zu einer Tradition geworden, dass sie einen Teil des ersten Gehalts auf diese »Bank« überweisen. Eugenie Schwarzwald hält ihre Schützlinge auch dazu an, ihr zu erzählen, wenn sie aus Familiengesprächen von freien Stellen erfahren. »Fraudoktor« vermittelt auch Arbeit, und die Schilderung der Empfangsstunden der Schuldirekotrin geben einen lebendigen Eindruck, wie sie sich aller Anliegen annimmt.

Wer dieses Buch gelesen hat, bedauert es, diese Schule nicht besucht zu haben, einen Unterricht bei den »drei Schwestern« und ihre pädagogische Praxis erfahren zu haben, und muss einfach Wehmut empfinden, dass der große Traum von Eugenie Schwarzwald für ihre Schule am Berg, sprich am Semmering, durch den Ersten Weltkrieg nicht realisiert werden konnte. Das Buch von Karin Michaëlis ist ein mobiles Denkmal für Eugenie Schwarzwald.

Wer in Wien nach einer würdigenden Erinnerung an jene Reformerin sucht, der die Stadt eine der ersten Schulen verdankt, in der Mädchen maturieren durften, wird sie nicht finden – es sei denn, er macht einen Umweg nach Speising zu der dort angesiedelten Volkshochschule Hietzing, wo der Pädagogin eine Dauerausstellung gewidmet ist, oder einen Abstecher in die Donaustadt, zum Eugenie-Schwarzwald-Weg.

Im Zentrum der Stadt, am Haus der ehemaligen Schwarzwaldschule in der Herrengasse 10, gibt es bis heute keinen Hinweis. Ein Antrag der Grünen im Jahr 2012 in der Bezirksvertretung führte zu einer hitzigen Debatte. Grund der Ablehnung war der angebliche Antisemitismus von Eugenie Schwarzwald. Im März 2013 gab es dann doch eine Rot-Grüne Mehrheit für eine Gedenktafel, doch realisiert wurde sie nicht. Die Hausbesitzer des Areals, wo sich heute auch das Hotel Steigenberger befindet, wollten einer Tafel nur dann zustimmen, wenn der Hinweis auf die durch die Nazis ermordeten Schülerinnen gestrichen werde. Im Jahr 2020 jährt sich der 80. Todestag der Pädagogin. Wenn dies zu überraschend kommt, würde sich das Jahr 2022 anbieten: Dann könnte der 150. Geburtstag von Eugenie Schwarzwald gefeiert werden.

Anmerkungen

1 Karl Marlaun schreibt anlässlich des zwanzigjährigen Bestehens der »Schwarzwaldschen Schulanstalten« im *Neuen Wiener Journal:* »Vor zwanzig Jahren kam Genia Schwarzwald aus der Schweiz nach Wien, und genau zwanzig Jahre werden es heute (Dienstag) sein, seit ihre von Karin Michaëlis ›die fröhliche Schule‹ getauften, gegen zahllose Widerstände ins Leben gerufenen und heute berühmt gewordenen Schulanstalten bestehen.« (20.9.1921)

2 Karin Michaëlis: Glædens Skole, Vorwort.

Karin Michaëlis

Die fröhliche Schule

Vorwort

Der Leser muss erfahren, weshalb ich dieses Buch geschrieben habe, das doch scheinbar so wenig mit meiner früheren Produktion zu tun hat. Scheinbar … denn in Wirklichkeit erklärt es vieles, das mir früher selbst nicht klar war, doch um das meine Gedanken immer wieder kreisten.

Oft habe ich über Kinder geschrieben. Ich habe die jungen Frauen meiner Bücher von ihren frühesten Jahren an geschildert. Und wo ich die Schilderung nicht ins fertige Werk aufgenommen habe, habe ich gedacht, dass alles aus dem Leben hervorgehen würde, wie es später verlaufen ist.

Das ist und war immer mein Glaubensbekenntnis, dass – jedenfalls was Frauen angeht – *all die Gedanken und Gefühle, die der Erwachsene hat, das Kind schon im Voraus gehabt hat.* Hass, Liebe, Zorn, Verzweiflung, Eitelkeit, Eifersucht, Groll, Mitleid – alle diese starken Gefühle sind bei dem kleinen Mädchen ganz genauso heftig wie bei der reifen Frau. Das Empfinden gegenüber Schönheit, die Beeinflussung durch gewisse liebliche Düfte, die Abscheu gegenüber gewissen Eigenschaften und Bewegungen, der blitzschnelle Wechsel von Seligkeit zu hoffnungslosem Schmerz sind ein und dieselben, ob bei einer Sieben- oder bei einer Siebenunddreißigjährigen. Es gibt, natürlich, lediglich den Unterschied, dass das Kind nicht überlegen und sich selbst erforschen kann und dass dem Kind die vollkommene Fähigkeit des Erwachsenen, sich zu verstellen, fehlt.

Das Kind verstellt sich nicht sehr, aber es verschweigt viele Kenntnisse und verbirgt viele Gefühle bei sich selbst. Das Kind leidet unter diesem Schweigen und dieser Zurückhaltung, weil es gegen die Natur ist, aber es fühlt, dass es in vielen Fällen vergebens ist zu sprechen. Und das Schweigen ist wiederum einer der Gründe dafür, dass Erwachsene so oft die Handlungen des Kindes nicht verstehen. Ihnen fehlen die Zwischenglieder.

Es erfordert ein tiefes Verständnis und eine innige Geduld, um das Seelenleben des Kindes gerecht mitzuverfolgen und mitzufühlen und die Quelle aufzuspüren, aus der seine scheinbar unlogischen Handlungen notwendigerweise entspringen.

Ich schilderte meine Frauen, wie sie kraft ihrer Abstammung, Umgebung und Erziehung waren, der Erziehung selbst widmete ich übrigens nicht viele Gedanken. Es kam mir so vor, dass die Welt des Kindes so viele hunderttausend Meilen weit weg lag von der der Erwachsenen, dass es keinen Weg oder Pfad von ihr bis zu jener gab.

Es war mir bekannt, dass die meisten Kinder mehr Leid als Glück erfahren im sogenannten »sorglosen« Kindesalter und dass ihr Leid Missverständnissen, ja Misshandlungen von Seiten der Erwachsenen geschuldet ist. Aber ich meinte, dass dies für alle Länder, alle Zeiten und alle Gesellschaftsschichten gleich sei, und ich meinte, dass jeder Ruf und jede Klage im Namen des Kindes ein Ruf in der Wüste und ein Steinwurf ins Meer wäre.

Ich erinnerte mich, wie sozusagen jeder einzelne der großen Dichter mit seinem Herzblut das Leidensbuch des Kindes geschrieben – und es auf Sand geschrieben hat. Das Blut färbt den Sand wohl für einen Augenblick rot, aber dann wirbelt neuer Sand darüber, und die Spur ist ausgelöscht.

Ein Zufall, der für mich etwas wie eine Fügung des Schicksals war, führte mich mit dieser Frau zusammen, über die dieses Buch entstanden ist. Ich will sie hier *Louise* nennen, weil ich diesen Namen so gern habe. Ich lernte ihr Werk kennen, das war schon viel; ich lernte sie selbst kennen, das war noch mehr. Meine Bewunderung für ihre Arbeit wird nur von der Bewunderung für ihre Menschlichkeit übertroffen.

Hunderten und Aberhunderten von Kindern wurden durch sie über die schweren Jahre hinweggeholfen, und indem sie die Kindheit hell und reich für sie gestaltete, gab sie dieselbe helle und reiche Zeit an deren Kinder weiter. Sie verstand es mit ihrem – das wage ich wohl zu behaupten – einzigartigen Instinkt, aus den wechselnden Bewegungen des kindlichen Gemüts klug zu werden, sie verstand es, jedes Kind auf die richtige Art und Weise zu nehmen und unbegrenztes Vertrauen und unbegrenzte Vertrautheit zu wecken, so dass kein Kummer verborgen blieb, keine Verzweiflung unentdeckt.

Die Genialität ihrer Natur sollte sie auf einen Posten geführt haben können, der bisher nur von Männern bekleidet wurde, den Posten des Unterrichtsministers. Sie hätte das Unterrichtswesen eines ganzen Landes regeln und die richtigen Männer und Frauen auswählen können für diese delikateste aller Aufgaben: die Kindeserziehung. Aber obwohl sie nicht Unterrichtsministerin wurde, nützte sie ihrem Land und ihrer Zeit mehr als manch ein hochbegabter Staatsbeamter.

Sie hat eine Schule, das ist alles. Eine Schule, nichts anderes. Es gibt viele Schulen in derselben Stadt und viele Städte mit vielen Schulen im selben Land. Aber ihre Schule ist dennoch keine unter vielen. Sie ist, trotz willkürlicher und unwillkürlicher Nachahmung und Beeinflussung, die einzige ihrer Art.

Man könnte sie »die fröhliche Schule« nennen:

Die Schule, in der sich die Kinder umsorgt fühlen wie hinter den himmelhohen Mauern ihrer Phantasie. Wo sie sich glücklich fühlen wie die Vögel in der Luft, wie die Fohlen auf dem Feld, wie die Blumen, die von der milden Morgensonne im Herzen geküsst werden. Niemand dämpft ihren Jubel. Das eine Kind lernt das andere zu verstehen und zu lieben. Rang und Reichtum setzen keine Grenze.

Die Schule, in der sich die Kinder das allerhöchste Wissen aneignen und wo der Unterricht mit demselben seligen Gefühl erfolgt wie das Pflücken von Obst und Blumen in den Gärten des Sommers.

Die Schule, deren Schüler sich als glückliche Zusammengehörige fühlen, selbst wenn sie längst im Hafen der Ehe gelandet sind. Eine lebenslängliche Bruderschaft, die ihre Arme weltweit ausstreckt.

Junge Frauen, die ihre Kinderjahre in dieser Schule zugebracht haben, setzen sich am Abend vor ihrer Hochzeit hin, um einen langen, zärtlichen Dankesbrief an Louise zu schreiben, die gute Hüterin der Kindheit. Und diese Briefe, von denen ich viele lesen durfte, spiegeln klarer als jede Nacherzählung wider, wie tief die Dankbarkeit dieser zukünftigen Ehefrauen und Mütter ist und wie unlösbar das Band zwischen dem, was war, und dem, was kommen wird. Man glaube nicht, dass diese Briefe Gewohnheitssache oder unumgängliche Sitte sind. Die eine junge Braut ahnt ja nicht, dass die andere ebenfalls den letzten Abend im Elternhaus auf diese Weise verbringt.

Jeden Tag, wenn Louise von der Schule heimkam, strahlten ihre Augen, und ihre ganze zitternde, lebhafte Person war gespannt vor glücklicher Erwartung: Sie hatte ja so viel zu erzählen, und sie musste wissen, wie wir alle ihre Berichte aufnahmen und mitfühlten. Oft ging sie morgens weg, ohne zu frühstücken – sie vergaß es ganz einfach, und der Hunger kam ihr erst in den Sinn, wenn sie gegen zwei Uhr nach Hause kam und den Duft von Essen wahrnahm. Aber selbst da fiel es schwer, etwas zu essen zu bekommen. Wir alle wollten ja ihre Berichte hören. Alles auf einmal. Und sie wollte so gern erzählen. Jeden Tag hatte sie Wunderbares erlebt. Und wenn sie lächelnd, lachend, jubelnd oder mit Tränen hinter dem Klang der Worte berichtete, dann lauschten wir ihr alle verzückt. So hatte noch nie jemand über Kinder gesprochen.

Ich ging zu dieser Schule und verfolgte den Unterricht viele Stunden lang mit. Wessen wurde ich nicht alles Zeuge!

So kam eines Tages in mir der Wunsch auf – nein, eher der unwiderstehliche Drang –, der ganzen Welt Einblick zu gewähren in diesen Paradiesgarten, dessen Gärtnerin junge Seelen kultivierte. Ich bat um Erlaubnis, schildern zu dürfen, was ich sah und hörte, und ich erhielt die Genehmigung – jedoch unter dem Vorbehalt, dass ich nicht den Namen der Gärtnerin oder den Ort, wo der Garten lag, nennen durfte.

Am liebsten hätte ich das Buch mit einem Bild von Louise eingeleitet, ja, nicht bloß das, am liebsten hätte ich ein Dutzend der mehr oder weniger vollkommenen Skizzen, Schattenrisse, Pastellzeichnungen und Kodakbilder eingeflochten, die die Schüler selbst von ihrer vergötterten »Frau Doktor« angefertigt haben. Wie sie ihre eigenen Hände zusammen mit denen eines kleinen Neulings mit schwarzen Fingern wäscht, damit sie beide richtig fein sein können, wenn sie von all dem Herrlichen hören sollen, das sich in der Zahl Vier verbirgt. Wie sie behutsam das stramme Halsband einer jungen Dame aufschneidet, die zur Reifeprüfung antreten soll. Wie sie durch die langen Korridore geht mit dem flatternden roten oder grünen Schleier, der wie eine heitere Fahne durch die Luft wallt. Wie sie am Lehrerpult steht, mit vor Begeisterung roten Wangen, einen Strauß roter Rosen mit beiden Händen umfasst, bereit, in die erste ansteckende Lachkaskade des Morgens auszubrechen.

Aber wie gesagt, weder Name noch Bilder sind gestattet.

Louise

Sie muss ein ungeheuer leidenschaftlich bewegtes Kind gewesen sein.

Als sie zwölf Jahre alt ist, wird sie zum ersten Mal von einem Verwandten in die Oper eingeladen. Sie ist noch nie im Theater gewesen. Ganze acht Tage verbringt sie in seliger Erwartung. Der Festtag bricht an. Um die Mittagszeit beginnt sie, sich anzukleiden. Als sie in vollem Staat ist, zieht sie alles wieder aus – sie meint, sie muss noch einmal baden, um fein genug für die Oper zu sein. Die Eltern sind auf einem Ausflug, und das Dienstmädchen hat sich freigenommen, so dass sie ganz allein im Haus ist. Sie sitzt nun da und wartet und wartet. Die Zeit vergeht nur langsam, doch sie erklärt sich selbst, dass es immer so ist, wenn man auf etwas Herrliches wartet. Sie wartet, und die Sonne geht unter. Die Sonne soll ja auch untergehen. Über den roten Abendhimmel sieht sie vom fernen Horizont die Dunkelheit sich nähern wie ein gewaltiges Unwetter. Sie bleibt am Fenster. Nun tauchen die Sterne auf. Jeder Stern versetzt ihr einen kleinen Stich in der Seele, eine seltsame kleine, verzagte Angst – eine Angst, der sie keinen Platz einräumen will. Sie horcht nach jedem Passanten, nach dem Poltern der Wagen. Niemand nähert sich ihrer Haustür. Die Kirchenglocken schlagen jede Viertelstunde. Sie sitzt da und horcht und späht hinaus in die Dunkelheit, als könnte sie mit ihren Augen und Ohren den Vetter herbeirufen. Die Oper hat längst begonnen. Sie weint nicht. Dann und wann betastet sie zwar die Augen, doch in ihnen sind keine Tränen. Sie starrt vor sich hin. Ihr Herz pocht, hämmert. Sie ist gleichsam eine lebendige Feuersbrunst. Die Uhr schlägt zwölf. Es ist Mitternacht, die ganze Stadt schläft. Sie sitzt da und starrt in die Dunkelheit.

Die Eltern kommen nach Hause und finden sie am Fenster vor. Ihre Augen haben einen sonderbaren, halb gebrochenen Ausdruck. Sie erkennt niemanden. In derselben Nacht sinkt sie mit Nervenfieber dahin, und erst, als sie wieder zu sich kommt, erfahren die erschrockenen Eltern die Ursache für ihre Erkrankung. Man schüttelt den Kopf. Man prophezeit ihr eine traurige Zukunft. Wie soll es ihr später ergehen, wenn sie schon als Zwölfjährige Nervenfieber bekommt, nur weil ein Vetter eine versprochene Karte für die Oper vergessen hat!

Alles in ihr ist Stimmung. Bald ist ihr Inneres ein brodelndes Wirrwarr unbändiger Mahlströme, bald schwebt sie in lichten Träumen, bald ist ihr Wesen verdunkelt von brütender Schwermut. Ein jedes Leiden, das sie erblickt, von dem sie hört, macht sie sich zu eigen. Sie liest Zeitschriften und weiß im Voraus, dass jede Seite ihr qualvolle Augenblicke bescheren wird. Sie liest Bücher und kämpft gegen die Schicksale an, die der Dichter seinen wehrlosen Protagonisten aufzwingt. Ihre Kinderhände ballen sich in ohnmächtigem Tatendrang zu Fäusten. Sie will regeln, helfen, lindern. Aber sie ist doch nur ein Kind, und sie lebt inmitten von Erwachsenen, die sie nicht verstehen. Ihre Mutter ist vom Wesen und ihrer Natur her die geborene Marquise, sie wünscht sich zuallererst, dass die Tochter als Dame erzogen wird – und wenn es etwas gibt, was Louise von Kindheit an instinktiv verabscheut und verachtet hat, dann ist es das »Damenhafte«.

Die Schule ist ihr eine Qual. Mit vorzüglichem Scharfsinn erkennt sie, dass die Kinder getriezt und gequält werden und dass sie dadurch böse werden. Der Unterricht kommt ihr so überflüssig vor wie Peitschenhiebe, mit denen man ein Pferd antreibt. Sie begreift, dass man das Tier mit ein bisschen grünem Klee und ein paar freundlichen Worten dazu bekäme, sein Möglichstes zu leisten.

Ohne etwas davon zu wissen, ist sie leidenschaftliche Anarchistin. Schon als Kind wünscht sie sich, dass die Welt – und sie selbst darin – besser zugrunde gehen soll, wenn man die Gerechtigkeit nicht aufrechterhalten kann.

Sie hat eine schöne Singstimme und ein ausgeprägtes mimisches Talent. Verwandte und Fremde versuchen, sie auf die Bühne zu locken, man verspricht ihr eine glänzende Zukunft. Nicht einen Augenblick lang lässt sie sich in Versuchung führen.

Vor ihrem inneren Auge sieht sie kleine Kinder Ringelreihen tanzen und hört sie glückselig lachen und jubeln. Diese Vision wird zur treibenden Kraft ihres ganzen späteren Lebens.

Das Herrlichste, meint sie nun, müsse es sein, von Dorf zu Dorf zu ziehen und kleine Kinder das zu lehren, was sie zuvor noch nie jemand gelehrt hat, dass sie sich nur am Jetzt erfreuen sollen, dass sie singen und tanzen sollen und dass sie nicht, dass sie gar nicht an das Morgen denken sollen.

Und sie beginnt, sich zur Lehrerin ausbilden zu lassen. Sie begibt sich in ein Lehrerseminar, aber nur, um mit Schrecken festzustellen, dass es hier genauso falsch zugeht wie in der Schule ihrer Kindheit. Niemand denkt daran, die Kinder glücklich zu machen, alles ist nur darauf ausgerichtet, sich mit totem Wissen vollzustopfen, um danach auch die unschuldigen Kinder damit vollzustopfen.

Also fährt sie nach Zürich und macht sich daran zu studieren. Und dort, in der schönen Natur, umgeben von jungen, nach Wissen strebenden Menschen aus aller Herren Länder, erfährt sie zum ersten Mal wirklich Befreiung durch die Arbeit. Sie hat jetzt plötzlich das Gefühl, dass ihr Kopf ein leerer Sack ist, den sie aus dem einen oder anderen Grund möglichst schnell gefüllt bekommen sollte, um später auf die eine oder andere Weise andere am Inhalt des Sacks teilhaben zu lassen.

Dort erhält sie Einblick in viele verwirrende und verwickelte Menschenschicksale, und jetzt kann sie sich nicht länger enthalten, jetzt greift sie ein, sowohl wenn sie kraft ihres Verstandes und Instinkts wirklich helfen kann als auch wenn sie, ihrem natürlichen Drang nach Ganzheit und Wahrheit folgend, meint, zum Richtigen zu raten, womöglich ohne einzusehen, dass es Menschen gibt, die aus freiem Willen für sich und andere das Verderben suchen. Sie erntet teuer erkaufte Erfahrungen, ihr Glaube an das gesagte Wort erleidet manch eine Narbe, aber sie lernt die Menschen kennen.

Ihr eigenes Wesen ist Leidenschaft. Sie opfert sich für alles auf, was der Augenblick bringt – sie ist selbst dieser Augenblick, so dass Freude oder Kummer sie ganz erfüllen und sich ihrer bemächtigen. Glücklicherweise fand ihr brennendes Herz bereits früh die richtige Gegenliebe, und dem Mann, den sie als kaum Zwanzigjährige wählte, gelang es vollständig und dauerhaft, diese Seite ihres Wesens auszufüllen, so dass sie nie einer anderen erotischen Verlockung begegnete, geschweige denn erlag. Natürlich will man, und dies zurecht, meinen, dass so etwas eine persönliche und intime Angelegenheit ist, die nichts mit ihrer späteren Arbeit zu tun hat, aber trotzdem ist sie von unumstößlicher Bedeutung. Denn – nur *»der vollkommen Glückliche und der bodenlos Unglückliche können im Verhältnis zu anderen Menschen etwas Großes und Wertvolles leisten«*. Ihre auffallend schöne Ehe ist so nicht bloß für sie selbst ein Glück, sondern auch eine Hilfe bei ihrer Arbeit für andere.

In Zürich bereitet sie sich also ruhig auf eine Zukunft vor, die ihr selbst noch keineswegs klar ist. Sie weiß nur, dass sie auf die eine oder andere Weise mit Kindern zu tun haben wird, mit tanzenden und singenden Kindern.

Als sie den Doktorhut aufsetzt, ist sie im wahrsten Sinne des Wortes kindlicher als damals, als sie als Siebenjährige die Klassiker las oder traurige selbstgedichtete Lieder mit dem Sturmwind um die Wette sang.

Eine Schule zu gründen, ist für sie gleichzeitig überraschend wie selbstverständlich. Wie sie zu dieser Schule kam, würde ich sehr gern erzählen, obschon das etwas ist, wozu ich gar keine Erlaubnis habe, doch ich kann hoffen, dass sie die dänische Ausgabe dieses Buches nicht liest und so meine Indiskretion nicht entdeckt.

Sie hatte vergeblich versucht, eine Anstellung an einer der besten Schulen jener Zeit zu bekommen. Man wagte nicht, sich mit ihr einzulassen. Sie sah viel zu jung und viel zu fröhlich aus. Vor so einem Küken konnte doch kein Kind Respekt haben! Und Respekt, das war die Losung. Bis sie die bestehenden Grundanschauungen über den Haufen warf. Ihr wurde bewusst, dass sie also selbst eine Schule besitzen musste.

Aber eine Schule ist nichts, das man bekommt, nur weil man es sich wünscht. Schulen stehen nicht am Wegesrand wie Blumen und rufen: »Pflück mich und ich gehöre dir!« Eine Schule kostet Geld, und Geld war das einzige, was sie nicht hatte. Im Übrigen verstand sie sich weder auf Geld noch hatte sie Interesse daran. Und bis zum heutigen Tag hat sie sich solch eine eingefleischte Verachtung für den Mammon bewahrt, dass ihre jungen Sekretäre, wenn Eltern in ihrer Abwesenheit ihre Kinder anmelden, scherzhaft fragen, ob sie nicht vielleicht etwas falsch gemacht haben, weil sie ihnen keine kostenlosen Schulplätze aufgezwungen haben. Es kommt vor, dass Kinder von Millionärseltern ganze oder zur Hälfte kostenlose Schulplätze haben, weil sie nicht daran denkt, die Verhältnisse zu untersuchen – davon ausgehend, dass alle dieselbe Auffassung von Geld haben wie sie.

Aber das war die Schule. Sie war alt und erbärmlich und konnte deshalb für die geringe Summe von dreitausend Kronen erstanden werden – die sie also nicht hatte. Da dachte sie: Ich muss sie mir leihen! Und sie begab sich zu reichen Verwandten. Aber diese waren der Meinung, dass es sich für eine junge unverheiratete Frau wirklich nicht ziemt, Schulvorstand zu sein. Sie weigerten sich glatt. Also ging sie zu diesen Leuten, die Geld gegen Zinsen verleihen. Sie sahen in ihre goldenen Augen und lachten und schüttelten den Kopf. Was für ein Pfand konnte sie anbieten? Sie lag nachts wach, konnte am Tag nicht essen. Die Schule wollte sie haben, sie musste sie haben. Sie ging planlos durch die Straßen, schaute wie gewöhnlich die Häuser an, um die zu finden, wo man gegen Wucherzinsen Geld leihen konnte. Ein Schild mit einem Namen ließ sie stutzen: Sie erinnerte sich dunkel, dass sie in Zürich einem jungen Mädchen dieses Namens geholfen hatte, womit, hatte sie vergessen. An diese Erinnerung klammerte sie sich, trat in die Rechtsanwaltskanzlei ein, natürlich ohne das junge Mädchen zu erwähnen. Der Chef hörte sich ihre Darstellung an, aber als sie zu dem Wunsch kam, dreitausend Kronen zu leihen, lächelte er wie all die anderen. »Liebes Fräulein«, er wollte nicht glauben, dass sie verheiratet war, »ich müsste mehr als dumm sein, wenn ich das Geld ohne Kaution verleihen würde!«

Sie ging mit gesenktem Kopf davon. Tags darauf sollten die Papiere unterschrieben werden, hatte sie das Geld nicht, würde sie die Schule nicht bekommen. Am Nachmittag kam ein Expressbote: »Das Geld liegt in meiner Kanzlei bereit, oder sollten Sie es noch heute benötigen, so können Sie sich einen Scheck in meiner Privatwohnung abholen!«

Louise war nicht erstaunt, sie war nur ein wenig müde. Am nächsten Morgen wurde sie in der Kanzlei vorstellig und erfuhr den Zusammenhang: Der Rechtsanwalt hatte, als er nach Hause kam, seiner Frau und Tochter von der kleinen glühenden Person erzählt, die ohne weiteres Geld haben wollte, um eine Schule davon zu kaufen, er hatte ihren Namen erwähnt und – seine Tochter hatte weinend die Arme um seinen Hals geschlungen und ihn sozusagen gezwungen, das Telegramm zu senden: »Ich schulde ihr viel mehr, als du je mit Geld bezahlen kannst«, hatte sie gesagt.

So bekam Louise ihre Schule, und durch einen merkwürdigen Zufall rührte das also von einer beinahe vergessenen guten Tat her. Aber gerade das ist das Bezeichnende für sie. Sie hegt den felsenfesten Glauben, dass »alles auf die eine oder andere Weise mit Zins und Zinseszins zurückkommt«. Oft habe ich sie über einen Menschen sagen hören: »Er wird unbedingt helfen, er hat mir einmal Unrecht getan und wird sich erst frei fühlen, wenn er es wieder gutgemacht hat! Sie hat Freunde, echte, zuverlässige Freunde, auf der ganzen Welt, und diese Freunde sind auch die Freunde ihrer Freunde. Ihr Freund zu sein, ist wie ein Freimaurerzeichen, überall funktioniert die Brüderlichkeit des Händedrucks.

Sie hat ihre Schule, und nun gilt es, diese auf bestmögliche Art und Weise zu leiten. Früher wollte sie die Kinder ja lehren zu tanzen und zu singen und zu lachen, aber das Leben hat sie selbst gelehrt, dass Wissen die Welt größer, heller und glücklicher macht, und deshalb beschließt sie, dass die Kinder, die man in ihre Obhut gibt, lernen sollen, das Leben zu leben und nicht nur davon zu träumen oder es zu verspielen.

Sie macht sich ans Werk, bebend vor Verantwortungsgefühl. Jedes traurige Kindergesicht bereitet ihr schlaflose Nächte. Erst, als sie entdeckt, welche Macht sie über die jungen Herzen hat, beginnt sie, sicheren Boden unter ihren Füßen zu spüren.

Sie hat keine Theorien, oder, genauer, sie fühlt, dass keine Theorie der lebendigen Wirklichkeit standhalten kann. Sie erkennt, dass »jedes Kind eine Welt für sich selbst ist, eine Weltkugel, die man zuerst entdecken muss, bevor man jeden Fußbreit Erde darauf erobert.«

Das Ziel der Schule

Die Schule ist in erster Linie eine gesellschaftliche Institution. Sie hat den Auftrag, Kinder, die zusammenpassen, miteinander in Berührung zu bringen. Sie sorgt dafür, dem einen Kind die Gelegenheit zu geben, den Fortschritt des anderen zu sehen. Sie lehrt die Kinder, den Unterschied zwischen den Naturen zu verstehen, und verleiht ihnen dadurch die Fähigkeit, später Freude aus dem Zusammensein mit Menschen zu ziehen.

Bis auf ganz wenige Ausnahmen sind alle Kinder gesellig veranlagt, ja, man kann sie fast schon vergnügungssüchtig nennen. Ein zweijähriges Kind kann im Besitz des ausgeprägtesten Sinns für Geselligkeit sein. Es kann noch nicht richtig sprechen, liebt es aber, alle Familienmitglieder im Kreis um sich zu versammeln, während es selbst mittendrin mit seinem Spielzeug auf dem Boden sitzt. Dann blickt es sich mit einem glücklichen Lächeln um, das mehr, als Worte es je könnten, ausdrückt, dass nun alles so ist, wie es sein soll.

Die meisten Eltern haben keine Zeit, in dem Sinne gesellig zu sein, wie das Kind es verlangt. Das Kind fordert, dass man die ganze Aufmerksamkeit seiner Person oder seinem Spiel zuwendet. Befasst man sich nur zur Hälfte mit ihm, wird es unruhig, nervös.

Die Schule existiert um des Kindes Willen. Die Schule ist ein Klub, der dazu da ist, das Kind zu zerstreuen und zu vergnügen. In der Schule hat man nicht nur seinen besten Freund, sondern auch seine besten Freunde.

Man ist nicht länger ausschließlich Vaters und Mutters Kind. Man hat eine neue Zufluchtsstätte, wo man Schutz und Verständnis finden kann. Man ist festes Mitglied einer Gemeinschaft, die einem so groß vorkommt, dass sie beinahe die ganze Welt erfüllt.

Ist man einen Tag lang nicht in der Schule, wird man vermisst. Dieses Gefühl ist für das Kind wunderbar wohltuend. Ist man krank, bekommt man Briefe, Besuche und kleine Geschenke. Es wird gut über einen gesprochen, wenn man nicht da ist. Man wird mit Lachen und Freude begrüßt, wenn man kommt, und es wird »auf Wiedersehen« gewinkt, wenn man geht.

Man hat sowohl Pflichten als auch die Gelegenheit, sich auszuzeichnen. Man teilt seine Freuden und Sorgen mit anderen. Hat man Geburtstag, freut sich die ganze Schule über die schönen Geschenke und das gute Wetter – oder falls das Wetter schlecht ist, ist die ganze Schule im Namen des Geburtstagskindes beleidigt. Hat man Zahnschmerzen, erkundigt sich die ganze Schule nach dem kranken Zahn. Ist die Mutter eines Kindes krank, versuchen alle, es zu trösten. Hat man etwas richtig Verkehrtes getan, sind alle zur Stelle, um zu helfen und zu versuchen, es wiedergutzumachen.

Man borgt sich Bücher voneinander. Man borgt sich Gedanken voneinander. War man auf Reisen, erzählt man so lang und breit von all dem Neuen, dass es für die Kameraden ist, als hätten sie die Reise selbst mitgemacht. Und wenn andere auf Reisen gewesen sind, geht es einem auf dieselbe Weise.

Neid kennt man nicht. Nicht in der guten Schule. Die reichen Kinder nehmen Anteil am Dasein der armen und umgekehrt. Alle geben, und alle erhalten. Man vertraut sich einander an. Man steckt voller herrlicher, riesengroßer Geheimnisse. Man singt zusammen und hat das Gefühl zu fliegen, während man singt. Man ist verliebt. Man liebt. Man wird geliebt. Man wird von den Kameraden gerecht beurteilt und behandelt – viel gerechter als zu Hause.

Nun ist es die Pflicht der Lehrer innerhalb dieser Gemeinschaft, diesem Staat im Staat, möglichst wenig aufdringlich und störend zu wirken. Sie sollen nur hier und da eingreifen, und auch nur, wenn es wirklich notwendig ist, und selbst da so ruhig wie möglich.

Das Kind soll nur lernen, weil es wissbegierig ist. Die Lehrer sollen geschickt versuchen, die ungeheure natürliche Wissbegierde des Kindes in die richtigen Bahnen zu lenken. Jede Aufgabe, die dem Kind gestellt wird, muss so interessant gemacht werden, dass das Kind selbst voller Eifer an die Lösung schreitet.

Dadurch und nur dadurch wird die Arbeit zur Freude. Und nur dadurch wird der schreckliche Missbrauch von Zeit und Kraft vermieden, dessen man sich sonst dem Kind gegenüber schuldig macht.

Die Schule hat auch die Aufgabe, den richtigen Genuss des Jetzt zu lehren. Des Jetzt, aus dem das Leben des Kindes besteht.

Man erzieht die meisten Kinder, als hätten sie Jahrhunderte zu leben und könnten es sich deshalb erlauben, die ganze Kindheit als Vorbereitung auf dieses lange Leben zu vergeuden.

Man ist so gedankenlos und gleichgültig hinsichtlich der Vergeudung von Zeit und Kraft, wo es das Kind betrifft. Niemand scheint zu begreifen, dass jeder einzelne Augenblick in einem Menschenleben seinen eigenen unersetzlichen Wert hat. Einen Augenblick kann man nicht gegen einen anderen eintauschen, ein verlorener Augenblick ist auf ewig dahin.

Man sagt zu dem Kind: »Sei tüchtig, dann kannst du etwas und weißt etwas, wenn du groß bist!«

Erstens: Was geht das Kind die Zukunft an? Das Kind tut sich schon schwer, an den morgigen Tag zu denken, geschweige denn an einen Tag in vielen Jahren.

Zweitens: Wer weiß, ob das Kind lebt, bis es »groß« ist, und was hat es dann davon gehabt? Es kommt mitunter auch vor, dass ein Kind in den frühen Jahren munter und sorglos ist und dass es aus äußeren oder inneren Ursachen im Alter von ungefähr achtzehn melancholisch wird. Hat man die ersten achtzehn Jahre darauf verwendet, es auf die herrliche Zeit vorzubereiten, die kommen wird, wer ersetzt dem Kind dann die verpassten Freuden, die es hätte haben können?

Man lässt die Kinder im Allgemeinen in einer Art Kriegsvorbereitung leben, lässt sie sich unaufhörlich für einen kostbaren Krieg rüsten, der vielleicht überhaupt nicht kommt.

Die Kindheit könnte und sollte wie eine tausendfarbige, goldene Regenbogenbrücke zwischen Sonne, Mond und Sternen sein. Und diese Zeit opfert man als Mittel zum Zweck, während sie in sich selbst das höchste und schönste Ziel ist.

Man zwingt die Kinder gegen ihre Natur dazu, in der Zukunft zu leben, zwingt sie, dem nächsten Augenblick nachzujagen, als wäre er ein Schmetterling, den es gerade zu fangen gilt, man zwingt sie, von ihrem rechtmäßigen Eigentum und Spielzeug wegzueilen: dem goldenen, dem guten Jetzt. Alles gegenüber dem Kind sind Versprechen und Drohungen: Wenn und Wann!

Der anmutige, duftende Augenblick wird wie ein Brandopfer auf den Altar des morgigen Tages geworfen. Man lässt das Kind eine Landstraße entlangeilen, zu deren beiden Seiten es liebliche Felder gibt und Wiesen, am Wegesrand stehen Blumen dicht an dicht, die Äcker sind von schattenerfüllten Wäldern umgeben. Die Sonne scheint, die Vögel singen. Das Kind wird angetrieben: »Beeil dich! Beeil dich!« Warum? Weil vielleicht dort in der Ferne, wo der Horizont Himmel und Erde zusammenbringt, weil vielleicht dort ein laubreicher Baum ist, eine blühende Wiese! Und das Kind eilt weiter. Gutgläubig lässt es sich antreiben. Es ahnt ja nicht, dass mit jedem Schritt auch der Horizont einen Schritt weiter in die Ferne rückt. Die Zukunft wird immer Zukunft sein.

Heute ist heute, und heute kehrt nie mehr zurück, selbst wenn die Menschheit Millionen von Jahren alt würde. Deshalb sollte dem Kind erlaubt sein, den heutigen Tag zu leben und zu genießen, das Jetzt, das heilige Jetzt. Deshalb soll jetzt, soll heute seine Wissbegier gestillt werden, deshalb soll es sich freuen und seine Freunde erfreuen. Deshalb soll es jeden einzelnen Augenblick leben und sich ausruhen. Deshalb soll es die Freude der Arbeit gerade heute, gerade jetzt erkennen. Nicht um der Zukunft willen, sondern um des Jetzt willen.

Was bedeuten tausend Kronen für das Kind, die es auf die Bank bringen darf, bis »es groß ist«, im Verhältnis zu den zehn Öre, von denen es sich heute eine Tonpfeife kaufen kann, um mit ihr Seifenblasen zu machen?

Früh und spät soll das Kind sich das Glück einprägen, das darin besteht, den Augenblick zu besitzen und zu genießen. Aber es soll es auch verstehen, den Genuss zu schätzen, und jeden Augenblick mit Respekt behandeln, als einen Wert, als ein Geschenk.

Jeder Augenblick des Tages kann für das Kind ein Glied in einer Kette von Festtagen sein, doch wenn das Kind von Augenblick zu Augenblick getrieben wird, dann wird diese Kette unterbrochen, dann liegen die Glieder verstreut und sind zu nichts nutze.

Das Kind soll diesen Gedanken empfinden, selbst wenn es ihn nicht in Worten ausdrückt, selbst wenn es halbwegs unbewusst ist: Heute will ich arbeiten, heute will ich spielen, denn den heutigen Tag kann ich nie zurückbekommen. Und sollte ich auch heute Nacht sterben, so habe ich doch einen herrlichen Tag mit Sonne und Regen gehabt und so habe ich doch meine Gedanken unter dem Himmel fliegen lassen wie große Vogelschwärme! Heute ist heute – deshalb will ich leben!

Es ist die Natur des Kindes, im Augenblick zu leben. Erlaubt man ihm, seiner Natur zu folgen, dann fühlt es sich leicht wie eine Flocke. Legt man jedoch die Verantwortung für das Morgen auf seine zarten Schultern, dann scheuert das Joch ihm blutige Striemen.

Das Gewissen des Kindes ist so fein und empfindsam, dass eine Feder von Schuldbewusstsein so viel wiegt wie ein Eisenblock für einen Erwachsenen.

Man erfüllt die Kinderseele mit Zweifel und Angst und Sorge, und dann sagt man: »Geh hinaus und spiele und sei vergnügt!«

Das Kind kann nur vergnügt sein, wenn man ihm die Freiheit gibt, sich auf den Schwingen der Freude emporzuerheben; mit Bleigewichten aus Pflicht und Verantwortung kann es sich nicht ein Zoll von der Erde aufschwingen.

Die Schule vermag, dem Kind eine anhaltende und durchgehende Kette von glücklichen Augenblicken zu schenken. Das arme Kind, das im Zuhause nur Schmutz und Elend sieht, sollte in der Schule so viele glückliche Augenblicke erleben, dass es sich nicht nur schadlos hält, sondern auch einen Überschuss an Freude hat, den es mit nach Hause bringen und mit dem es versuchen kann, einige der dunklen Wolken am Himmel zu vertreiben. Deshalb ist die Schule für das arme Kind und für das Kind, das unter traurigen Bedingungen lebt, von noch viel größerer Bedeutung als für das wohlhabende Kind mit einem hellen Zuhause.

Ursprünglich wurde die Schule eingerichtet, um den Kindern Wissen zu vermitteln. Nun ist Wissen natürlich ein Gut, und zwar ein Gut, das große Zinsen bringen kann, wenn es in vernünftiger Weise angebracht wird, aber das moderne Ziel, das eine gute Schule hat, nämlich die Kinder mit Freude zu erfüllen, ist doch von ungleich größerer Bedeutung.

Eltern und Lehrer haben einen gewissen Hang, Kinder wie Zierpflanzen zu behandeln, die man nach Belieben in Kugel- oder Pyramidenform zurechtstutzen kann. Das rächt sich, entweder für die Eltern oder für die Kinder – oder für beide.

Ein kleines Mädchen aus einer wohlhabenden Familie hatte eine wahre Leidenschaft dafür, barfuß zu gehen, Kartoffeln zu essen, die in Asche gebacken waren, und mit Bauernkindern zu spielen. Der Vater war Gutsbesitzer. Da sie ihre »minderwertigen Neigungen« nicht unterdrücken konnte, sandte er sie in ein strenges Pensionat nach Dresden. Dort sollte sie dazu erzogen werden, eine »Dame« zu sein. Sie starb, als sie fünfzehn Jahre alt war. Am Sterbebett fantasierte sie von den Kindern im Dorf und davon, wieder barfuß zu gehen. Man hatte ihr schließlich versprochen: »Wenn du groß bist, kannst du tun, was du willst, und dir deinen Umgang selbst aussuchen.«

Ihre armen fünfzehn Jahre wurden zu einem einzigen langen Leidensweg.

Für die meisten Kinder ist die Kindheit ein Hindernislauf, bei dem die Barrieren so hoch sind, dass man sie nicht überwinden kann. Sobald das Kind einen Wunsch äußert, türmen sich Schwierigkeiten auf. Die Erwachsenen versuchen für gewöhnlich nicht einmal, Gründe anzugeben oder es dem Kind verständlich zu machen, warum dies oder jenes (das sich so oft ausgezeichnet machen ließe) nicht passieren kann. Die meisten begnügen sich mit ihrem Machtwort: »Das darfst du nicht! Ich verbiete dir, das zu tun!«

Die Schule hat das segensreiche Vorrecht, den Kindern so einiges zu erlauben, was das Zuhause verbieten würde. Und die Schule kann dies tun, ohne in Konflikt mit dem Zuhause zu kommen.

Die Schule gibt keine Steine für Brot.

Alles, was grau und alltäglich ist, legt einen Nebelschleier über das Gemüt des Kindes. Die Zeit scheint ihm unüberwindlich und endlos. Es fühlt sich von ihr eingeschnürt, als würde sie es ersticken, und es ist machtlos in ihrer Gewalt.

Man muss zusehen, dem Kind die atmosphärische Schwermut abzugewöhnen. Und gleichzeitig muss man sich davor hüten, es so gegen Wetterwechsel abzuhärten, dass es demgegenüber gleichgültig ist, ob es schneit oder regnet oder ob die Sonne scheint. Jede Bagatelle im Weltall kann für das Kind zu einem großen Ereignis werden, man muss nur dafür sorgen, dass es das Beste und Schönste aus jedem Ereignis zieht.

Ist nun der Tag grau, halb neblig, halb erfüllt von Nieselregen, dann muss die Schule durch ihre Glücksatmosphäre solch einen Gegensatz schaffen, dass das Kind mit Verzückung den Unterschied bemerkt. Und ist dies erreicht, soll die Schule den Sinn des Kindes auch für das Große und Schöne in der Nebelluft öffnen. Man muss ihm erzählen, besser noch es selbst sehen lassen, wie wunderbar feenhaft sich eine Brücke im Nebel ausnimmt, wenn das Wasser unsichtbar wird und die Brückenlichter gleichsam Ketten von Tautropfen bilden. Man muss den Kindern Bilder großer Künstler zeigen, damit sie Meisterwerke sehen, die grau in grau gemalt sind, und begreifen, dass der Zauber gerade in der schweren, traurigen Stimmung liegt. Man bittet das Kind, auf dem Nachhauseweg durch einen der Parks zu gehen, um zu beobachten, wie die Bäume in der stillen, grauen Luft gleichsam traumversunken dastehen.

Man macht das Kind darauf aufmerksam, dass es einen Riesenunterschied zwischen Rauch, der an einem klaren, sonnigen Tag zum Himmel aufsteigt, und einem Tag, an dem der Himmel die Farbe von Blei trägt, gibt. Das Kind, das es gewohnt ist, Rauch als etwas ausschließlich Hässliches anzusehen, wird um einen Schönheitsbegriff reicher.

Die Poesie von Regen und Nebel ist ein neues Feld für das Kind, aber es ist ein Feld, in dem es sich sofort – wenngleich verwundert – zu Hause fühlt.

Der graue Tag lässt sich umdichten zu einem Fest der Blumen oder des Lichts. Besonders der Blumen. Man zeigt dem Kind, wie sich eine einzige rote Blume, die am Tag zuvor nur eine Blume unter vielen war, jetzt, allein, in ein richtiges Märchen aus Herrlichkeit und Heiterkeit verwandelt. Wie die schlichte rote Blume einen ganzen grauen Tag beleben kann, beinahe vergnüglicher wirken kann als die strahlende Sonne selbst. Ist es eine duftende Blume, lässt man alle Kinder am Duft teilhaftig werden, so erhalten sie die richtige Auffassung davon, dass die Blume gerade an diesem Tag eine eigene Mission zu erfüllen hat. Sie werden die Blume mit ganz neuem Blick untersuchen, sie wird ihnen wie ein Freund vorkommen, und wenn der nächste graue Tag kommt, wird die Erinnerung an diese rote, duftende Blume immer noch frisch und wirkungsvoll sein.

An einem grauen Tag spielen Musik und Gesang eine größere Rolle als sonst. Zuerst lässt man die Kinder solche Lieder singen, die die Gedanken zum Frühling und zum Spaß im Freien hinlenken, doch dann führt man sie langsam hin zu Liedern über die Dämmerung und zu Volksliedern, zu denen die schwermütige Stimmung des Tages einen so echten Hintergrund bildet. Die Kinder werden wie nie zuvor begreifen, wie die Frauen einer verschwundenen Zeit, als sie in der Frauenstube saßen, einen Ersatz für all ihr Fernweh und all ihren Tatendrang in diesen langen Liedern finden konnten, die im Volksmund über Berg und See wanderten und Nachricht brachten von allem, was sie selbst nie sehen oder erleben sollten. Die Kinder werden mit ihrem untrüglichen Instinkt das erfassen, wofür ihr Verstand womöglich noch nicht reif genug ist, um es zu begreifen, und sie werden womöglich zum ersten Mal ein Jubeln verspüren beim Gedanken daran, dass ihnen die ganze Welt offensteht, dass die Zeiten, als man in der Frauenstube eingesperrt war, für immer vorbei sind. Sie werden an gerade solch einem grauen Tag, durch solche Lieder, spüren, dass die Welt gewachsen ist und dass überall Heimat ist, wohin man das Heimatgefühl mitnimmt.

Und an den grauen Tagen kann die Schule lebendige Bilder vor den Augen der Kinder vorbeiziehen lassen – wieder ein Fest.

An einem grauen Tag kann man mit den Kindern über Dinge sprechen, die außerhalb des Alltäglichen liegen. Und es ist auch Zeit, über anstehende Festlichkeiten, über Wanderungen und Musikabende zu sprechen. Die Kinder freuen sich doppelt, zuerst weil ihr Gemüt hell und leicht wird, aber auch weil sie merken, dass man ihnen mit Vorbedacht einen Ersatz für die Tristheit des Tages bietet.

Kommt das Kind an solch einem Tag nach Hause, wird es erfüllt sein von einer Menge kleiner Erlebnisse, und es wird danach dürsten, seine Eltern und Geschwister daran teilhaben zu lassen – das Kind wird den Zauber der Schule auf das eigene Heim übertragen.

Und die kluge Mutter, die Zeit hat, sich einen Teil des Tages ihren Kindern zu widmen, wird mit der Schule Hand in Hand arbeiten. Sie wird vielleicht Feuer im Kamin machen, selbst wenn der Tag nicht allzu kalt ist. Und im gemütlichen Feuerschein wird sie sich zu den Kindern setzen und erzählen von »damals, als sie noch klein war«. Oder sie wird mit den Kindern singen und tanzen, während Regen und Nebel draußen um die Vorherrschaft kämpfen. Und zum Schluss wird sie mit den Kindern einen Spaziergang machen, um durch sie alles zu erfahren, was sie selbst gelernt haben über die Schönheit, die Regen und Nebel in sich bergen.

Es ist aber nicht Sinn der Sache, nur die grauen Tage für das Kind zu einem Fest zu machen. Am besten sollen die festlichen Augenblicke so dicht auf seinem Weg verstreut liegen wie die Sterne an einen Herbsthimmel.

Der klare Frosttag ist in sich selbst so voller Spaß, dass jedes Kind sich sowohl über den Weg zur Schule als auch über den Heimweg freuen wird. Man hat genug, worüber man sich freuen kann, vielleicht einen neuen Muff, der sich gern zeigen möchte, vielleicht ein paar Eislaufstiefel, vielleicht die richtigen Eislaufbedingungen. Außerdem lugt die Sonne ins Klassenzimmer hinein, und plötzlich wird der Unterricht für ganze fünf Minuten unterbrochen. Alle müssen sich in den Sonnenstrahl stellen, alle müssen die Hände hineinhalten, das Licht auf dem Haar der Kameraden sehen. Ein solcher Sonnenstrahl wird zu einem Geschenk, das für alle da ist und das alle genießen.

Der Drang der Kinder, aus allem ein Fest zu machen, wenn man ihnen keine Hindernisse in den Weg legt, ist auffallend. So haben die Achtjährigen in dieser Schule sich ausgedacht, eine kleines Seidenfähnchen anzufertigen, die sie jeden Tag aus dem Fenster hängen als Zeichen dafür, dass die Klasse vollzählig ist und keiner aufgrund von Krankheit fehlt. Dass das Fähnchen so klein ist und das Fenster so hoch über der Erde, dass niemand von unten es sehen kann, macht ihnen nichts aus. Es hat seine festliche Bedeutung für sie selbst – vielleicht glauben sie, dass die Vögel ihre Freude darüber teilen, dass alle auf ihren Plätzen sitzen.

Die Schulfeste sind nicht aufgrund des Tages selbst von Bedeutung. Er ist Nebensache. Die Vorbereitungen sind die Hauptsache. Statt dass, wie man zu glauben geneigt sein könnte, diese Vorbereitungen die Kinder daran hindern, ihre übrigen Arbeiten so gut wie sonst zu erledigen, befördern sie ganz im Gegenteil ihren Fleiß nur noch mehr. Die Vorfreude – die hier so rein und heiter ist, weil sie wissen, worauf sie warten, und sie wissen, dass es ihnen nicht genommen werden wird – gibt ihnen ein Gefühl der Leichtigkeit und lässt sie strahlen. Sie lösen ihre Aufgaben und lernen ihr Pensum, als gehörte das auch mit zum Fest.

Wenn man diese Kinder eine Komödie aufführen sieht, wundert sich der Zuschauer in erster Linie darüber, dass sie weder Scham noch Befangenheit zu kennen scheinen. Sie spielen auf der Bühne eines großen Theaters, vor vielen hundert Zuschauern, als spielten sie für sich allein. Der eine hofft nicht darauf, den anderen zu überflügeln, der einzelne hat keine Ahnung davon, inwieweit er oder sie am besten spielt. Jeder führt seinen Anteil an dem Spiel aufs Beste aus, und alle sind einander dankbar. Schmeichelt das Publikum ihnen, nehmen sie es an, wie sie die Beurteilung eines anderen Spiels durch Erwachsene annehmen würden. Sie wissen genau, dass die Erwachsenen so etwas im Grunde nicht verstehen.

Ihre natürliche Freude ist so aufgeweckt, dass sie aus eigenem Antrieb Laubhüttenfeste veranstalten. Weder Lehrer noch Eltern haben etwas damit zu schaffen. Sie erlegen sich große Strapazen auf, um von weit her Zweige und Waldblumen zu holen, damit die ganze Schule geschmückt werden kann. Sie stehen bei Sonnenaufgang auf, um Zeit genug zum Schmücken zu haben. Sie flechten Kränze, damit jedes Kind den Tag mit einem Kranz im Haar feiern kann. Sie ziehen singend von Klasse zu Klasse. Die Lieder haben sie selbst gefunden und einstudiert, und sie passen genau zum frischen Grün und den zarten Frühlingsblumen. Nicht einmal das Weihnachtsfest, bei dem der Gedanke an Geschenke mit hineinspielt, ist diesen Kindern so heilig wie das Frühlingsfest. Eine ganze Woche im Voraus ist in der Schule eine stille, bebende Freude zu spüren. Auch wenn die Kinder in einer Großstadt leben, folgen sie der Entwicklung in Garten und Wald mit so tiefem Empfinden, dass sie die letzten Nächte, bevor endlich die ersten grünen Blätter sprießen, fast nicht mehr schlafen können. Sie begrüßen jeden hereinbrechenden Regenschauer wie einen willkommenen Freund. Sie spähen sorgenvoll zum Himmel, wenn der Sturm droht, die Versprechen des Waldes zu verzögern.

Die Sechsjährigen haben in ihrer Klasse kleine Blumentöpfe, in die sie selbst Samen einsetzen, die sie hernach umzutopfen lernen. Sie haben diese kleinen Pflanzen lieber als ihre Puppen und sie behandeln sie wie lebendige Wesen, die die größte Sorgfalt erfordern.

Die meisten Lehrer haben immer Blumen auf dem Lehrerpult stehen, und das ganze Frühjahr hindurch, während die Vorbereitungen aufs Examen in vollem Gange sind, hat jedes Kind auf seinem Pult entweder einen kleinen Blumentopf, in dem eine Waldpflanze wächst, oder ein kleines Glas mit frischen Blumen.

Es ist ja nun allgemein bekannt, dass der Mensch, um Vorteil aus seinen Mahlzeiten zu ziehen, selbige in munterer Stimmung einnehmen muss.

Doch gibt es viele Eltern, die das vergessen und die Mittagsmahlzeit dazu nutzen, um eine Art Aussprache mit den Kindern zu halten. Dabei wird alles zunichte gemacht, was die Schule aufbaut, weil das Gefühl von Sorglosigkeit dabei zur Unmöglichkeit wird. Die übrigen Freuden des Tages werden ständig durch die Furcht vor der unausweichlichen Stunde des Jüngsten Gerichts überschattet – es ist, als hinge der Weltuntergang drohend über ihren Köpfen.

Trotzdem ist dieser Fehler – oder dieses Verbrechen – nicht so groß wie jenes, das viele Eltern auch aus Gedankenlosigkeit und Unwissen begehen, wenn sie am späten Mittagstisch miteinander Aussprache halten.

Die Schule macht die Pausen mit ihren Essensfreuden zu wahren Orgien im Kleinen. Mit einem belegten Brot in der einen und einem Apfel in der anderen Hand lässt es sich trotzdem an dem einen oder anderen stürmischen Spiel teilnehmen. Der Fröhlichkeit der Kinder werden absolut keine Hindernisse in den Weg gelegt, es gibt keinen Gradmesser, keine Grenze, die nicht überschritten werden darf. Je wilder und verrückter, desto besser. Der Sprengstoff der Freude und des Übermuts macht sich in Tausenden Explosionen Luft, die jede für sich an die gewaltigsten Cowboyspektakel erinnern, von denen man gelesen hat. Wenn die Kinder in den Pausen die Arme wie Mühlenräder bewegt haben und die Beine wie Sturmglocken, wenn sie sich die Münder vor Reden und Rufen beinahe ausgerenkt haben, dann sind sie herrlich bereit, um fünf Minuten stillzusitzen, was die längste Zeit ist, die am Stück von ihnen verlangt wird. Länger können sie nicht stillsitzen, und länger sollten sie auch nicht stillsitzen. Aber das wissen sie nicht selbst. Sie ahnen nicht, dass der Lehrer schlau dafür sorgt, dass, wenn die kurzen fünf Minuten vergangen sind, etwas ungeheuer Komisches passiert, so dass die ganze Klasse in Gelächter ausbrechen muss, oder dass das Interesse plötzlich von etwas gefangen wird, das sie dazu bringt, mit einem Mal aufzuspringen und ihre Meinung kundzutun.

Falls die Kinder schon nichts anderes von Louise lernten, so war doch ihr Unterricht in der »Kunst zu lachen« wertvoller als die Weisheit irgendwelcher Bücher. Die Kinder in ihrer Schule lachen so melodisch wie Engel – falls Engel lachen können. Sie lachen auf ihre eigene, sprudelnde Art und Weise, nicht geräuschvoll, nicht heulend, nicht unartikuliert wie so viele Kinder, die es nicht gewohnt sind, ihr eigenes Lachen zu hören. Sie lachen, weil sie Spaß daran haben zu lachen und weil das Lachen von der reinsten Lebenslust hervorgerufen wird. Kichern ist ihnen fremd. Warum? Weil man ihnen nie zu schweigen geboten hat, wenn sie zu lachen begannen. Ganz im

Gegenteil, wenn sie einen noch so geringen Grund finden, um zu lachen, dann lachen alle, und alle sind dankbar dafür, eine Gelegenheit zu erhalten, um wieder einmal zu lachen. Sie lachen einzeln und im Chor, einen wunderbareren A-cappella-Chor gibt es nicht als das Lachen dieser Kinder.

Viele Menschen haben ein hässliches Lachen, vielen Menschen ist Lachen beinahe fremd. Es stimmt nicht, was die Leute landläufig glauben, dass das Lachen ein Spiegel der Seele sei. Das kann man über das Lächeln sagen, aber nicht über das Lachen. Ein Mensch kann ein abschreckend hässliches Lachen haben und ein göttliches Lächeln. Das Lächeln hat er nämlich von Natur aus, und nichts kann es verkorksen. Das Lachen hingegen kann unterdrückt und verkrüppelt und verdorben werden. Der häufigste Grund für ein hässliches Lachen liegt darin, dass das Kind in frühen Jahren unter Verlegenheit gelitten hat und geneckt und verhöhnt worden ist. Dann gewöhnt es sich ab, frei heraus zu lachen, und eines schönen Tages ist das Lachen nicht mehr echt, nicht mehr unbewusst. Das Lachen des kleinen Kindes ist immer bezaubernd, so sicher wie der zarte Gesang des Kindes immer rein ist.

Wächst nun ein verschüchtertes Kind auf und entdeckt selbst eines schönen Tages, dass sein Lachen unbeherrscht oder roh klingt, so versucht es, sein Lachen zu verbergen. Man stelle sich nur vor, was das bedeutet! Aber es ist eine absolut sichere Sache, dass viele Menschen, sobald sie ihr eigenes Lachen hören, abrupt aufhören, so dass der Rest in einem Brummen oder einem gurgelnden Laut verschwindet. Es gibt andere, die versuchen, sich ein wohlklingendes Lachen anzueignen, und das kann auch zum Teil gelingen, aber ganz natürlich, ganz von Herzen klingt ein künstliches Lachen nie. Natürlich ist nur das Lachen des Kindes. Glücklich ist der Mensch, dem es vergönnt ist, es sein Leben lang zu behalten.

Kommt man eines Tages an die Schule, und ist zufälligerweise gerade Pause, dann wird einem beinahe schwindlig davon, all dies frische, jubelnde, trillernde, sprudelnde Lachen zu hören. Man kann noch so sehr die Ohren spitzen, kein Misslaut mischt sich in den Chor. Es ist unmöglich, diesem oder jenem den Vorzug zu geben.

Was solch ein gesundes, ausgelassenes und fröhliches Lachen bedeutet, versteht man im Grunde am besten, wenn man einige Jahre weiterdenkt und sich diese Mädchen als junge Frauen vorstellt, als Mütter. Deren Kinder werden in einer zwitschernd glücklichen Atmosphäre von Gesang und Lachen aufwachsen. Selbst das ärmste Zuhause wird dadurch festlich.

Louise selbst fand, dass eine Schulstunde, die nicht mindestens von einem halben Dutzend Mal Gelächter und Jubel unterbrochen wird, einer fürchterlichen Bestrafung gleichkäme, fast so schlimm wie »das dunkle Loch«, der Arrest, mit dem man auf barbarische Weise arme Soldaten bestrafte. Das Ergebnis einer solchen stillen Stunde ist unbekannt, da nie der Versuch unternommen wurde.

Der gesamte Unterricht gestaltet sich als eine Reihe von festlichen Augenblicken. Jede gelöste Aufgabe wird vom Kind – und vom Rest der Klasse – als ein glücklich überwundenes Hindernis betrachtet, und der Lehrer ist verschwenderisch mit Beifall, wohl wissend, dass diese Saat den größten Ertrag verspricht.

Es ist eine der goldenen Regeln der Schule, dass *kein Kind im Alter von acht Jahren etwas auswendig lernen darf, an das es sich nicht mit Freude erinnern kann, wenn es sechzig Jahre alt ist.* Deshalb lernen die Kinder nur ganz ausgesuchte Dinge auswendig – und werden nicht mit toten Merkversen und leeren Regeln und Ausnahmen geplagt. Wollte man einem Kind in dieser Schule erzählen, dass Grammatik ein grässliches, langweiliges Fach sein kann, würde das Kind laut lachen, wie es lachen würde, wenn man ihm sagte, dass Erdbeeren nicht schmecken.

Für die meisten Kinder ist Grammatik ein Quell ewigen Ärgernisses. Entweder kommt sie ihnen langweilig vor oder schwierig oder beides. Der Lehrer verlangt, dass das Kind verstehen soll, und das Kind versteht nicht. Langsam werden so mit Fünfzollnägeln die endlosen Merkverse, die grässlichen Regeln und auch nicht besseren Ausnahmen im Hirn festgenagelt – ob das Kind jemals die Regeln von den Ausnahmen unterscheiden und im Übrigen das Gelernte zur richtigen Zeit und am richtigen Ort anwenden wird können, ist wiederum eine ganz andere Geschichte. Wie viele von uns gehen umher mit dem Kopf voller grammatikalischer Merkverse, die das eine oder andere bedeuten, Merkverse, die wir nicht einmal in der Stunde unseres Todes vergessen werden können – und deren Anwendung wir uns doch nie bewusst zu machen vermocht haben.

Fräulein Clara, »das geniale Kind«, die Lehrerin für die Kleinen, erfand – und fürwahr handelt es sich um eine Erfindung – eine Methode, den Kindern Grammatik beizubringen, so dass sie sie, statt sie sterbenslangweilig zu finden, als himmlisches Spiel ansehen. Wenn es möglich wäre, würden sie nach drei Stunden Grammatik jeden Tag verlangen.

Die Methode lässt sich nicht mit trockenen Worten erklären. Sie ist nämlich so lebendig wie die Kinder selbst. Sie personifiziert das einzelne Wort so buchstäblich, dass das Kind es als einen Spielkameraden empfindet, obendrein als einen lustigen Kameraden voller drolliger und neuer Einfälle. Die

Grammatik ist Königin über ein großes Land, die Wörter sind ihre Untertanen. Sie lässt die Wörter einen Aufstand machen, lässt sie gefangen nehmen. Lässt sie versuchen, ohne König zu regieren. Sie zeigt ihnen, wie die Grammatik sowohl Arme als auch Beine und Zunge und Augen für die Wörter ist und dass sie ohne sie flach auf dem Bauch liegen würden und nicht einmal einen Pieps von sich geben könnten. Zinnsoldaten sind nur Zinnsoldaten im Vergleich zu den Untertanen der Grammatik. Und die Kinder amüsieren sich darüber mehr als bei einem Theaterabend über die Figuren auf der Bühne.

Es sind ja die kleinen Kinder, und es geht schließlich um ihre Muttersprache, aber sie eignen sich so eine Beherrschung ihrer an und ein solches Verständnis über deren Leben und Anatomie, dass die Fremdsprachen ihnen nie Schwierigkeiten bereiten werden. Auf diese Weise wird Fräulein Claras ungeschriebene »lustige Grammatik« zur Grundlage für alle übrigen Grammatikstunden in der Schule.

Wollte sie diese Grammatik niederschreiben oder auch nur einen Phonographen zulassen, der den Stoff einiger Stunden aufnimmt, würde sie der Welt einen unschätzbaren Dienst erweisen. Aber gerade das ist, was sie nicht will. Sie kann selbst nicht fassen, dass es etwas anderes sein soll, als ein vergnügliches Spiel, wobei die Kinder zufälligerweise auch noch etwas lernen, mit dem sie dem Schulgesetz entsprechend nun einmal geplagt werden sollen.

Wie sich die Sinne entwickeln

Wenn man Kindern ein Bild zeigt, sehen sie fast nichts darin, bevor man sie nicht daran gewöhnt hat, zu beobachten und die Beobachtung im Gedächtnis zu behalten.

Man unternimmt folgenden Versuch: Ein Bild wird in der Klasse aufgehängt, und man bittet die Kinder, sich das Bild einzuprägen. Eine Stunde später wird es abgenommen, und vierzehn Tage später lässt man die Kinder das Bild aus dem Gedächtnis beschreiben.

Keinem wird es gelingen.

Nun ist es interessant, darauf zu achten, wie die Kinder versuchen, das vergessene Bild durch reine Produkte ihrer Phantasie zu ersetzen. Aber viele erklären auch offen: »Ich kann mich nicht im geringsten an das Bild erinnern!«

Ein anderes Bild wird aufgehängt. Man geht es mit den Kindern langsam und sorgfältig durch. Man prägt das Bild in das Gehirn der Kinder ein, macht sie auf Farbe, Form, Größe, Inhalt und Details aufmerksam. Die Kinder suchen selbst eifrig nach neuen Details. Das Bild wird entfernt, und einen Monat später lässt man die Klasse alles über das Bild aufschreiben. Jetzt erinnert sich jeder mit Genauigkeit daran – beinahe wie bei einer Schularbeit.

Man gibt ihnen Bleistift und Papier, sie erhalten zehn Minuten, um das Bild aus dem Gedächtnis zu zeichnen. Das Resultat ist verblüffend. Der Fremde, der eine Sammlung solcher Zeichnungen sieht, würde geradezu die Möglichkeit leugnen, dass die Kinder das Bild nur einmal gesehen haben sollen und das schon vor einem Monat. Natürlich sind diese Zeichnungen charakteristisch für das jeweilige Kind. Bei einem Jungen mit Ordnungssinn sind die Größenverhältnisse mathematisch genau, bei einem kleinen phantasiebegabten Mädchen ist die Stimmung mit intensiver Kunstfertigkeit wiedergegeben. Das eine Kind findet die richtigen Farben, das andere klammert sich peinlich genau an Details. Manche Kinder geben mehr wieder, als sie gesehen haben – und sie wissen es auch. Sie sind der Meinung, das Erinnerungsbild ausschmücken zu dürfen. Sie zeichnen eine mollige Katze, sie schmücken eine Landschaft mit Trauerweiden. Sie setzen eine flotte Turmspitze auf eine Kirche, die keine hat.

Das nächste Mal, wenn ein Bild aufgehängt wird, sollen die Kinder es ohne Hilfe betrachten. Jetzt zeigt sich, dass sich bereits einige Kinder die Fähigkeit angeeignet haben, das Bild im Gedächtnis zu speichern, während andere noch zu faul oder träge sind, um sich zu sammeln. Aber durch mehrere Versuche glückt es am Ende doch, allen Kindern die Fertigkeit beizubringen, Bilder im Gedächtnis zu speichern. Bisweilen lässt man sie ein Bild ein ganzes Jahr nach dem Aufhängen zeichnen, und hier ist es nicht jedem Kind gegeben, eine hochwertige Beschreibung oder Zeichnung abzuliefern. Aber selbst wenn das Bild jetzt ausgeblichen und eine große Menge Details verschwunden ist, gibt es doch kein Kind, das es gänzlich vergessen hätte, und kein Kind, das keine Zeichnung anfertigt, anhand derer man das Bild wiedererkennen kann.

Die Kinder haben nun gelernt, dass Augen nicht gleich Augen sind. Sie wissen, dass sie die Wahl haben, ob sie wie Pferde mit Scheuklappen durchs Leben gehen wollen oder mit klaren, alles erfassenden und alles bewahrenden Augen.

Sie sind selbst verwundert und hingerissen von dieser Entdeckung. Sie fühlen den Reichtum, den sie erworben haben. Und jetzt versuchen sie nach

Leibeskräften, ihren lebendigen Augenspiegel darin zu üben, alles aufzunehmen und zu behalten, was ihnen auf ihrem Weg begegnet. Man gewöhnt ihnen an, kurz oder lang zu schildern, was sie auf dem Weg in die Schule sehen, was der Tag ihnen Neues geboten hat, was sie draußen im Wald erlebt haben.

Unwillkürlich zieht man die übrigen Sinne mit in den Wettkampf hinein. Der feine Geruchssinn der Kinder wird bis ins Unendliche geübt und geprüft. Eine einfache, nur sehr wenig duftende Blume wird versteckt, und sie sollen sie dem Duft nach finden. Die Kinder sollen mit verbundenen Augen den Duft der verschiedenen Blumen unterscheiden können. Sie kommen so weit, dass sie selbst triumphierend erzählen, dass sie mit verbundenen Augen Junge von Mädchen an der Atmosphäre unterscheiden können, dass sie die verschiedenen Wohnungen oder Häuser erkennen und darin wiederum an Geruchseigentümlichkeiten die verschiedenen Zimmer. Sie gehen auf Studienreisen durch die Straßen und sammeln Düfte und Gerüche, so wie Bienen Honig sammeln. Der Ozongeruch in regenschwangerer Luft verzückt sie. Sie können den Geruch eines Bleistifts von dem eines Füllers mit Stahlfeder unterscheiden.

Ihr Gehör entwickelt sich natürlich durch Gesang, geschärft wird es aber durch Übung. Sie gewöhnen sich daran, die mannigfaltigen Kirchenglocken der Stadt voneinander zu unterscheiden, sie können sich in einem Orchester orientieren, ohne musikalisch zu sein. Auf Wanderungen wird alles getan, um ihnen beizubringen, nicht nur die Gesänge der vielen Vögel auseinanderzuhalten, sondern auch das metallische Schwirren der Insekten und das Sausen der verschiedenen Bäume. Ihnen wird erlaubt, dem Lärm und der Stille zu lauschen, sie werden mit allen Lautschwingungen vertraut gemacht, so erhalten das Dröhnen des Donners und das Heulen der Fabrikspfeifen ihren neuen und merkwürdigen Reiz.

All das wird nicht so sehr getan, um die von Natur aus so wachen Sinne des Kindes zu schärfen, sondern um ihre beinahe schon systematische Auslöschung zu verhindern, die sonst unverbrüchlich vorgeht. Jeder Erwachsene, der sich klar an seine Kindheit erinnert, weiß auch, wie die Beobachtungsgabe von Jahr zu Jahr abnimmt, anstelle sich mit der Zeit des Reifens zu vergrößern. Es existiert eine Wahrscheinlichkeit, dass diese Schwächung in direktem Zusammenhang mit der Beschäftigung des Kindes mit einer Arbeit zusammenhängt, die seine Gedanken belastet. Das kleine Kind kann es sich leisten, die Aufmerksamkeit auf jedes kleine neue Phänomen zu richten, dem es auf seinem Weg begegnet. Das große Schulkind, das die Bürde von unverdautem und anstrengendem Wissen mit sich herumschleppt, darf sich diesem Luxus nicht hingeben. Er oder sie geht, besonders in gewissen Jahren, sonderbar schlafwandlerisch durchs Leben. Sie sehen, ohne zu sehen, hören, ohne zu hören, begreifen, ohne sich zu erinnern. Ihr ganzes Sinnesleben befindet sich in einer Art von Winterschlaf, der wohl etwas mit der Pubertät zu tun hat, der aber doch nicht mit ihr ausgestanden ist. Wir wissen alle, dass wir im Grunde unser ganzes übriges Leben mit den Erlebnissen und Beobachtungen aus dem frühesten Kindesalter zubringen. Wie oft kommt es vor, dass ein Kind, das bis zu seinem zehnten Lebensjahr in einem Haus gewohnt hat und dann in ein anderes umzieht, meint, hiermit sei die Zeit der Erlebnisse vorbei. Die vielen Anforderungen der Schule und die Schwierigkeiten, das erwachende Innenleben mit der äußeren Umgebung zu verbinden, schwächen die Sinne und machen den immer noch nicht voll ausgewachsenen Menschen vor der Zeit arm.

Die bewusste Entwicklung der Sinne in der Schule verhindert dies.

Doch die Entwicklung der Sinne bringt auch ein anderes Gut mit sich, das ziemlich sicher nicht für jeden Menschen praktische Bedeutung erlangen wird, dass man aber trotzdem nicht unterschätzen darf. *Ein Mensch, der als Kind systematisch daran gewöhnt worden ist, scharf zu beobachten und sich nicht von Phantasterei blenden zu lassen, wird ein zuverlässiger Zeuge vor Gericht sein.* Von wie wenigen kann man das sagen? Wie unendlich wenige Erwachsene sind im Stande, einen Eid darauf abzulegen, was sie eine Woche zuvor gehört oder gesehen haben? Sie haben schlicht nicht die richtige Erziehung genossen, und sie handeln im guten Glauben, selbst wenn sie die verzerrtesten und unzuverlässigsten Zeugenaussagen tätigen. Es wird so manch ein falscher Eid abgelegt – im guten Glauben. Und der Eid sollte doch jedem Menschen heilig sein, ob religiös oder nicht. Man kann also ruhig sagen, dass die Kinder in Louises Schule auch direkt mit Augenmerk darauf erzogen werden: dafür einstehen zu können, was sie sehen oder hören, dass sie dazu erzogen werden, Zeugnis vor Gericht ablegen zu können, ohne Angst, ohne Zögern, ohne das Risiko, einen Meineid zu schwören.

Kindertagebuch

Viele Kinder haben über kürzere oder längere Zeit ein Tagebuch geführt. Mit rührender Sorgfalt wachen sie darüber, dass kein Erwachsener es zu sehen bekommt. Sie verstecken es an den merkwürdigsten Stellen. Aber eines schönen Tages erfolgt durch einen Zufall die Entdeckung. Und ganz nach der

Natur der Eltern wird nun das Kind entweder mit Lob überhäuft – aus dem Tagebuch wird laut vor Freunden und Bekannten vorgelesen, und man amüsiert sich köstlich darüber, so in die kleinen Geheimnisse des Kindes eingedrungen zu sein – oder das Tagebuch wird als giftige Waffe gegen das Kind verwendet, dessen Geheimnisse man sich einem Spion gleich angeeignet hat. Die Entdeckung eines Tagebuchs hat mehr als einmal zu Selbstmord geführt.

Solang man nicht ganz sicher ist, was das Taktgefühl und die Redlichkeit der Eltern betrifft, darf man nicht allen Kindern ohne Unterschied raten, ein Tagebuch zu führen – jedenfalls nicht das echte, unverfälschte Tagebuch, das Spiegel des kindlichen Gewissens ist. Und ein Tagebuch, das nicht wagt, über alles zu sprechen, von dem das Gemüt berührt wird, ist ohne Wert, ja, schadet mehr als dass es nützt, da es das Kind im Hinblick auf eine mögliche Entdeckung leicht zu heuchlerisch berechnendem Erzählen und Verschweigen hinlenkt.

Louise kennt alle Eltern und Vormünder ihrer fünfhundert Schüler, und sie weiß deshalb, wo sie einem Kind raten kann, ein Tagebuch zu führen, und wo sie gut daran tut, es nicht einmal zu erwähnen.

Das Tagebuch soll nicht dazu dienen, dem Kind Zerstreuung zu verschaffen, das Kind hat Zerstreuung genug. Die Aufgabe des Tagebuches ist es gerade, das Kind dazu zu bringen, sich zu sammeln.

Es ist gut für das Kind, persönliche Pflichten zu haben, für deren Erfüllung nur es selbst die Verantwortung trägt. Pflichten, über die kein anderer wacht und die kein anderer einmahnt.

Während das Kind Tagebuch schreibt, ist es im wahrsten Sinn des Wortes alleine mit sich selbst. Das Tagebuch ist sein stilles Kämmerlein. Es denkt nun über seine Handlungen nach, und es hat im Tagebuch einen getreuen Mitwisser, dem man keinen Sand in die Augen streuen kann. Bald lernt das Tagebuch führende Kind, Wesentliches von Unwesentlichem zu scheiden. Es gewöhnt sich an, sich eine eigene Meinung zu bilden, sowohl als Folge des Augenblicks als auch durch Nachdenken und Grübeln.

Im Tagebuch kann man schwärmen und lieben. Es hänselt und missversteht einen nicht, und es unterbricht einen auch nicht.

Lasten Zweifel auf dem Kind, ist es gut, sich einem verlässlichen Freund anzuvertrauen. Es hilft, die Sorgen aufzuschreiben. Das Tagebuch schweigt wie ein Grab.

Die Bedeutung des Tagebuchs für das Studium des eigenen Charakters ist riesig, kann vom Kind selbst aber natürlich nicht erfasst werden.

Will man ein Kind dazu bringen, Tagebuch zu führen, muss man ihm beibringen, wie man das macht, sonst geht es so, wie wenn man dem Kind ein kompliziertes mechanisches Spielzeug ohne Anleitung gibt: Das Spielzeug ist kaputt, bevor das Kind herausgefunden hat, wie es funktioniert.

Die meisten normalen Kinder, die man ohne Anleitung auffordert, Tagebuch zu führen, werden die Seiten gedankenlos mit zufälligen Belanglosigkeiten füllen. Eine Ausnahme stellen selbstverständlich die Kinder dar, die sich von selbst, einem heftigen inneren Drang folgend, daran machen, ihre Sorgen oder Zweifel in einem Tagebuch aufzuschreiben.

Das Tagebuch muss sich nach der Individualität des Kindes richten, aber auch ohne ihr zu nahe zu treten, kann man einen Ratschlag erteilen, der leidlich für alle Kinder passt.

Was sollte also ein Tagebuch beinhalten, um seine Aufgabe zu erfüllen? Zuerst rät man dem Kind, *jede große Freude* einzutragen, selbst wenn sie von noch so geringer Ursache ist. Man braucht das Kind nicht darum zu bitten, Sorgen und Enttäuschungen aufzuschreiben, das liegt von Natur aus nahe.

Jede neue Bekanntschaft und der erste Eindruck, den man von ihr hat. Hiermit wird das Kind einfach daran gewöhnt, sich vorzusehen und nicht übereilt zu urteilen.

Die Titel jedes gelesenen Buches und einen knappen Bericht über die Bücher, die einen entweder besonders guten oder schlechten Eindruck machen. Für das Kind wird es später sehr interessant sein, anhand der Reihenfolge der gelesenen Bücher zu sehen, wie die Entwicklung voranschreitet, oft schrittweise, aber oft auch in großen, merkwürdigen Sprüngen.

Einzelne Gedichte, die durch das Singen ihren Platz im Herzen gefunden haben, sollten aus demselben Grund aufgeschrieben werden.

Die Erklärung *gewisser Bilder*, die Eindruck hinterlassen haben. Das Kind soll angeben, ob es Originale oder Reproduktionen sind.

Jedes Mal, wenn sie etwas wirklich Schönes sehen. Sei es ein Haus, ein Schmuckstück, ein Wald, ein Gegenstand aus Porzellan, ein Kleidungsstück, ein Tier. Das Schöne soll mit Sorgfalt behandelt werden. Hier wird der Charakter des Kindes deutlich zu Tage treten. Die ordnungsliebenden, nüchternen Kinder werden es mit der Genauigkeit eines Forschers beschreiben, die phantasievollen mit dem Hochdruck an Gefühlen, der einem Dichter eigen ist.

Die großen Dinge, die aktuell sind und die Gemüter bewegen. Man hört erstaunlich oft, wie Erwachsene sich irren, wenn sie einen Kindheitseindruck schildern, und etwas, das in ihrem zehnten Lebensjahr geschehen ist, in eine

Zeit mehrere Jahre früher oder später verlegen, womit sich die Echtheit und Bedeutung dieses Eindrucks verschiebt. Auch ist es interessant zu sehen, welche Dinge sich mit Macht im Bewusstsein des Kindes festsetzen. Krieg, Eisenbahnunglücke, Schiffshavarien, Kometen, Entdeckungen, Mord, all das wird von verschiedenen Kindern grundverschieden aufgefasst.

Drollige Erlebnisse. Kleine, heitere Geschichten über Geschwister und Freunde. Beobachtungen aus Flur und Feld. Den Wechsel der Jahreszeiten und die Freude oder Enttäuschung, die sie mit sich bringen.

Theaterbesuche mit Auszügen aus dem Programm. Konzerte. Bälle.

Der Wunschzettel für Weihnachten und den Geburtstag gehört auch unbedingt dazu. Er zeigt, welche Wünsche das Kind hegt, welche sich erfüllen, welche von den unerfüllten sich Jahr für Jahr wiederholen.

Dem tief empfindenden Kind sollte empfohlen werden, an jedem Silvesterabend in sein Tagebuch zu schreiben, *was es sich vom kommenden Jahr wünscht.* Es soll ebenfalls, wenn möglich, *eine kleine Charakteristik von sich selbst mit Fehlern und Tugenden* abgeben.

Kein Geständnis, das dem Tagebuch gemacht wird, kann peinlich sein, da das Tagebuch ja das eigene Ich ist und also genau genommen nichts Neues bringt. Alles darin ist natürlich, weil nur darin steht, was man fühlt und denkt.

Ins Tagebuch schreibt man beruhigt, *wen man liebt*, ob die Liebe erwidert wird oder nicht. Im Leben vieler Kinder spielen Liebe und Zuneigung dieselbe Rolle wie im Dasein von erwachsenen Menschen, und deshalb geziemt es sich auch, ihr den gebührenden Platz einzuräumen.

Die Kindheit ist oft eine schwere und unglückliche Zeit, aber daran ist nicht nur die Umgebung schuld. Ein Kind, das frühzeitig daran gewöhnt wird, Dankbarkeit zu empfinden, wird weitaus mehr und reinere Freude erfahren als ein Kind, das kritisch und beurteilend auf die Fehler anderer blickt. Gewöhnt man nun das Kind daran – als eine kleine Privatpflicht –, jeden kleinen oder großen Liebesbeweis von Seiten der Eltern, der Schule oder der Dienstboten aufzuschreiben, dann wird es unwillkürlich mit der Zeit im Stande sein, diese mit mehr Liebe, mehr Verständnis und mehr Nachsicht zu beurteilen.

Und was kann der erwachsene Mensch nicht alles lernen, wenn er die Tagebücher durchliest, die er von seinem sechsten bis zwanzigsten Lebensjahr geführt hat? Was für eine Quelle für das Selbststudium! Was für ein Hilfsmittel, um seine eigenen Kinder zu verstehen, wenn man selbst in der Position ist, ein Elternteil zu sein!

Es ist ja eine Tatsache, dass Erwachsene erstaunlich schnell vergessen, wie sie gefühlt und gedacht haben, als sie noch Kinder waren. Das Leben ist schuld an dieser Vergesslichkeit und der daraus folgenden Verzerrung von Wahrheit und Gerechtigkeit.

Das Kindertagebuch beinhaltet mehr Wahrheit und ist verlässlicher als irgendein Erinnerungsbild.

Wer sich nicht an seine eigene Kindheit mit ihren Freuden und Sorgen, mit ihren Verirrungen und Fehltritten erinnert, ist ein schlechter Erzieher. Hat man sein eigenes Tagebuch aus Kindertagen, dann hat man unumstößliche Beweise für seine zahllosen Dummheiten, aber man sieht auch, dass Dinge, die damals von Erwachsenen als »Verbrechen« bestraft wurden, oft auf Naivität und Unschuld zurückzuführen sind, während viele kleine Handlungen, die straffrei ausgingen, Handlungen, von denen die Erwachsenen nichts wussten, für das zarte Gewissen des Kindes selbst zu »Todsünden« wurden.

Und wenn wir genauer hinsehen, dann finden wir, dass unsere eigenen Fehler sich bei unseren Kindern wiederholen, oftmals verstärkt, oftmals abgeschwächt.

Aber für Eltern kann das Kindertagebuch einen noch größeren moralischen Nutzen mit sich bringen. *Man wird, indem man seine eigenen Kinder studiert und gleichzeitig sein eigenes Tagebuch im Hinterkopf hat, ernsthaft einsehen, dass die Kinder nicht nur von zwei verschiedengeschlechtlichen, sondern auch von zwei grund- und im Wesen verschiedenen Menschen abstammen.* Und man wird, wenn man nicht blind und taub ist, alles dafür tun, dass die Kinder nicht unter derselben Ungerechtigkeit zu leiden haben, unter der man damals – aufgrund des Unverstands der Eltern – selbst gelitten hat.

Selbst im Verhältnis zwischen Mann und Frau werden solche Tagebücher oft zu kostbaren Schätzen. Die Frau, die sich mit Leib und Seele einem Mann hingibt und meint, sich für alle Zukunft hinzugeben, möchte doch alles über ihn erfahren und wissen. Er wünscht sich dasselbe mit ihr. Nicht immer wird dieser Wunsch ausgesprochen, aber sicher ist er immer vorhanden. Es ist ja ein schmerzlicher Gedanke, dass viele andere, nur nicht man selbst, den Geliebten zwanzig unwiederbringliche Jahre oder noch länger gekannt haben, bevor man selbst seinen Weg kreuzte.

Ob nicht die häufigste Ursache für Missverständnisse zwischen Eheleuten einfach darin begründet liegt, dass der eine nicht die grundlegenden Eigenheiten des anderen kennt? Das Tagebuch ist die Vergangenheit und Kindheit. Die leibhaftige Kindheit schreitet in all ihrer Mannigfaltigkeit zwischen dessen Seiten voran, bald anmutig, bald hässlich, bald traurig und bald übermütig. Das gelebte Leben, bevor die beiden einander fanden, ist hier drinnen eingeschlossen. Wer lesen kann, wird es erfahren. Es ist das Tor zum intimsten Verständnis, ohne welches selbst die innigste Verliebtheit früher oder später enden wird.

Eine Ehefrau kann vom Wesen her offen und mitteilsam sein, und ihr Mann ist vielleicht verschlossen. Sie versteht das nicht und schreibt es einem Mangel an Vertrauen zu. Übergibt er ihr nur eines oder mehrere seiner Tagebücher aus der Kindheit, wird sie dort sehen, mit welcher Beängstigung und Schamhaftigkeit es geführt wurde, sie wird sehen, dass er schon immer unter Angst davor gelitten hat, sich in Worten hinzugeben; und zufriedengestellt in ihrem Empfinden als Frau wird sie versuchen, ihm all die Sonne und all das Glück zu geben, die ihm von der Kindheit vorenthalten wurden, und sie wird in der Hoffnung leben, ihn sich nach und nach öffnen zu sehen für sie, nur für sie allein.

Oder ein Mann hat ein unruhiges Leben als Jugendlicher geführt. Endlich findet er die Richtige. Sie heiratet ihn, lebt aber in ständiger Angst davor, dass das, was gewesen ist, wieder Macht über ihn erlangen könnte. Er kann sie nicht davon überzeugen, dass sie nicht nur die Letzte, sondern in gewissem Sinne auch die Erste ist. Zeigt er ihr sein Kindheitstagebuch und sieht sie, wie er damals ständig zwischen Verliebtheiten umherflatterte, die einander jagten wie Schmetterlinge im Spiel, sieht sie, wie er damals die stärksten Wörter der Sprache für jede neue Liebe gebrauchte – und sieht sie schließlich, dass die Empfindung in den Briefen, die er später an sie schrieb, eine ganz andere ist, dann begreift sie, dass er die Wahrheit gesprochen hat.

Das Kindheitstagebuch kann sie auch vom Gegenteil überzeugen, ihr erklären, dass Unruhe sein Wesen ist, dass er nicht geeignet ist, selbst die teuersten Versprechen zu halten. Und dann weiß sie, woran sie ist. Dann kann sie ihrem Schicksal ins Auge blicken und ihre Wahl treffen. Liebe überwindet vieles – wenn Verständnis gegeben ist.

Selbst das Tagebuch, das man einem sechsjährigen Kind gibt, sollte mit Schloss und Schlüssel versehen sein. Und allein das Kind darf Zugang zum Schlüssel haben. Zeigt sich ein Kind gleichgültig, ist es die Pflicht der Eltern, ihm Respekt vor seinen eigenen kleinen, unschuldigen Geheimnissen einzuimpfen. Es muss Ehrensache für die Eltern sein, sich nicht von Neugier überwältigen zu lassen und in den Tagebüchern des Kindes nachzuforschen, falls der Zufall ihnen einen Anlass dazu gibt.

Es gibt Menschen, die vielleicht nie so großes Vertrauen zu jemandem fassen werden, dass sie ihre Tagebuchaufzeichnungen einem anderen Wesen anvertrauen. Es ist auch möglich, dass gewisse Tagebücher so voller bitterer und trauriger Geheimnisse sind, dass es das Beste wäre, wenn sie mit der betreffenden Person begraben würden. Aber diese Ausnahmen machen das Tagebuch im Allgemeinen nicht zu einer Gefahr. Und es ist gewiss, dass das Tagebuch, wo es nicht um geistig verwirrte oder erblich vorbelastete Verbrechernaturen geht, ein Schutz vor vielen Versuchungen sein und große Freude bereiten wird.

Die drei Schwestern

Louise sagt: *Das Ideal eines Lehrers wäre ein Mensch, dem die Vorsehung ein so bezauberndes Lächeln verliehen hat, dass es auf die Kinder wie eine Zauberflöte wirkt. So dass sie, ohne über den Grund nachzudenken, alles in ihrer Macht Stehende tun, um das wunderbare Naturschauspiel so oft wie möglich zu sehen.*

Ein solches Lächeln braucht weder mit Schönheit noch mit einer herrlichen Gestalt einherzugehen, was wiederum etwas für sich ist. Schönheit spricht das Auge an, das Lächeln aber appelliert an alle Sinne, an Verstand und Herz. Das Lächeln wird tausend Seelen erobern, wo die Schönheit nur zehn für sich gewinnt.

Die Liebe ist eine Welt, deren Pole noch immer nicht gefunden worden sind, eine Welt, in der unermessliche Landstriche noch nicht kartiert worden sind. Wer kann den Grund für die Anziehungskraft zwischen Menschen benennen? Sie ist vorhanden, oder sie ist es nicht. Es gibt Lehrer mit einer solchen Suggestionskraft, dass sie spanischen Kindern Wissen vermitteln können, ohne selbst ein Wort Spanisch zu sprechen und ohne dass die Kinder ihre Sprache verstehen. Die Anziehungskraft überträgt das begehrte Wissen.

Oft begreift man nicht, warum ein Lehrer von seinen Schülern geliebt wird, aber es zeigt sich immer, dass die Kinder recht haben. Sie projizieren nie – wie Erwachsene so oft – ihre Liebe auf einen Unwürdigen.

Der Lehrer, der sich in seinem Stolz gekränkt fühlt, weil die Kinder mit allerlei Fragen kommen, die er nicht beantworten kann, versteht das kindliche Gemüt nicht. Ganz gewiss hat das Kind eine Neigung, den Autoritäten Allmacht zuzuschreiben, aber gerade für das Kind stürzt ein Gott nicht von seinem Sockel, selbst wenn sie sehen, dass es Grenzen für seine Allmacht und Allwissenheit gibt. Der Mutter kommt nicht weniger Bedeutung zu und ihr Ansehen sinkt nicht in den Augen des Kindes, weil sie nicht in der Lage ist, die Sterne vom Himmel zu holen und sie ihm als Spielzeug zu geben. Das Kind gewinnt am schnellsten den Lehrer lieb, der sich getrost zu sagen traut: »Liebes Kind, ich habe keine Ahnung von dem, wonach du mich fragst, aber wir können gemeinsam in einem Konversationslexikon nachschlagen!«

Nicht wenige Lehrer führen ein Doppelleben. Außerhalb der Schule sind sie sie selbst: Menschen; aber sobald sie die Schule betreten, legen sie eine Maske an, teils weil sie glauben, ihre Würde erfordere es, teils weil sie glauben, dass sie auf diese Weise mit den Kindern am weitesten kommen. Das ist ein schicksalsschwangerer Irrtum. Der Lehrer muss ausschließlich er selbst sein gegenüber den Kindern. Denn diese durchschauen mit genialem Scharfsinn jede noch so kleine Unnatürlichkeit und verachten sie und nehmen dafür Rache, während ihr Gerechtigkeitssinn es ihnen erlaubt, selbst die schwierigste und pedantischste Persönlichkeit zu respektieren. Die Persönlichkeit ist das nackte Selbst, ohne jede Art von Verkleidung, ohne den Versuch, andere zu imitieren. In der Schule hat so der langweiligste Lehrer dasselbe Recht wie der charmanteste Künstler, solang die beiden nur sie selbst sind.

Und wir sprechen über die drei Schwestern, die drei Lehrerinnen, die in ihrer großen Verschiedenheit eine so ungeheure Macht über die Kinder haben.

Elsa ist ein Original. Sie hat in ihrer Jugend viel gelitten, wurde aufgezogen und verletzt und gelehrt, mit ihrem Äußeren wie auch mit ihrem Inneren unzufrieden zu sein. Jetzt hat sie sich mit dem Schicksal abgefunden und sich – ohne Hass – aus der Welt ausgeschlossen. Sie lebt jetzt ausschließlich in der Welt, die sie für die Kinder erschafft, einer reineren, feineren und ideelleren Welt als der, die für andere sichtbar ist. Sie öffnet ihr warmes Herz für Tiere, die Natur und die Kinder. Am liebsten wäre sie Lehrerin für taubstumme, blinde oder geistig verwahrloste Kinder geworden. Als sie dies nicht wurde, machte sie es sich zur Aufgabe, den Unterschied zwischen Sonnenkindern und den Kindern auszugleichen, deren Natur und Neigungen sie auf die Schattenseite des Daseins verweisen.

Sie hat eine herrliche Fähigkeit, die Kindheit für die Missverstandenen, Unterdrückten, Schwachbegabten zu vergolden. Ihre Klasse ist alttestamentarisch gerecht. Ein Kind, das draußen im Leben als klug, hübsch und begabt gefeiert wird, wird bei ihr mit gesunder und ausgeglichener Natürlichkeit behandelt, während ein Kind, dem all dies verweigert wurde, hier in eine solche Liebe und Glückseligkeit eingehüllt wird, dass es ein ganzes Leben lang einen Überschuss davon haben wird, von dem es zehren kann.

Ein Kind, das vier Jahre unter Elsas schützenden Schwingen zugebracht hat, denn so lang erstreckt sich ihre Zeit als Klassenvorstand, kann nie ganz arm oder ganz einsam oder ganz unglücklich werden. Sie hat sein Herz aufgetaut, seine Seele entfaltet.

Wenn sie die Schule verlässt, geschieht es oft, dass unten auf der Straße ein junger Offizier steht, ein junger Student oder eine junge Frau und darauf wartet, einen Gruß von Elsa zu erhaschen. Sie vergessen sie nie. Bezeichnend für die Wirkung, die sie hat, ist diese Aussage eines jungen Mannes: »Kein Mann, der als Junge bei Fräulein Elsa in die Schule gegangen ist, wird je auf Frauen herabschauen!«

In dieser wie in anderen Schulen richten sich die Zensuren im Allgemeinen nach den Leistungen. Nicht so in Elsas Klasse. Würde man dort die Kinder fragen: »Wer ist der Tüchtigste bei euch? Wer schreibt die besten Aufsätze?«, könnte es passieren, dass sie das dümmste Kind auswählen. Die Leistungen der begabten Kinder werden als etwas Selbstverständliches angesehen, während man den Unbegabten beim kleinsten Fehler zujubelt – den sie *nicht* gemacht haben!

Geheime Gedanken zu lesen, verborgene Sorgen aufzudecken, Tränen, die ein kleines Kinderherz zu sprengen drohen, zum Fließen zu bringen, das ist Elsas Arbeit.

Nie lacht und plaudert sie in den Pausen mit den anderen Lehrern. Sie erzählt nicht von ihren Kindern – sie hätte das Gefühl, sie »auszuliefern«. Aber geht man an ihrer Klasse vorbei, hört man stets ein lieblich zwitscherndes Kinderlachen, zu dem ihre Altstimme den Resonanzboden bildet. Sie steigt nicht hinab und agiert kindlich. Sie lebt nur das Leben des Kindes. Für die Kinder ist sie oft mehr als »eine zweite Mutter«, denn nur wenige Mütter können sich den Kindern so vollständig hingeben. Es ist nur möglich für diejenigen, die wie Elsa alle Verbindungen zur Welt abgebrochen haben, die ihr eigenes Selbst vollständig vergessen haben.

Sie grenzt ihr Verhältnis zu den Kindern streng ab, und kein Fremder hat je ihren Stunden beigewohnt. Nie würde sie es einem der Lehrer der Schule – nicht einmal Louise – gestatten, auch nur fünf Minuten ihres Unterrichts mitzuverfolgen. Die Kinder sind ihr zu heilig und zu lieb, als dass sie die

Reinheit ihres Wesens durch etwas profan werden ließe, das im Verdacht stehen könnte, eine Zurschaustellung zu sein.

Kinderbriefe und Kinderaufsätze, die sonst so oft bei Lehrerzusammenkünften besprochen werden, bewahrt sie sorgsam auf, nicht einmal ihre Geschwister bekommen sie zu sehen.

Die großen Festtage feiert sie allein mit der Klasse. Wenn die Schule Gemeinschaftsausflüge macht, nimmt ihre Klasse nicht teil, während sie oft mit ihren Kindern schon am frühen Morgen loszieht.

Aber so heimlich ihre Methode auch sein mag, das Ergebnis ist offenkundig. Ihre Jungen sind die Ritterlichkeit selbst, ihre kleinen Mädchen sind weiblich in jeder Bewegung, jeder Handlung. Die Kinder benehmen sich mit einer festlichen Rücksichtnahme, die beinahe unfassbar ist, wenn es sich um kleine Kinder handelt. Sie sind heiter, aber ohne Wildheit, sie sind unabhängig vom Wetter, sie kennen weder Launen noch ein mürrisches Wesen. Sie zanken sich nicht, harte oder unfreundliche Worte hört man nie zwischen ihnen – weder in der Schule noch zu Hause. Nervöse Kinder werden unter Elsas Einfluss ruhig, eingebildete bescheiden, scheue freimütig. Die kleine erklärte Schönheit hört auf, sich in allen Spiegeln zu betrachten, das hässliche Kind strahlt vor Freude über eine neue Haarschleife, die ihm nach Meinung der ganzen Klasse bezaubernd steht.

Und bei der jährlichen Prüfung zeichnet sich Elsas Klasse in allen Fächern aus.

Schwester *Sophie* ist die geborene Künstlerin, liebenswert, geistreich, sprunghaft. Bei ihr hat man bisweilen das Gefühl, als wäre sie eine Seifenblase, die vor deinen Augen dahinschwindet und sich einfach in nichts auflöst.

Sie ist launisch. Sie weckt die stürmischen Leidenschaften. Alle Kinder wollen sie heiraten, wenn sie groß sind. Ihre Phantasie baut Luftschlösser, in denen Sophie leben soll.

Im Gegensatz zu Elsa ist sie vorzugsweise Lehrerin der begabten Kinder. Auch sie zeigt die liebevollste Rücksicht gegenüber den weniger Begabten, aber das beruht mehr auf Mitgefühl als auf Verständnis, geschweige denn auf Vorliebe. Ihre ganze Lebensauffassung und ihr ganzes Temperament verweisen sie auf die künstlerisch begabten Kinder. Vom ersten Schultag an weiß sie, nur durch das Beobachten der Gesichter und des Benehmens der Kinder, welches Kind dichtet, welches musikalisch ist, wer tanzt, wer zeichnet, wer die Anlagen zu einem Vortragenden oder Schauspieler hat. Sie ist die gewissenhafte Lehrerin des Alltagskindes, aber ihre großen Fähigkeiten entfalten sich erst, wenn sie mit dem Feiertagskind, mit der Sonderbegabung zu tun hat.

Ihre elfenhafte, zarte Gestalt ist von unglaublicher Ausdauer, ihre Lebhaftigkeit kennt keine Grenzen, und ihr Ideenreichtum ist nicht wie eine ewig plätschernde Quelle, sondern wie ein brausender Wasserfall.

»*Jedes Kind ist wie ein herrliches, ungeschriebenes Märchen*«, sagt sie. Trotz ihrer Künstlernatur besitzt sie die Geduld eines eifrigen Arbeiters für die einzelne Aufgabe. Und ihr Organisationstalent gibt ihr Macht über alle Arten von Kindern. Ein fast unmerkliches Nicken, eine Bewegung mit den Wimpern, der Anflug eines Lächelns wirkt auf die Kinder mehr als lange, eingehende Erklärungen. Sie ist kraft ihres Wesens wie einer der großen Dirigenten, die selbst die am schlechtesten zusammenspielende Kapelle bezaubern und bezwingen, so dass der Zuhörer glaubt, vor einem Orchester ersten Rangs zu stehen.

Sieht man sie zwischen den Kindern, hat man den Eindruck, als sei Titania auf eine Wiese hinabgestiegen und tanze mit ihren Elfen auf dem grünen Gras. Ihrer Unterrichtsstunden sind so ausgelassen und närrisch wie der Sommernachtstraum selbst.

Und nun zur dritten Schwester, *Clara*, sie ist schlicht das fröhliche, freimütige Kind. Sie ist auf dieselbe Weise genial wie ein Kind. Sie ist und wird zum Kind und nichts anderes. Als Kind hat sie nicht fünf, sondern Hunderte von Sinnen, alle gleich frisch und empfänglich. Wie ein Kind kann sie über alles staunen. Wenn sie den Kindern von der Form der Erde und den Wundern der Natur erzählt, lauscht sie ihren eigenen Worten mit derselben verwunderten Inanspruchnahme wie die Kinder; alles erscheint im Augenblick wieder neu. Wenn die großen, aufmerksamen Kinderaugen auf sie gerichtet sind, erlebt sie mit ihnen die Märchen, die sie selbst erzählt. Sie spielt nicht mit den Kindern, um sie zu unterhalten, sondern weil es ihr so natürlich scheint, ja, als das einzig Natürliche. Sie ist das kenntnisreichste und am weitesten entwickelte Kind in ihrer Klasse – und da sie zugleich das gesündeste, klügste, stärkste und beliebteste Kind ist, ist es nicht verwunderlich, dass sie die führende Stellung einnehmen darf. Sie entdeckt und erfindet ständig neue Unterrichtsmethoden, die jede für sich hinreißende Spiele sind. Sie hat nicht die leiseste Ahnung davon, dass einige ihrer Methoden vollkommen genial sind. Würde es jemand wagen, so etwas zu ihr zu sagen, wäre der Dank, den er erhielte, ein durchdringender Blick. Sie würde glauben, man mache sich lustig über sie.

Wenn sie die Klasse betritt, wissen sowohl die Kinder als auch sie, dass jetzt ein herrliches und wundersames Spiel beginnt, das nur leider allzu plötzlich von der Schuluhr unterbrochen wird. Aber zum Glück darf man ja in den Pausen weiterspielen. Liest sie heitere Erzählungen, ist ihr Lachen das ausgelassenste, liest sie betrübliche Gedichte, weint sie selbst die salzigsten Tränen.

Sie studiert Samen, Regenwürmer und Ameisen mit demselben neugierigen Interesse wie die Kinder, und die Ausflüge ihrer Klasse würden einen Robinson Crusoe, einen Cooper, ja einen Nic Carter dazu bringen, vor Neid zu erblassen. So viele und so unglaubliche Erlebnisse geschehen auf der gewöhnlichsten Landstraße, wenn Clara mit ihren Kindern auf Wanderung ist.

Sie bringt ihnen bei, Karten von den Wiesen zu zeichnen, die sie durchwandern. Bisweilen lässt sie sie Straßenkarten im Voraus anfertigen, und dann sollen sie nach der Karte wandern. Wehe es kommt zum Irrtum! Denn es kann ja vorkommen, dass man einen »Urwald« durchdringen muss, Berge wegsprengen – oder besteigen, oder man muss Meere leertrinken und ähnliche Kleinigkeiten. Das nächste Mal gibt man sich mehr Mühe.

Fräulein Clara stellt große Ansprüche an ihre Kinder, und kein Versäumnis wird geduldet, aber von Strafen ist trotzdem nie die Rede. Doch, ein einziges Mal, und die fiel so aus: *Kurt* schluderte unzulässig mit seiner Handschrift, und keine Belehrungen halfen. Clara sagt da in ihrer Not zu dem Jungen: »Weißt du, Kurt, wenn du morgen auch so hässlich schreibst, bleibt uns nichts anderes übrig, dann müssen wir beiden nachsitzen, während die anderen schon nach Hause gehen!« Kurt sieht schuldbewusst aus, verspricht hoch und heilig Besserung und findet sich am nächsten Tag mit demselben Gekritzel ein. Clara wartet, bis die Schulstunde vorbei ist: »Ja, dann müssen wir beiden also nachsitzen und versuchen, ohne Schludrigkeit zu schreiben!« Kurt bricht in herzzerreißendes Geheul aus, und Clara wird weich und gibt ihm noch einen Tag Schonfrist. Sie weiß, dass der Junge es kann. Die Aufgaben in der Schule löst er schön, aber was zu Hause ausgeführt wird, lässt sehr zu wünschen übrig. Am nächsten Tag ist alles wie gehabt, Kurt hat offenbar alle Versprechen vergessen. Da sagt Clara sofort: »Ja, jetzt gibt es kein Pardon, heute *musst* du dableiben, wenn die anderen nach Hause gehen!« Kurts Geheul macht jeden Unterricht unmöglich, alle bedauern ihn, er fühlt sich als Märtyrer. Clara ist selbst nicht froh, sie ist Gegnerin allen Nachsitzens, und doch muss etwas getan werden. Sie hat eine Idee: »Geh hinein zu meiner Schwester, zeig ihr dein Schreibheft und frag sie, ob du es nicht verdient hast nachzusitzen!« Kurt geht und kommt glücklich strahlend mit Fräulein Elsa zurück, die den Tränen nahe ist beim Gedanken daran, man könnte es übers Herz bringen, einen achtjährigen Jungen nachsitzen zu lassen. Was ist geschehen? Die ganze Klasse hat sein Schreibheft untersucht, und alle haben herausgefunden, dass entweder der Füller oder die Tinte schuld an der schlimmen Handschrift sein müssen. Und jedes Kind verehrt ihm nun einen funkelnagelneuen Füller, einen feinen Federhalter, neues Löschpapier, ja, eine Flasche Tinte. Kurt beweist umgehend, dass die Kinder recht gehabt haben: Er schreibt nun so elegant wie nie zuvor. Doch am nächsten Tag ist das Heft mit den Hausaufgaben ein Inselreich von Klecksen und unnötigen Schnörkeln. Clara nimmt sich zusammen: Heute *wird* Kurt nachsitzen! Als die anderen Kinder dabei sind, ihre Schulsachen einzupacken, um nach Hause zu gehen, ist Kurts verzweifeltes Gejammer in der ganzen Schule zu hören.

Das kleine Herz der *sechsjährigen Marylka* blutet vor Mitgefühl. Sie schleicht sich hinein, legt die Arme um Kurts Hals und sagt halblaut und eindringlich: »Aber Kurt, da gibt es doch nichts, weswegen man traurig sein müsste! Du magst es doch so sehr, hier zur Schule zu gehen! Nicht wahr?« Kurt nickt und weint immer noch. »Na ja, weißt du, ich meine ja nur, es muss herrlich sein, eine ganze Stunde länger bleiben zu dürfen! Ich wünschte, ich wäre an deiner Stelle. Und das wünschen wir uns alle!«

Kurt sieht sie überrascht an. Der Gedanke ist ihm neu, aber scheint ziemlich einleuchtend. Und jetzt schlägt die Stimmung um, wie es bei Kindern, Gott sei Dank, in weniger als einem Augenblick geschehen kann. Er springt von seinem Platz beim Nachsitzen auf, klatscht in die Hände und johlt – die Tränen hängen noch in seinen Wimpern – »Hurra, hurra, ich muss eine ganze Stunde länger bleiben als alle anderen!«

Die Schlacht ist für Clara unwiderruflich verloren. Sie wagt es nicht, einen Versuch zu unternehmen, Marylkas erhabene Sicht auf die Schule zu erschüttern, aber man muss Kurt doch abgewöhnen, Inselreiche von Klecksen und Gekritzel anstelle von Buchstaben zu fabrizieren. Dann geht ihr ein Licht auf.

»Kurt«, sagt sie, »wenn du in der Schule bist, schreibst du schöner als die meisten, und zu Hause schreibst du wie ein kleines Ferkel, das den Schwanz ins Tintenfass taucht, weil es keine andere Feder hat. Wenn du jetzt also probierst, dir zu Hause bei den Schreibaufgaben vorzustellen, du würdest hier in der Klasse sitzen und wir alle um dich herum, glaubst du nicht, dass es dann besser gehen würde?«

Kurt schlägt mit seiner kleinen, harten Faust in die Luft. Das bedeutet ungefähr dasselbe, wie wenn ein dänischer Junge sagt: »Darauf kannst du Gift nehmen!«

Und jeden Nachmittag setzt Clara sich ans Telefon und mahnt Kurt, sich vorzustellen, er sitze in der Schule – und das Schreibheft ist nicht wiederzuerkennen! Nur eine Woche bedarf es dieser Ermahnungen, dann ist es für Kurt zur Gewohnheit geworden!

In Claras Klasse gedeiht fröhlich die Erotik, und viele kleine Liebespaare sitzen zusammen in der Bank, sowohl von ihr als auch von den Klassenkameraden beschützt. Oft legt sie Fürsprache für zwei junge Liebende ein, die man grimmig trennen und in verschiedene Klassen versetzen will, weil der eine etwas frühreifer ist als der andere. Sie hat ganz richtig begriffen, dass die Liebe im wahren Leben eine viel größere Triebkraft ist als das Wissen.

Sie ist der erklärte Ritter der Kinder, und kein Drache – in Gestalt von unverständigen Eltern oder Vormündern – hat so viele feuerspeiende Köpfe, als dass sie nicht bereit wäre, den Kampf aufzunehmen und einen nach dem anderen abzuschlagen.

Und was erreicht sie damit? Dass das Leben der Kinder ein ununterbrochenes Fest ist, ein Fest im Jetzt, ein Fest in der Erinnerung und ein Fest in der Erwartung. Sie hat es verstanden, die Wissbegier – Erwachsene nennen das Neugier –, die in jedem jungen Wesen steckt, fruchtbar zu machen, sowohl für die Schule als auch fürs Leben. Ihre Kinder schreiben die warmherzigsten und aufgewecktesten Briefe, die natürlichsten und persönlichsten Aufsätze, und sie machen beinahe keine Rechtschreibfehler. Ihre Handschrift ist so sicher und schön, dass man nicht glauben würde, es handle sich um die Handschrift von achtjährigen Kindern.

Während sie die Kinder schwere Rechenaufgaben im Kopf lösen lässt, lässt sie sie gymnastische Übungen zur Zerstreuung machen, während sie im Chor singen, lässt sie sie Gedichte von der Tafel abschreiben. Sie trainiert gleichzeitig ihr Gehirn, ihren Körper und ihre Selbständigkeit. Die Kinder werden dazu gebracht, wahre Kunststücke zu vollbringen, nur weil sie ausgehen von: »Wenn Fräulein Clara sagt, dass wir es können, dann können wir es!« Dieses Vertrauen wird sie später Berge versetzen lassen.

Claras Kinder lieben alles Lebendige, und sie lieben die ganze weite Welt. Selbst das welke Blatt haben sie gern, sie wissen, wie anmutig es sich einst entfaltete und vom Wind berührt wurde. Sie treten mit Anstand auf, aber ohne eine Spur des Gefühls von Tugendhaftigkeit. Sie spielen eine Menge dummer Streiche, die sie ohne die geringste Furcht oder Gewissensbisse beichten. Sie flüstern nie, und sie lügen nicht. Kinder lügen nur, wenn sie etwas zu verbergen haben, und hier gibt es nichts zu verbergen, da jeder mit Entzücken allem lauscht, was man zu berichten hat.

Bei Clara werden also die meisten Verlobungen eingegangen, aber, um die Wahrheit zu sagen, bei Clara gibt es auch die meisten gelösten Verlobungen.

Die Allerkleinsten

Es ist verboten, die Kinder weiter als bis zur Tür zu begleiten. Sie sollen die Treppen selbst hinaufgehen. Auch beim ersten Mal. Nun geschieht es häufig, dass sie, obwohl man ihnen allerhand Nettes über die Schule erzählt hat, von wildem Schreck befallen werden, wenn der große Augenblick naht. Sie brechen in Tränen aus und bleiben am Fuß der Treppe stehen.

Dort findet dann Fräulein Sophie so eine arme kleine Seele. Sie nimmt das bitterlich weinende Kind an der Hand: »Du hast Angst, nicht wahr? Die habe ich auch. Sollen wir beide gemeinsam hinaufgehen?«

Sie ist so klein und zart, dass der Junge gut nachvollziehen kann, dass sie auch Angst hat, und jetzt gehen sie zusammen. Aber unterwegs entdeckt er ihr langes Kleid und wird nachdenklich: »Bist du vielleicht Lehrerin?« »Nein, ich bin nur hier, um mit den Kindern zu spielen!«

Und so kommt es, dass Kinder ganze zwei Jahre lang täglich mit Fräulein Sophie zu tun haben, ohne zu ahnen, dass sie aus einem anderen Grund dort ist, als »mit ihnen zu spielen«.

Sie betritt die Klasse. Dort herrschen Lärm und Unruhe. Sophie beginnt mit einer Geschichte, beispielsweise über einen Löwen oder Tiger. Sobald die Rede von Tieren ist, sind alle Kinder interessiert. Das eine hat einen Löwen gesehen, das andere von ihm gehört, wieder ein anderes hat ein Löwenfell an der Wand hängen. Sie reden alle durcheinander.

Das geht natürlich nicht. Sie bittet darum, dass immer nur einer spricht und dass sie zwei Finger in die Höhe recken, wenn sie etwas zu sagen haben. Ein kleiner Junge sitzt lang da und wackelt mit den Fingern, beugt einen, dann zwei, dann drei, dann spreizt er sie alle ab und beginnt schließlich zu weinen. Als man ihn fragt, erklärt er: »Ich weiß etwas über einen Löwen, aber ich kann keine zwei Finger finden, die aufstehen wollen, sie wollen allesamt auf die Knie fallen!«

Es wird alles Mögliche – und Unmögliche – über den Löwen erzählt. Ein kleines Mädchen reckt zwei gehorsame Finger in die Höhe und sagt: »Einmal gingen wir über eine Wiese, und da lag ein kleiner toter Vogel, und wir begruben ihn!« Sophie wendet ein: »Klein Trude, wir reden doch jetzt nur über Löwen!« Trude reckt abermals zwei Finger in die Höhe (Mädchen sind immer gewandter als Jungen) und antwortet: »Ja, aber es war wirklich ein Vogel, denn er hatte gar keine Zähne, und er hatte Flügel!«

In der Schule wurde einmal etwas eingeführt, das »Fleißaufgaben« heißt und das darin besteht, dass die Kinder, um dem Lehrer eine Freude zu machen, die eine oder andere Aufgabe zu Hause ausführen sollen. In den Handarbeitsstunden haben sie gelernt, winzige Seidenfähnchen anzufertigen. Sophie sagt zu einem Jungen: »Hör mal, weißt du was, du könntest im Grunde so eine Fahne zu Hause als Fleißaufgabe machen!« Er tut es, und wie immer, wenn die Kinder etwas tun, das nicht streng vorgeschrieben ist, ist die Freude des Lehrers stürmisch.

Am nächsten Tag bringt ein Kind einen Gummiball mit, ein anderes einen Marienkäfer in einer Streichholzschachtel, ein drittes eine Feige, von der ein kleines Stück abgebissen ist. Sophie sagt verwundert: »Ich habe doch gar nicht Geburtstag!« Die Kinder rufen im Chor: »Nein, nein, das sind *Fleißaufgaben*!« Sie haben es so verstanden, dass Fleißaufgaben alles sind, was sie von zu Hause mitbringen, um dem Lehrer eine Freude zu machen. Also erklärt sie ihnen klipp und klar, was eine Fleißaufgabe ist, und die Erfindungsgabe der Kinder auf diesem Gebiet ist außergewöhnlich. Das eine bringt eine Seite voll Kommas, das andere zeigt zehn glänzende Fingernägel, es hat sicher Stunden gebraucht, um sie in diesen Zustand zu bringen, ein drittes bringt ihr einen Flicken Flanell, ein Zoll breit und zwei Zoll lang mit einem Riss in der Mitte. »Was ist das?«, fragt Sophie. »Das ist ein Paar Hosen für mein Kind, wenn ich mal eines bekomme!«

Ein französische Lied wird mit den Kindern einstudiert. Darin kommen die Worte »sans souci« vor. Es wird gefragt, ob alle die Bedeutung der Worte kennen, sie sollen mit Beispielen antworten. Alle Kinder schütteln den Kopf wie alte Leute, wenn sie von kummervollen Dingen sprechen, und jedes Kind erzählt nun das Gegenteil von »sans souci«. Das eine sagt: »Mamas Haar beginnt, grau zu werden, und wir wissen nicht, was wir tun sollen, weil Papa nicht will, dass sie es färbt!« *Steffen* seufzt: »Unsere Köchin ist so streng mit Mama, und wenn Mama etwas zu ihr sagt, sagt sie ›dann gehe ich eben‹, und Mama kann doch nicht kochen, aber Mama ist so schön!« *Anna* ruft: »Meine Zinnsoldaten stehen nicht gut, wenn einer umfällt, fallen alle um, und dann glauben die Leute, dass sie im Krieg gefallen sind, und dabei führe ich überhaupt keinen Krieg!« *Karl* sitzt da und starrt vor sich hin. Sein Gesicht drückt echten Männerkummer und Probleme aus. Schließlich sagt er mit tiefer Stimme: »Alice will nicht von meinem Apfel abbeißen!« Sophie bittet Alice, von seinem Apfel abzubeißen, und in der Pause sieht sie, wie Kurt lockend und drohend die selbst einen Apfel essende Alice mit seinem Apfel verfolgt. Er murmelt unaufhörlich dasselbe. Schließlich gelingt es Sophie, die Worte zu deuten: »Du sollst abbeißen, weil ich dich liebe!« Und weil Alice sich als standhafte Frau erweisen will, presst er tränenerstickt den Apfel in ihrem Mund! *»Du sollst abbeißen, weil ich dich liebe!«*

Ernst ist der geborene Dirigent. Er studiert mit seinen Kameraden Tänze ein und ist überzeugt von seiner eigenen Macht und Vollkommenheit. Deshalb kann er nicht begreifen, dass er nicht gleichzeitig dirigieren, Notenblätter für die Geliebte umdrehen und selbst Geige spielen kann. Er wird genötigt, ein wenig Hilfe von Fräulein Sophie anzunehmen. Er dirigiert mit allen Bewegungen eines Kapellmeisters, streicht sich eine eingebildete Locke aus den Augen, gebietet mit der linken Hand eingebildeten Bässen im Hintergrund zu schweigen, macht Kunstpausen und bringt verhallende Pianissimi vor. Er arbeitet mit Armen und Beinen. Neulich hat er seine erste Komposition vollendet, und jetzt bringt er Fräulein Sophie die Noten und bitte sie darum, »sie zu richten«: Sie nimmt das Blatt Papier. Ja, gewiss, es ist mit Noten vollgemalt, aber weder ist der Wert der Noten angegeben, noch der Takt oder die Tonart! Sophie erlaubt sich zu fragen, was das sein soll. Ernst antwortet: »Ein Einzugsmarsch, das kannst du doch sehen!« Und jetzt helfen auch keine Ausreden. Sophie muss die Noten arrangieren, sie in Takte einteilen und die Tonart finden. Sie setzt sich ans Klavier und beginnt zu spielen. Ernst schüttelt streng den Kopf und zeigt ihr, wie er sich das ungefähr vorgestellt hat, und das ganze wird mit vereinten Kräften gemeistert. Zum Schluss sagt der Komponist mit kleidsamer Bescheidenheit: »Glaubst du nicht auch, dass er in jedem Fall so gut ist wie der Einzugsmarsch in Tannhäuser?«

Mitten in einer Stunde bekommt Sophie einen Brief von einem der kleinen Mädchen: »Wir bitten dich um ein wichtigen Rat es ist sehr wichtig. Lili hat einen Brief an Kitty geschriben Elly wollte ihn auch lesen aber das wollte Kity nicht und sie riss Elly den Zettl aus der Hand und darüber wurde Kitty böse, lilli wollte den Brief haben jedoch hatte Elly ihn bereits gelesen und jetzt ist Lily böse, sie tanzt beim Weinachtstanz mit aber sie sieht schreklich beleidigt aus. Bitte hilf uns sofort es eilt es geht um Leben und tot.«

Die Kinder sind sechs Jahre alt und haben gerade zu schreiben gelernt.

Herbert reckt zwei Finger in die Luft und bittet um Erlaubnis, zum Lehrerpult zu kommen und Sophie etwas ins Ohr zu flüstern: »Mir schien es früher immer, dass Elly so schön wie ein Engel ist, aber gestern sah sie mich mit solch einem unfreundlichen Ton an (er verwechselt nicht Blick und Ton, sondern verbindet sie), und jetzt kommt es mir so vor, als sei sie genauso widerlich wie ein Skelett. Glaubst du, dass sie wieder schön wird?«

Man spricht über die Zugvögel, und *Lucy* sagt: »Letzte Nacht konnte ich nicht schlafen, weil Mama ein kleines Kind im Februar bekommen wird, und jetzt sind alle Zugvögel im Süden, und ich weiß nicht, was wir tun sollen, um unser Kind zu bekommen!«

Jeden Tag spielt Sophie für die Kinder Geige, und sie hören ihr sehr gerne zu. *Robert* ist schwer in Trude verliebt, und besonders fühlt er die Seligkeit der Liebe, wenn Sophie spielt. Plötzlich fällt ihm ein, dass er auch Geige spielen will, um für Trude spielen zu können, die seine Liebe nicht erwidert. Er geht nach Hause und bettelt seine Mutter an, ihm eine Geige zu kaufen. Die Mutter sagt: »Du kannst doch gar nicht spielen!« Er antwortet: »Doch, das kann ich. Ich kann so schön spielen wie die Vögel singen und wie … wie … die Rosen … und wie die Wolken … Ach, kauf mit eine Geige!«

Er bekommt sie und begibt sich voll Freude in die Schule. Er will auf der Stelle für Trude spielen. Er nimmt die Geige, legt sie an die Wange, wie er es bei Fräulein Sophie gesehen hat, lächelt Trude an, legt der Bogen auf die Saiten und …

Sein Schmerz, als er begreift, dass er nicht spielen kann, ist herzzerreißend.

Jedes Kind soll ein Lied singen. Sie dürfen selbst auswählen. Als *Willy* an der Reihe ist, steht er auf und beginnt, von Rotkäppchen und dem Wolf zu erzählen. Er wird unterbrochen. Es soll doch singen. Wieder fängt er an, von Rotkäppchen zu erzählen, jetzt wird ihm in ernstem Ton erklärt, dass er nicht erzählen darf, dass er nur singen darf, und so beginnt er zum dritten Mal zur Melodie von »O, Tannenbaum, o, Tannenbaum« von Rotkäppchen und dem Wolf zu singen!

Martin ist ein Fall für sich. Er macht alles auf seine eigene Art. Er handelt nicht aus Trotz, und er verstellt sich nicht, aber seine Phantasie bringt ihn dazu, die gewöhnlichsten Dinge zu drehen und zu wenden, bis er etwas anderes, als ursprünglich beabsichtigt, daraus gemacht hat.

Man bittet ihn, eine Seite mit »i's« vollzuschreiben. Er bringt ein Blatt Papier mit, auf das ein einziges riesiges »i« gemalt ist. Sophie hütet sich, laut zu lachen, und sagt: »Das ist Platzverschwendung; auf so einem großen Blatt Papier könntest du leicht hundert ›i's‹ haben. Zeig mir jetzt, dass du das auch kannst!« Martin geht auf seinem Platz und bringt kurz drauf ein Blatt, das er Zeile für Zeile mit zusammenhängenden Zickzackbögen vollgeschrieben hat, die man mit viel gutem Willen – wenn man es weiß – als »i's« auffassen kann. Sophie macht ihn jetzt darauf aufmerksam, dass die »i's« nicht zusammenhängen, sondern klar und deutlich für sich stehen sollen. Martin sieht sie an und antwortet: »Das halte ich für Zeitverschwendung!« An diesem Tag hat Martin gesiegt.

Man spricht über Jakob und Isaak und seine Söhne, und Sophie fragt: »Warum mochte Isaak Esau am liebsten?« Martin denkt nach: »Du kannst sicher sein, dass er gute Gründe dafür hatte!«

Fräulein Clara erzählt mir vom unruhigen Kurt: »Er schwatzt und quatscht, tuschelt und mauschelt, dreht und wendet sich um und stört die ganze Klasse. Es ist schwer, sechs Jahre alt zu sein, so einen unruhigen Sitznachbarn zu haben und sich nicht anstecken zu lassen. Aber wo soll ich den Jungen unterbringen? Dann kommt mir eine unselige Idee: Fritz, der Magdas Sitznachbar ist, soll gerade jetzt einige Wochen aufs Land fahren, um zu Kräften zu kommen. Lasst uns versuchen, Kurt zu Magda zu setzen, sie ist so brav und sanft und ruhig, sie lässt sich bestimmt nicht stören, was ihm auch einfallen mag.

Dass ich es übers Herz bringen konnte! Da bilde ich mir ein, ich würde etwas von Kindern verstehen! Und ich merke nicht einmal, wie das arme Kind unter seinem Sitznachbarn leidet! Ohne eine Miene zu verziehen, sitzt sie da und starrt mich mit ihren großen, traurigen Augen an. Aber sie sieht immer ein wenig betrübt aus, deshalb finde ich nichts Auffälliges daran. Doch am nächsten Tag ist es, als sei ihr Blick vorwurfsvoll auf mich gerichtet. Trotzdem begreife ich den Grund nicht. Mehrere Male frage ich: »Ist etwas mit dir, Magda?« Sie antwortet nicht, verzieht keine Miene, aber ihre Augen sehen noch größer aus als sonst, und der Blick ist eine Idee ernster.

Erst gegen Mittag entdecke ich einen kleinen Brief, der seit neun Uhr morgens auf meinem Tisch gelegen hat. Der Brief ist mit Magdas großen, kräftigen, klaren Buchstaben geschrieben, die mich jeden Tag aufs Neue erstaunen beim Gedanken daran, dass sie erst drei, vier Monate zur Schule geht und keinen Buchstaben kannte, als sie kam.«

»Liebes Fräulein. Ich hätte so gern, dass Kurt woanders hingeht. Denn sein Pesuch ist schlimm für mich, denn über den Pesuch bin ich nicht endzückt.

Er ist mir fiel zu unruhig, ich habe bald nur noch Fehler, wenn ich Schreibe, und das ist einzige und allein Kurts Schuld!

Magda.«

Meli ist sehr an den Zehn Geboten interessiert, von denen sie kürzlich in der Schule erfahren hat. Sie spricht unaufhörlich davon und möchte ihr Wissen gern anwenden. Aber bisweilen kommt sie mit der Reihenfolge der Gebote durcheinander, wie an dem Tag, als sie vom Fenster aus einen Kutscher unbarmherzig mit der Peitsche auf ein Pferd einschlagen sieht. Außer sich reißt sie das Fenster auf und ruft dem verblüfften Kutscher zu: »Sie widerlicher Tierquäler dort unten, Sie, haben Sie etwa das siebte Gebot vergessen?« Der Mann sieht hinauf, und als er das kleine zornig erregte Gesicht sieht, lächelt er, winkt mit der Peitsche und fährt weiter, ohne das Pferd zu schlagen, und Meli ist stolz, sie ist sich sicher, dass es ihre Ermahnung, das siebte Gebot zu beachten, war, die gefruchtet hat.

Dieselbe Meli, die immer im Leben umsetzt, was sie in der Schule lernt, sitzt eines Tages draußen im Garten und gräbt mit einem Kochlöffel in der Erde. Neben ihr steht eine kleine Medizinflasche voll Wasser. Der Hund kommt angelaufen und stößt unglücklich die Flasche um. Das Kind ruft: »Hilfe, Hilfe!« Der Vater stürzt herbei: »Was ist geschehen? Weshalb rufst du um Hilfe?« »Wasser, Papa, Wasser, beeil dich, so beeil dich doch!« Der gutmütige Vater holt Wasser, und Meli atmet befreit auf. »Na, wofür hast du das Wasser denn gebraucht?« Meli sieht den Vater mit großen Augen und belehrend an: »Oh, du weißt vielleicht nicht, dass die Erdkugel voll glühenden Feuers ist? Ich grabe, um das Feuer zu sehen. Aber ich muss darauf achten, Wasser zu haben, denn sonst riskiere ich doch, dass der ganze Garten abbrennt!«

Achtjährige Schriftsteller

Einer der Gründe dafür, dass die Kinder in dieser Schule so einen erstaunliches Stilgefühl haben und sich in Briefen so frei und persönlich auszudrücken vermögen, ist sicherlich auf die Einführung der »Zehn-Minuten-Aufgaben« zurückzuführen. In den unteren Klassen kommen diese beinahe täglich vor.

Sobald die Kinder einigermaßen sauber schreiben können, soll heißen – dank der »lustigen Grammatik« – ab ihrem siebten Lebensjahr, bekommen sie ein Thema aufgegeben und können nun schreiben, wozu sie Lust haben, viel oder wenig, es darf nur nicht mehr als zehn Minuten dauern. Und während der Arbeit wird nicht gesprochen.

Die Kinder brauchen nicht dazusitzen und darüber zu spekulieren, was sie schreiben sollen, und haben keine Angst vor der Rechtschreibung. Sie springen kopfüber ins tiefe Wasser und merken zu ihrer Freude, wie leicht es ist zu schwimmen.

Das Gehirn gewöhnt sich daran, rasch Entscheidungen zu treffen und nicht zu schwanken oder zu zaudern. Unglaublich schnell lernen die Kinder, die Zeit zu berechnen, so dass die Aufgabe sowohl einen Anfang als auch einen Schluss hat und die Zeit doch nicht überschritten wird. Es wird weder gelobt noch getadelt, aber die Aufgaben werden hinterher laut vorgelesen und so zu einer Quelle für große Freude und viele Lachanfälle.

Der Freimut der Kinder ist so groß, dass sie sich zu nichts verleiten lassen, was gegen ihre Natur geht – nicht einmal der Lehrer vermag dies. So passierte es, dass ein Lehrer sie bat, über den Krieg zu schreiben. Es geschah zu einem Zeitpunkt, wo die Zeitungen voll mit Kriegsberichten aus den Nachbarländern waren und wo jede Nacht in aller Heimlichkeit Soldaten an die Grenze verlegt wurden, weil man Angst hatte, das Vaterland könnte auch gezwungen sein, Krieg zu führen.

Die Achtjährigen saßen ganz still da, während der Lehrer seinen Wunsch vorbrachte. Im ersten Augenblick waren sie wie gelähmt. Dann begannen sie zu murmeln, und sofort darauf hallte das Klassenzimmer von wildem Protestgeheul wider: »Wir wollen nicht über den Krieg schreiben! Krieg ist abscheulich! Wir wollen nicht über Blut schreiben! Gib uns eine andere Aufgabe!«

Der Lehrer, innerlich stolz auf die Haltung der Kinder, wollte ihre Standhaftigkeit auf die Probe stellen und sagte: »Ihr könnt ja schreiben, dass Krieg hässlich und widerwärtig ist!« Aber die Kinder schüttelten den Kopf: »Nein, nein! Nicht über den Krieg, wir wollen nicht über den Krieg schreiben!«

Einmal bot ein junger Ingenieur an, vor dieser Klasse einen Vortrag über Automobilsport zu halten und darüber, wie ein Automobil aufgebaut ist und wie man es beherrschen kann. Er hatte Bücher darüber geschrieben und war vom Staat als oberstes Aufsichtsorgan über die Kraftwagenführer angestellt. Nun bat man die Kinder darum, ihm in einer Zehn-Minuten-Aufgabe für sein Angebot zu danken. Es fiel dem Lehrer nicht ein, dass die Kinder es nicht annehmen wollen würden. Aber mit Verlaub, es stellte sich heraus, dass, während die Zehnjährigen ein absolut glühendes Interesse an

Automobilen und allem, was dazu gehört, hegen, die Achtjährigen überhaupt nichts für diesen Sport übrig haben.

Höflich und mit vielen Entschuldigungen dankten sie dem Ingenieur für seine Liebenswürdigkeit – und baten ihn, über etwas ganz anderes zu sprechen!

Einer wollte wissen, warum man das Wasser in den Hochhäusern in New York nicht bis ganz nach oben leiten kann. Ein anderer wünschte sich einen Vortrag über Brutkästen für Puten. Einer zog es vor, etwas über Napoleon zu hören, einer über Meteoritensteine. Aber alle hatten sie das Gefühl, dass sie, wenn er schon die Höflichkeit besaß anzubieten, über Automobile zu sprechen, das damit quittieren sollten, ihm auch ein wenig über diese zu erzählen, und so kam es, dass jeder am Ende seines Briefs erzählte, was er gesehen oder gehört hatte über – Automobilunfälle! Wer in diesem Bereich gänzlich unbeleckt war, begnügte sich damit, ein Eisenbahnunglück zu schildern, eine Schiffshavarie, ja, wie ein Viehknecht von einem verrückten Stier auf die Hörner genommen wurde.

Die Kinder sind so frei von Dressur, dass alles, was sie schreiben, von ihrer eigenen persönlichen Erfahrung geprägt ist. Der Lehrer, der natürlich die verschiedenen Handschriften kennt, würde auch ohne dies allein durch den Inhalt jedes einzelne Kind erkennen.

Der Stil, den sich das Kind so aneignet – oder vielleicht eher, der dem Schicksal entgeht, verdorben zu werden – bleibt ihm für alle Zeit erhalten. Viele feine und hochbegabte Menschen kämpfen, solang sie leben, vergeblich darum, sich einen persönlichen Stil anzueignen. Sie sind und bleiben Sklaven des konventionellen Stils, der ihnen im Kindesalter von uninspirierten, unverständigen Lehrern eingepfropft wurde.

Natürlich kommen Fälle vor, wo auch die Kinder in dieser Schule – besonders, wenn sie von einer anderen Schule hierher wechseln – dem Einfluss von Seiten der Erwachsenen unterliegen. Doch das wird augenblicklich herausgefunden, man spricht vernünftig mit dem Kind und beweist, wie dieser oder jener Ausdruck eine direkte Entlehnung aus Gesprächen ist, die sie zu Hause gehört haben. Ein kleines Mädchen im Alter von acht Jahren schrieb einmal über die »Unheimlichkeit des Oktobertags« – und sofort wusste der Lehrer, dass sie eine Buchphrase nachplapperte oder einen Ausdruck, den sie zu Hause gehört hatte. Im Gegensatz dazu waren in der Klasse zwei, drei Kinder, die infolge ihres eigenen Temperaments diese Wendung ausgezeichnet hätten verwenden können. Es kommt auch vor, dass die Kinder Wendungen verwenden, die ihnen, was die Bedeutung angeht, fremd sind, die sie aber um ihres Klangs willen wählen. Kinder haben eine Vorliebe für gewisse Wörter und Wortfügungen, es ist die Poesie in ihnen, die unbewusst arbeitet.

Ein kleiner Junge geht auf diese Schule. Er hat schwarze Augen, die oft mit dem Nebel der Träumerei überzogen sind. Er ist Anfänger, und man kennt ihn noch nicht richtig. Dann schreibt er: »Märchendichter will ich sein, aber nie, nie, nie Ingenieur!« Und man begreift, dass des Lebens praktischer Zweck ihm eine Qual ist. Einige Monate später, als er über die drei glücklichsten Augenblicke erzählen soll, berichtet er: Ein Brand, ein Sturm und wie er sich im Wald verirrt. Und man hat die Erklärung für seine introvertierte Natur, die von einer flammenden Phantasie verzehrt wird.

Diese Zehn-Minuten-Aufgaben sind etwas ganz Neues und verdanken Louise ihre Entstehung. Ich habe ein ganzes Heft mit solchen Aufgaben vor mir liegen, geschrieben von Achtjährigen. Es war verlockend, sie alle abzudrucken, aber dadurch würde das Buch viel zu umfangreich geraten, also muss ich mich einschränken. Da sie aus der Originalsprache übersetzt werden müssen, geht natürlich viel ihrer ursprünglichen Frische verloren, genauso wie die Wortwahl nicht immer mit derselben Feinheit und besonderen Note wiedergegeben werden kann. Dass es nur sehr wenige Schreibfehler gibt, ist nicht auf Verbesserungen durch mich zurückzuführen. Die Kinder schreiben mit genau so wenigen Fehlern, wie sie der Leser hier antrifft.

Wie ich am liebsten reisen würde!
Ein Junge schreibt: Ich würde nur mit dem Dampfschiff reisen, weil man da so viel sieht! Und man genießt die frische Seeluft. Ich hätte eine Jacht, die 150 m lang und 50 m breit wäre und ferner vier Schornsteine und drei Masten hätte, dazu 100 Matrosen, einen Kapitän, einen Steuermann, acht Heizer und vier Maschinisten. Sie soll gepanzert sein und Schnelladekanonen haben, um sich vor Seeräubern zu schützen, und sie soll 1000 Seemeilen in einer Viertelstunde zurücklegen. Ich würde nach Triest reisen, nach Pola, nach Kairo, zum Suezkanal, nach Aden, Ceylon, Hongong und Tsingtau.

Ein Mädchen: Am liebsten würde ich zu Fuß reisen. Zuallererst ginge ich nach Tirol. Dort würde ich den höchsten Berg besteigen. Zuerst würde ich dann Blumen auf den Wiesen pflücken. Dann würde ich höher und immer höher hinaufsteigen und aufs Geratewohl singen. Dann würde ich wieder ans Meer hinuntersteigen, und dort würde ich schwimmen. Dann ginge ich zu einem Vulkan und würde den uralten Felsen betrachten. Ich würde ein Buch und einen Bleistift mitnehmen und alles aufschreiben, was ich sehe und erlebe. Ich würde schreiben über die anmutigen Tiere und Blumen. Ein Waldtier und einen Vogel würde ich zähmen. Und die würde ich mit nach Hause nehmen.

Ja, eine Reise auf Schusters Rappen ist herrlich.

Ein Junge: Am liebsten würde ich mit dem Auto reisen. Durch die ganze Welt will ich fahren, und ich kann leicht den Weg finden, es hapert nur mit dem Lenken. Und dann kann man anhalten, wann immer man will.

Hätte ich ein Auto, würde ich viele Länder besuchen, am liebsten Russland (aber dort muss man aufpassen, dass man keine Bombe an den Kopf bekommt) und ferne Weltgegenden.

Mädchen: Mit einer goldenen Eierschale würde ich gern reisen. Selbstverständlich sollte die oberste Spitze abgebrochen sein, und die Schale müsste groß und stark sein. 66 Störche sollen sie ziehen. 33 vorn und 33 hinten.

Und einen Zauberstab würde ich mitnehmen und alles herbeizaubern, was ich mir wünsche. Die Störche müssten den Weg finden, und wenn ich es will, müssten sie fliegen. Kurz und gut, sie sollen mir gehorchen. Und wenn sie es nicht tun, würde ich ein paar Frösche herbeizaubern, damit sie etwas zu essen bekämen. Wenn es regnet, würde ich meine Störche in die Eierschale hineinzaubern und auch ein Dach darüber. Nur ein kleines Loch wäre offnen.

Ja, es ist herrlich zu reisen.

Was ich am liebsten wäre.

Mädchen: Ich will sein: entweder Dichter oder Maler oder Bildhauer. Vorträge würde ich halten. Hätte ich ein Gehör, Sängerin. Oder ich wäre gern Naturforscherin, Photograph. Aber in jedem Fall *Mama*, am liebsten hätte ich einen Jungen und ein Mädchen (Zwillinge) und einen größeren, drei Jahre älteren Jungen!!! Am allerliebsten wäre ich *Mama*!

Junge: Jäger oder Ministerpräsident. Falls ein Feldmarrschal viel Geld bekommt, dann will ich auch das sein. Ein Verwandter hat mir erzählt, dass man beim Militär nur wenig Lohn bekommt. Ich reise nach Ungarn. Ich heirate nur meine Angebetete. Ich will *keine Kinder* haben.

Mädchen: Wenn ich das werde, was ich mir vornehme, dann werde ich entweder Seiltänzerin oder Lehrerin oder Butikbesitzerin. Am liebsten wäre ich Seiltänzerin, weil ich glaube, dass ich geschickt darin bin. Denn wenn wir ins Tehater gehen, dann schaue ich mir immer die Seiltänzerinnen an, und das mag ich gern. Sie sind so reizend gekleidet und geschmeidig. Ja, Seiltänzerin wäre ich schon gern.

Junge: Ich wäre entweder gern Naturmaler oder Goldschmied oder Korbflechter oder Bildhauer oder Buchbinder oder Märchendichter oder Photograph, aber am liebsten wäre ich Dichter, *Märchendichter*. Aber nie will ich Ingeniör sein, nie, nie, nie, nie!

Mädchen: Ich würde am liebsten Maler werden und viele Sprachen lernen. Ich würde auch gern Minneralien sammeln und Münzen, ich habe schon einige. Es würde mir auch gefallen, viel Musik zu machen. Wenn ich Sprachen lernen will, dann nur, weil es lustig ist. Mama will ich auch sein. Ich würde die schwachen Kinder zu Hause in die Schule gehen lassen, die stärkeren in die richtige Schule. Wenn ich Maler werden will, dann nur, um schöne Bilder zu malen, Münzen sammle ich nur, damit sie meine Kinder bekommen. Musik, weil sie so herrlich ist. Als Mama wäre ich schrecklich nachsichtig, warum, könnt ihr bestimmt verstehen.

Junge: Als ich klein war, wollte ich Konditor sein, als ich einmal über Christopher Columbus und Magellan las, wollte ich auf Entdeckungsreise gehen. Dann wollte ich ein lenkbares Luftschiff erfinden, und mit viel Mühe baute ich ein Monstrum aus Papier. Und bei diesem Wunsch ist es auch geblieben.

Mädchen: Entweder Maler, Kunstblumenmacher, Dichter oder Lehrerin. Ich habe schon ein Gedicht gedichtet. Ich wäre auch gern *Mama*, und meine Kinder sollten bei Frau Doktor in die Schule gehen, denn dann wäre ich auch Lehrerin dort und könnte die Kinder bis zum Abitur mitverfolgen.

Telefongespräch.
Junge: »Hallo! Wer ist da? Hier Robert.«

»Hier ist der Wettermann.«

»Ich bin sehr wütend, weil Sie nicht dafür sorgen, dass wir Schnee bekommen. Ich warte voller Ungeduld auf Schnee. Beeilen Sie sich ein wenig. Machen sie Schnee!«

»Ich kümmere mich darum, sobald ich Zeit finde. Morgen kommt der Schnee.«

»Das will ich Ihnen auch geraten haben.«

Mädchen:

Telefongespräch zwischen Leopold von Babenberg und Otto dem Zweiten.

Leopold: Hallo? Wer ist da? Hier Leopold von Babenberg.

Otto der Zweite: Hier Otto, was wünschst du?

Leopold: Edler Herr, ich bitte dich darum, mir die Ostmark zum Lehen zu geben. Erinnerst du dich, was ich für deinen Vater tat, das eine Mal mit dem Bären?

Otto: Bei meiner Ehre, nein!

Leopold: Dann werde ich dir die Geschichte erzählen. Wenn bloß das Telefonieren nicht so unverschämt teuer wäre! Vielleicht erinnerst du dich, wenn du den gebrochenen Bogen knacken hörst! Knack! So, jetzt hat er geknackt!

Otto: Du musst mir die Geschichte erzählen.

Leopold: Ja, aber dann muss ich zu dir kommen. Du weißt doch, wie teuer das Telefonieren ist!

Otto: Ich komme! Leg auf!

Leopold: Ich leg auf!

Alles, was man noch erfinden könnte.

Junge: Zuerst würde ich alles abschaffen, was mit Dampf funktioniert. Dampfschiffe erzeugen Kohlenstaub und Dreck. Und Kohle ist sehr teuer. Deshalb wären Hydrolithmaschinen, die man mit Öl befeuert, eher am Platz. Die Flugzeuge würde ich leichter machen, indem ich die Motoren aus Aluminium baue. Für die Entdeckung der Pole habe ich ein gutes Mittel. Eine Flotte von Kriegsschiffen gibt eine Kanonensalve nach der anderen ab und zersplittert so die Eisberge, sodass man vorankommen kann. Man könnte auch eine künstliche Sonne aus Elektrizität machen, die scheinen würde, wenn man es haben will.

Mädchen: Ich würde einen Nürnberger Trichter erfinden. Für jede Auffüllung würde ich 10.000 Kronen verlangen. Je mehr ich einfüllen soll, desto teurer wird es. Das Billigste wären 500 Kronen und bestünde darin, dass man gut rechnen und ohne Rechtschreibfehler schreiben könnte. Diese Füllung muss ich zuerst bei mir selbst vornehmen.

Mädchen: Ich würde einen Ankleideautomaten erfinden, so dass man nur auf einen Knopf drücken bräuchte, und sofort wäre man hübsch angezogen und frisiert und gewaschen und hätte die Zähne geputzt und alles Mögliche, und gleichzeitig könnte man in einem Unterhaltungsbuch lesen. Es würde mir gefallen, wenn so etwas schon erfunden wäre.

Briefe.
Mädchen: An eine sechs Monate alte Cousine.

Liebe Gerti!

Wie geht es Dir? Weinst Du immer noch so viel? Bekommst Du bald Zähne? Liegst du immer schön zugedeckt in Deiner Wiege? Hast Du immer noch streichholzdünne Hände und Füße? Oder bist Du dicker geworden?

Meine Schwester hat sich gestern verbrannt, und wenn man ihre Hände einreibt, schreit sie.

Grüße an Onkel und Tante! Grüße und Küsse an Dich!

Deine
Nelly.

Junge: Liebes, anmutiges, herrliches Frühjahr!

Bringt bald Sonnenschein und Blumen und Vögel, und jagt den alten Griesgram von Winterkönig fort. Und bleibt lange, sehr lange, und macht uns viel Freude. Bringt auch Obst mit, ja?

Euer
Robert
der Euch liebt

Mädchen: Lieber Rudolf! Österreichs erhabener Herrscher!

Mein Mann ist gestorben, mein Sohn gleich danach. Ich habe keine Lust mehr zu regieren, und wer wird mein Land Tirol übernehmen? Ich habe lange darüber nachgedacht und keinen Besseren als Dich gefunden. Tirol ist gesund und schön, die Tiroler sind tüchtige Menschen, deshalb will ich Dir Tirol anbieten. Vielleicht gestattest Du, dass ich ein Schloss in der Nähe der Hauptstadt baue.

Untertänigst Deine
Margarete Maultasch.

Sehr verehrte Frau Margarete Maultasch!

Die traurige Nachricht hat mich erreicht, und ich drücke hiermit mein tief empfundenes Beileid aus. Ich kann gut verstehen, dass man die Lust am

Regieren verliert, wenn man plötzlich des Ehegatten und Sohnes beraubt wird. Im Übrigen bin ich willens, über das Land Tirol zu regieren. Ich lade Sie ein, sich in die Nähe der Hauptstadt zurückzuziehen.

Rudolf, Regent.

Das geduldige Papier.
Mädchen: O sei doch barmherzig zu mir! Sieh, wie zerknittert ich bin, und meine Eselsohren tun mir so weh. Ach, nun kommt wohl schon bald ein Tintenklecks auf mich – sieh, da kommt er – und jetzt radierst du wieder, ach, jetzt habe ich ein Loch im Bauch, au, das tut weh, und jetzt machst du wieder einen Fehler in deinem Aufsatz: nämlich schreibt man ohne »h«! Und wie du draufdrückst, du hast bestimmt vor, mich zu ermorden. Ach, jetzt bin ich schon tot.

Tohuwabohu im Briefkasten.
Mädchen: 1. Brief: »Ach, wie langweilig es ist hier im Kasten.« 2. Brief: »Ich habe eine Idee, jeder Brief liest seinen Anfang oder sein Ende laut vor.« Alle Briefe: »Ja, ja, das ist großartig, lasst uns anfangen!« Wenn Sie mir meinen Muff nicht bis morgen schicken, gehe ich woanders hin. – Viele Grüße vom Semmering. – Hochwollgeborne gnediche Frau! – 3. Brief: »Das war doch eine Köchin.« – Sind Sie so freundlich und sagen mir, wann ich kommen und probieren soll? – Bitte schicken Sie mir für 50 Öre Konfekt! – Grüße aus dem Rodelklub. – I tät morgn a Fuder Hei kriagn. – 4. Brief: (lachend) »Das war bestimmt ein Bauer.« – Liebe Großmutter, wir gratulieren Dir herzlich zu Deinem Geburtstag. – Seien Sie so freundlich und kommen morgen vorbei, um für ein Paar Schuhe Maß zu nehmen. – Wie lustig es gestern bei Anni war.

Der Briefkasten: »Der Postbote kommt. Lebt wohl, ich habe mich ausgezeichnet amüsiert. Lebt wohl!«

Beim Zahnarzt.
Junge: »Na, Grete, was ist denn los?« – »Oh, Herr Doktor, ein Zahn tut mir so weh.« – »Oui, monsieur, ça lui fait si mal«, sagte Mademoiselle. – »Dann komm einmal her, Grete«, bat Herr Doktor St… – »Oh Grete, sei richtig mutig, wenn du tapfer bist, bekommst du Bonbons.« – »Ja, aber nur, wenn du mächtig tapfer bist«, fügte Doktor St… hinzu … »Setz dich nun her, Kind, und wenn du ruhig sitzen bleibst, ist es sofort vorbei.« Grete begann zu weinen: »Oh, Herr Doktor, geben Sie acht, dass es

nicht wehtut!«, bat die Kleine. – »Nein! Schließ die Augen!« Und, krach, war der schreckliche Zahn draußen. – »O, mon Dieu!«, schrie Mademoiselle. – »Du Ärmste, hat es sehr wehgetan?« – »Ja, Mama, ganz schrecklich weh!« – »Dann darfst du zur Belohnung mit mir spazieren fahren!« – »Was kostet das, Herr Doktor?« – »Fünf Kronen, gnädige Frau.« – »Mon Dieu«, sagte Mademoiselle.

Mitunter gibt man den Kindern anstelle einer Überschrift nur ein Anfangswort. Zum Beispiel: »Klingeling!« Und dann schreiben sie drauf los.

Mädchen: Klingeling! hört man von unten auf der Straße. Und es kommt näher, bis es direkt vor dem Haus ist. Klingeling! Wie automatisch öffnen sich alle Küchentüren. »Anna, hast du es läuten gehört?« »Fanny, der Müllkutscher ist da!«

Was für ein Spektakel! Jedes Dienstmädchen rennt mit ihrem Mülleimer hinunter. Fanny, die es besonders eilig hat, weil ihr sonst die Suppe anbrennt, saust die Treppe hinunter. Sie ist in vollem Lauf und kann nicht anhalten – und da kommt ihr Anna entgegen. Sie will zur Seite gehen, kann aber nicht, prallt gegen sie, aber der Zusammenstoß ist so gewaltig, dass sie gemeinsam die Treppe hinunterrollen, und der Müll, den sie so sorgfältig gesammelt haben, rutscht über sie dem überraschten Müllkutscher entgegen, der laut schreit: »Jesus, Maria und Josef, was für ein Pack!«

Mädchen: Klingeling! läutete es. Der Osterhase hatte eine kleine Glocke in einen Baum gehängt, und gerade jetzt kam ein Windstoß und schüttelte den Baum, an dem die Glocke hing. Die Kinder hatten es natürlich sofort gehört und liefen hinunter, um zu sehen, was der liebe Osterhase gebracht hatte. Aber alle Sachen waren gut versteckt. Klingeling!, läutete es noch einmal, und die Kinder entdeckten die kleine Glocke im Baum und auch ein Nest mit Eiern, und jetzt beschließen einige Jungen, hinaufzuklettern. Ob es ihnen gelingt, weiß ich nicht.

Junge: Klingeling, trarara! So klang die Schiffsglocke von Aulis. Denn das Schiff, das diese Töne von sich gab, war von Zeus dafür bestimmt, Griechenlands Helden nach Troja zu bringen, um Prinz Paris samt seinem Vater und seinem Volk, die Trojaner, ins Verderben zu stürzen, weil er auf schändliche Weise Helena gestohlen hatte – die holde Gemahlin des Königs Menelaos …

Mädchen: Klingeling! So rief eine feine und ganz leichte kleine Glocke. Leider ist es die Todesglocke. Man trägt einen schwarzen Eisensarg in die Grabkammer. Es ist finster dort drinnen, sehr finster. Der liebe Gott sendet einen Engel zu dem Toten. Der nimmt seine Seele mit sich. – Der Tote weiß nichts mehr von dem Leben, das er gelebt hat. Es ist schwierig, in den Himmel zu kommen, denn nicht alle kommen in den Himmel, nur die Guten.

Mädchen: Klingeling! Wer läutet? Die Schneeglöckchen läuten das Frühjahr ein. Auf der Wiese erwachen alle Blumen und in den Gärten alle Gartenblumen. Alles, alles erwacht!

Ich glaube nicht, dass es einen einzigen Menschen auf der Welt gibt, der keine Schneeglöckchen liebt. Ich habe sie so unglaublich gern. Da ist keine richtige Glocke, nein, nein, da ist bloß eine Blumenglocke, und das ist ein Geheimnis.

Es kommt vor, dass ein Kind plötzlich von Gedanken überwältigt wird, die der Aufgabe fern liegen, und dann schreibt es diese Gedanken nieder, ohne sich darum zu kümmern, dass sie nichts mit der Sache zu tun haben. *Herbert* sollte erzähle, was er sein will, wenn er groß ist. Er hat bereits geschrieben: Hoflieferant, Astronom oder Minister, als er hinzufügt: »Liebes Fräulein, warum hat Trude mich nicht gern?«

Fragestunden

Die Fragestunde ist eines der vielen Dinge, die Louise aufgrund ihrer Kenntnis über das Kind eingeführt hat.

Natürlich darf das Kind in allen Stunden Fragen stellen, und alle Fragen werden, soweit möglich, beantwortet, aber das Kind findet bald selbst heraus, dass es eine gewisse Ordnung geben muss und dass es in den einzelnen Stunden, aus Rücksicht auf die Kameraden, am besten ist, die Fragen auf solche zu beschränken, die direkt oder indirekt mit dem Unterricht zu tun haben.

Selbst wenn das Kind nun nach bestem Vermögen die Fragen an die Stunden anpasst, wird es immer eine Menge geben, die man in keinem Fach unterbringen kann. Und jede nicht ausgesprochene Frage brennt wie ein Stück glühende Kohle im heißen Kindergehirn. Gewisse Kinder beschäftigen auch solchen Problemen, die sie, wie groß das Vertrauen zu den Kameraden auch sein mag, kaum oder gar nicht laut vorzubringen wagen, wenn die ganze Klasse zugegen ist.

Louise erkannte dies und führte die »Fragestunden« ein, die nichts mit Unterricht zu tun hatten. Die Kinder konnten in diesen Stunden ihre Fragen stellen, wie sie wollten, mündlich oder schriftlich, offen oder im Geheimen.

Auf Louises Pult türmte sich nun im Lauf der Woche eine Menge kleiner Zettel auf, manche in verschlossenen Umschlägen, andere sogar mit Wachssiegel, alle mit Angabe der Klasse.

Die Antworten wurden meist in Gegenwart der ganzen Klasse gegeben, aber wenn ein Kind, das eine heimliche Frage gestellt hatte, sich durch die Frage selbst verraten hätte, so dass die ganze Klasse sich ausrechnen konnte, wer es ist, dann veränderte Louise die Frage ein wenig, um das Geheimnis zu bewahren.

Doch die meisten Fragen kamen frank und frei. Nun entstanden heftige Diskussionen über die eine oder andere Frage. Man vergaß gar, wer sie gestellt hatte, sie gehörte der ganzen Klasse. Louise ist eine Freundin großer leidenschaftlicher Diskussionen, die ihrer Meinung nach von gleichem Nutzen für die Entwicklung sind, wie Schimpfen ihr zum Schaden gereicht. Sie wünscht sich, dass die Kinder leidenschaftlich einen Standpunkt vertreten und dass sie ihre Behauptung verteidigen können.

Die ganz kleinen Kinder fragen meist nach Dingen, die sie oft genauso gut zu Hause erfahren könnten – wenn sich die Eltern nur ausreichend mit ihnen beschäftigen und nicht die Geduld verlieren würden. Sie lieben es, ihre Fragen in etwas zutiefst Geheimnisvolles zu hüllen – dadurch kommen sie ihnen interessanter vor. Sie stellen Fragen über Telefon und Telegraph, über das Kabelverlegen, Flugmaschinen und darüber, wie man Häuser versetzt.

Und im zwölften Lebensjahr sind die Gemüter bereits hingerissen von Phrenologie, Spiritismus, Monismus. Sie fragen: Wie entstehen Genies? Was ist Moral? Was sind Träume? Wie stärkt man das Gedächtnis? Was ist der Unterschied zwischen normalen Träumen und Fieberträumen? Die Fragen fahren wie Schiffe auf allen Meeren, ja weiter noch, über das Sichtbare hinaus, bis jenseits der Sterne.

Etwas später haben die Fragen fast alle einen persönlichen Anstrich. Man merkt, dass hinter der Frage häufig etwas steckt, das man selbst erlebt hat, etwas, das man durchlitten hat. Nun übernehmen Zweifel und Verzweiflung das Kommando, die Fragen sind oft Hilferufe: Welche anständigen Mittel gibt es, um sich beliebt zu machen? Warum hat man oft gerade die Menschen am liebsten, die sich nicht um einen scheren? Ist es möglich, sich selbst zu erziehen, wenn man erwachsen ist? Was soll man tun, wenn man unglücklich verliebt ist? Woher kommt es, dass Eltern, die nicht gut miteinander auskommen, hübsche und fröhliche Kinder bekommen und Eltern, die einander lieben, hässliche und traurige? Warum sind Männer fast immer besser als Frauen? Wie kann man es sich abgewöhnen, rot zu werden? Gibt es ein Mittel gegen das Grübeln? Ist man ein schlechter Mensch, weil man keine Tiere mag? Warum sagen Eltern so oft über die allerbesten Bücher: Das kannst du nicht verstehen?

Eine Frage kommt immer wieder: Warum lügen die Menschen?

Wie sollen diese jungen Seelen begreifen können, dass falsche Politik, Wucherzinsen, Doppelmoral, Undankbarkeit und verratene Liebe existieren?

Die Kinder fragen, und betrübliche Schatten huschen über die sonst so strahlenden Gesichter. Man antwortet – manchmal wird die Antwort unter vier Augen gegeben –, und wie unvollkommen die Antwort oft auch sein mag, die Schatten verschwinden.

Die Sache ist die, dass das Kind sich ausgesprochen hat, dass es sich vom Gewicht der unausgesprochenen Frage befreit hat, die schwer wiegt wie ein Mühlstein. Es hat begriffen, dass es nicht allein schwer an den Fragen trägt, sondern dass fast alle Kameraden unter Grübeleien leiden.

Das tröstet.

Vielleicht ist das Wertvollste an diesen Fragestunden, dass keiner, nicht einmal der Lehrer, verbergen muss, dass er unter den Unzulänglichkeiten des Daseins leidet, und dass es viele Fragen gibt, die keine Lösung finden, wie ernsthaft man auch nach Klarheit streben mag.

Worüber ich mich wundere

In dieser Schule erlernt das Kind die schöne und beglückende Kunst: *zu bewundern*. Nie versäumt man es hervorzuheben, was groß, herrlich und wirklich eigentümlich ist, sowohl in der sichtbaren als auch in der inneren Welt.

Die Folge davon ist, dass dem Kind auch erlaubt ist, sich zu wundern.

Unsere Zeit verhöhnt insgeheim den dummen Bauernjungen, der, wenn er in die Stadt kommt, mit offenem Mund dasteht und die Häuser anstarrt, sich nach den Menschen umdreht und aus schierer Verwunderung gafft. Man begreift nicht, dass er in Wirklichkeit ein Sehender unter Blinden ist.

Man gibt sich leicht mit dem Bewusstsein zufrieden, dass man alles kennt, dass man es schon längst gesehen hat, dass es wirklich nichts gibt, worüber man sich wundern müsste. Man verschließt die erschlafften Sinne, man sieht nicht, man hört nicht, man fühlt nicht, das Geruchsorgan funktioniert nicht, der Geschmack muss mit starken Gewürzen gereizt werden. Auf diese Weise bleibt tatsächlich nichts, worüber man sich wundern könnte. Doch der Bauernjunge mit den wachsamen Sinnen, er saugt all das Neue in sich auf, seine Phantasie wird in Schwingung versetzt, er vermag und versteht es, sich zu wundern.

Der moderne Mensch, den man vor eine Pyramide stellt, berechnet die Grundfläche und Höhe und den Durchmesser, das ganze wird für ihn zu einer Rechenaufgabe. Das Abenteuerliche, das Gewaltige, das jedes gesunde Kind unmittelbar erfasst, kann er nicht fühlen.

Der Neurastheniker, der damit endet, dass er Selbstmord begeht, erliegt, wenn alles zusammenkommt, dieser nüchternen Betrachtungsweise. Das Leben hat ihm nichts zu bieten; er kann sich nicht mehr wundern, er hat keine Freude daran zu existieren.

Das Bedürfnis unserer Zeit nach Sensation bedeutet, dass der Mensch ein naives, ein unbewusstes Bedürfnis hat, sich zu wundern, wie der Bauernjunge das Ungewöhnliche anzugaffen, bloß weiß der moderne Mensch nicht, dass er diese Gabe einmal besessen hat, so dass jeder Tag voll großem, wunderbarem Staunen war, und dass er diese Gabe schlicht und ergreifend verloren hat, durch die Erziehung und durch Selbstzucht.

In dieser, in der fröhlichen Schule sagt man nicht zu dem Kind: Geh hin und staune! Aber man gibt ihm die Gelegenheit, sich zu wundern, und man stärkt das Gefühl, wenn es erwacht ist.

Man sorgt dafür, dass keines der Wunder der Natur für das Kinderauge ins Alltägliche hinabgezogen wird, man hilft ihm, ständig zu jubeln und sich zu wundern über sein eigenes inneres, reiches Gefühlsleben.

Wie dies gelingt, ist am besten anhand einiger Zehn-Minuten-Aufgaben zu sehen, geschrieben von dreizehn, vierzehn Jahre alten Mädchen, denen man soeben *Rainer Maria Rilkes* schönes Gedicht vorgelesen hatte:

Ich fürchte mich so vor der Menschen Wort.
Sie sprechen alles so deutlich aus:
Und dieses heißt Hund und jenes heißt Haus,
und hier ist Beginn und das Ende ist dort.

Mich bangt auch ihr Sinn, ihr Spiel mit dem Spott,
sie wissen alles, was wird und war;
kein Berg ist ihnen mehr wunderbar;
ihr Garten und Gut grenzt grade an Gott.

Ich will immer warnen und wehren: Bleibt fern.
Die Dinge singen hör ich so gern.
Ihr rührt sie an: sie sind starr und stumm.
Ihr bringt mir alle die Dinge um.

Zuerst trat ein tiefes Schweigen ein. Dann schrieben die Kinder, ohne zu fragen oder zu grübeln.

Martha:
Ich ärgere mich immer über die Menschen, die alles für selbstverständlich halten. Denn ich wundere mich über fast alles. Wenn ich draußen einen Spaziergang mache und das Wetter schön ist, kann ich nicht begreifen, dass ich es bin, der es erlaubt ist, all diese Herrlichkeit zu genießen, und ich wundere mich über jeden Grashalm, entweder weil er so grün ist oder weil er so gerade wächst, und über den herrlichen Gesang der Vögel und das geheimnisvolle Sausen der Bäume. Woher kommt das alles? Warum ist das so? Am meisten wundere ich mich über den Sternenhimmel, wenn ich abends aus dem Fenster starre und die unendlich vielen, kleinen leuchtenden Punkte sehe, die so viel größer sind als unsere Erde und so weit weg, dass sie uns so winzig klein vorkommen. So erscheint mir das Ganze ein großes Rätsel zu sein. Und dann wundere ich mich noch mehr über die Menschen, die auf dieser herrlichen Welt leben, die so voller Blumen und Schönheit ist, die voller Freundschaft ist und Freude und Liebe, und dass sie von alledem nichts merken, sondern sich streiten und einander betrügen. Könnte ich eine neue Welt erschaffen, dann sollte es nicht den bitteren Hass geben, keinen Krieg, keine Eifersucht und Bosheit, und immer wundere ich mich über mich selbst, dass ich existiere, dass ich gesund bin, dass ich in die Schule gehen darf. Das wundert mich am allermeisten. Wenn man erst damit anfängt, sich zu wundern, dann hört man gewiss nie mehr damit auf.

Hedwig:
Je kleiner man ist, desto mehr Dinge erscheinen einem merkwürdig. Später gewöhnt man sich an fast alles. Ich weiß, Gott sei Dank, immer noch viele

Dinge, über die ich mich wundern kann. Besonders wundere ich mich über die grenzenlose Dummheit der Menschen. Warum Krieg führen? Das Leben ist doch kurz genug, man braucht es nicht durch eigenen Leichtsinn noch kürzer zu machen. Ich wundere mich über Standesunterschiede, über Tratsch, über Moden und modische Tänze. Es gibt viel, über das man sich wundern kann.

Gerta:
Mich wundert, dass die Menschen im Laufe von Jahrtausenden so viel erforscht haben, was scheinbar unerforschbar war; aber ich begreife das als eine hässliche Neugier, dass sie allen Geheimnissen der Natur auf den Grund gehen wollen, und es ärgert mich, dass es ihnen gelingt. Ich habe gestern gehört, dass man nach einem Mittel sucht, um Menschen auf chemischem Weg herzustellen, und dass sie darüber nachgrübeln, wie man es anstellen soll, ewig zu leben. Ich hoffe nun, es wird ihnen nicht gelingen, denn sonst bekämen die Menschen ja voll und ganz Macht über die Natur, und dann wäre es sehr uninteressant zu leben. Ich wundere mich, ob in so einer Zeit – die hoffentlich nie kommen wird – die Menschen nicht ein Mittel zum Sterben erfinden würden.

Agnes:
Es wundert mich, dass die Menschen, wenn ein großer Künstler stirbt, so viel Geld für ein Denkmal für ihn ausgeben. Sie hätten ihm viele glückliche und sorglose Stunden für dasselbe Geld bescheren können, während er noch am Leben war, aber leider wird sich die Welt wohl nicht ändern, nur weil ich mich wundere.

Solche Kinder werden keinen seelischen Schaden durch umfangreiche Kenntnisse und zu viel Bildung erleiden. Der hohe Berg, dessen geologische Formationen sie kennen, wird sie nichtsdestoweniger zu ehrfurchtsvollem Beben hinreißen.

Grosse Männer

Die Schule hat ihren eigenen Kalender. Darin stehen die Geburts- oder Todestage großer Männer und Frauen. Von Zeit zu Zeit wird eine Viertelstunde darauf verwendet, den zu feiern, dessen Name gerade zum Tag passt.

An *Beethovens* Geburtstag wird seine »Ode an die Freude« aus der neunten Symphonie gesungen. Der von *Bjørnson* wird mit der Lesung einer seiner Erzählungen oder eines seiner Briefe gefeiert. Über *Friedrich den Großen* wird eine charakteristische Anekdote erzählt. *Schubert* wird durch Gesang in der ganzen Schule geehrt. Schubert ist einer der Lieblinge der Kinder. Von *Multatuli* wird ein mitleidsvolles Schlagwort an die Tafel geschrieben. *Eugen Dührings* vorbildliches Leben wird gepriesen. An J. P. Jacobsens Todestag wird das Prosagedicht »Es hätten Rosen sein sollen« gelesen. Bei *Giordano Bruno* wird geschildert, wie er für die Wahrheit starb. Dankbar lauschen die Kinder, wenn sie an den Geburtstagen über Männer wie *Lister, Röntgen* und *Edison* hören, begeistert erfahren sie etwas über *Florence Nightingales* Menschenliebe. *Franklins* schöne Grabinschrift macht einen genauso starken Eindruck auf sie wie der Nachruf, den die Welt für *Washington* schrieb: »Ruhig im Überlegen, feurig im Ausführen, standhaft im Unglück, standhafter noch im Glück, tapfer auf dem Schlachtfeld, scharfsinnig in der Wahl seiner Ratgeber, fern von Neid und Selbstsucht, aufrichtig, pflichtgetreu, vor allem aber der Freiheit mit Leib und Seele ergeben«.

Voller Ehrfurcht hören sie vom Nürnberger Meister *Adam Kraft* und sehen Bilder von seinen Werken aus der Sebalduskirche.

Diese Geburtstagsfeste im Kleinen sind keine Vorstellungen. Aber sie dienen dazu, die Dankbarkeit der Kinder sowohl auf die Lebenden als auch auf die Toten zu lenken, die ihrer Zeit und der Nachwelt genutzt haben.

Die Geschichte menschlicher Größe ist zugleich die Geschichte der menschlichen Dummheit, Boshaftigkeit, Engherzigkeit und des Unverstands. Für die Kinder ist es nützlich, zu einem frühen Zeitpunkt darauf aufmerksam gemacht zu werden, dass die Menschen, die für das Richtige und Große kämpften, oft von ihren Zeitgenossen ans Kreuz geschlagen wurden. Dadurch wird in den jungen Herzen das Bedürfnis geweckt, solches Unrecht zu bekämpfen und mit Begeisterung den großen Männern und Frauen zu Lebzeiten zu huldigen und sie, wenn möglich, vor dem Martyrium der Dummheit zu beschützen.

Der Kalender ist nicht derart ausgearbeitet, dass wirklich an jedem Tag ein Name eingetragen ist. Es gibt Tage, die noch leerstehen, und andere, an denen sowohl zwei als auch drei und mehr verzeichnet sind. Es gibt Namen, die in der öffentlichen Meinung halb vergessen sind, und es fehlen manch klangvolle Namen der Weltgeschichte. Alles hier ist mit Sorgfalt für das reine, empfindsame Gemüt des Kindes ausgewählt. Es werden nur die geehrt, die der Ehre würdig sind. Nicht bloß die, die etwas geleistet haben.

Die Kinder begnügen sich nicht damit, bloß das über die Kalendernamen zu wissen, was an ihrem Geburtstag erzählt wird. Aber es gibt ihnen den Anstoß, selbst weiterzuforschen. Auch wird den Kindern erlaubt, selbst zu erzählen, was sie wissen, Bilder mitzubringen oder kleine Vorträge zu halten.

Die Kinder wachsen nun auf mit einem Hintergrund an Kenntnissen über die großen und bedeutenden Männer und Frauen, die sie sonst zu kennen keine oder nur geringe Veranlassung hätten. Und während man sie von den bunten Darstellungen aktueller Ereignisse in den Tageszeitungen fernhält, erhalten sie einen gesunden und echten Überblick über die inneren Begebenheiten, auf denen die Kultur der Welt und der Fortschritt der Menschheit ruhen.

Es wird nicht verlangt, dass die Kinder sich alle Jahrestage großer Männer und Frauen merken, aber diese Kinder, deren Gedächtnis systematisch zur Vollkommenheit trainiert wird, weil alles Überflüssige weggelassen wird, versuchen aus eigenem Antrieb, sich diese neuen »Kalenderheiligen« anzueignen, gleichsam wie Kinder in alten Zeiten gezwungen wurden, in den Herrscherdynastien herumspringen zu können, ohne Fehler zu begehen.

Die wilden Gesangstunden

Halb mit Schmerz und halb mit Trotz erinnere ich mich daran, wie die Gesangsstunden meiner Kindheit mir in der Schule verleidet wurden, weil ich nicht »rein« singen konnte. Unter den zwanzig Kindern in der Klasse gab es wohl vier, die einigermaßen rein sangen – ob sie sonst musikalisch waren, weiß ich nicht. Sie sangen, wir anderen schwiegen im Chor oder brummten verschämt zwischen zusammengebissenen Zähnen mit. Vergaßen wir uns und wagten es mitzusingen, verstummte die Geige und wir wurden geschmäht. Doch, wir begriffen, dass es beinahe genauso schlimm war, *unmusikalisch* (wofür wir es hielten) zu sein wie arm zu sein.

Selbst beim Wandertag, wo wir uns so inniglich verbunden fühlten und wo wir nah dran waren zu zerspringen, vor lauter Lust, ein Lied zu schmettern, selbst dort schwiegen wir und ließen die wenigen, die es konnten, das Singen besorgen … Nur, wenn wir gegen Abend in vielen Wagen vom Ausflug nach Hause fuhren, übermüdet aber selig, wenn die Bäume am Rande der Landstraße an uns vorbeizogen wie winkende Abschiedsgrüße der großen Wälder, wenn die Dunkelheit langsam unter den Himmel hinabglitt, wenn die Sterne über unseren Köpfen sich entzündeten und der Weg unendlich wurde, wenn es uns so vorkam, dass der Tag in all seiner Losgerissenheit von der Schulknechtschaft und vom Zank eine Ewigkeit für sich war – da vergaßen wir alles und sangen alle zur selben Zeit.

Glückliche Augenblicke waren das. Die Nachtkühle hauchte uns an, und ihr folgten die vielen ernsthaften Düfte von Feld und Wiese, von Heidehügeln und schlafenden Kühen, von rauchenden Schornsteinen, von Fluss und Fjord. Wir saßen eng zusammengerückt in den langen Char-à-Bancs, bis zum Hals in Reisedecken eingehüllt, unsere Köpfe ruhten an der harten Eisenlehne des Wagens, halb schlafend. Unsere Gesichter waren nach oben gewandt wie kleine schläfrige Blüten, die im Begriff sind, sich zu schließen. Die Bäume wurden so schwarz, die Sterne so weiß. Wir sangen. Wir sangen all die melancholischen Volkslieder, all die Küchenlieder, die unsere Dienstmädchen bei ihrer Arbeit herunterleierten, wir sangen all die Bruchstücke von Kirchenlieder, die wir kannten, wahrscheinlich falsch, wahrscheinlich unschön, aber für uns klang es unendlich sanft und mild – es war uns ein erhabener Genuss.

Jedes Jahr wiederholte sich dasselbe. Jedes Jahr ein einziges Mal, eine einzige Abendstunde lang sangen wir alle. Nie kamen wir weiter. Warum? Niemanden kümmerte es.

Die, die damals Kinder waren, sind längst im Hafen der Ehe gelandet. Ihnen gemeinsam ist, dass sie stumm sind, wenn es um das Singen geht. Ihre Sangesfreude – die in jedem Kinderherz angelegt ist – wurde im Keim erstickt, als sie lernten, sich ihrer eigenen Stimme zu schämen. Oft haben sie später vielleicht eine vorübergehende Sehnsucht danach verspürt, im Gesang zu jubeln oder zu klagen, aber die Kindheitserinnerungen sind ihnen zu stark.

Ich hatte von den »*wilden Gesangsstunden*« in Louises Schule gehört und begab mich dorthin, um einer solchen beizuwohnen.

Als wir an die Schule kamen, herrschte ein großes Durcheinander. Die wilden Sänger waren, offen gesagt, heimatlos, hinausgeworfen, ihnen wurde Obdach verwehrt. Das Examen stand an. Keine Klasse wollte sie in Hörweite haben. Sie störten nicht nur den Unterricht, nein, sie wirkten auch ansteckend.

Guter Rat war teuer. Auf der Straße konnten sie ja nicht singen, das hätte zu einer Menschenansammlung geführt. Auch war keine Zeit, um einen halben Tag für einen Ausflug in die Berge zu opfern. Es gab keinen Hof und keinen Dachgarten. Schließlich war da eine kleine, fromme Klasse Sechsjähriger, die ihr Zimmer zwischen dem Turnsaal und dem Raum für den Werkunterricht hatte und die sich unserer erbarmte. Die Sechsjährigen zogen ein Stockwerk höher, der Flügel zog ein Stockwerk tiefer, und die vierzig »wilden Sängerinnen« im Alter von ungefähr acht Jahren zwängten sich zusammen in das kleine Klassenzimmer, das für zwanzig Sechsjährige ausgelegt war. Einige saßen rittlings auf den Stuhllehnen, andere fanden Platz auf den Fensterbänken, manche setzten sich vorne vor das Lehrerpult, und die Dünnsten quetschten sich in die kleinen Bänke. Louise trat ein. Ihr roter Schal aus Crêpe de Chine wehte um das schwarze Kleid. In den Armen hielt sie eine Vase voller roter und weißer Rosen – eine Huldigung der Schüler an die Flagge meines Heimatlandes. Zuvor war die Klasse wie ein summender Bienenstock gewesen, jetzt trat völlige Stille ein. Alle Gesichter strahlen und lächeln erwartungsfroh, als hätten sie soeben die Einladung zu einem Ball erhalten.

Es wird besprochen, mit welchem Lied der Anfang gemacht werden soll, und ein lustiges Wanderlied wird vorgeschlagen. Am Klavier sitzt ein zwölfjähriges Genie, das Louise vor dem tristen Welttourneedasein eines Wunderkindes gerettet hat, indem sie der Familie einen jährlichen Zuschuss als Entschädigung gibt, weil die Gans noch nicht begonnen hat, goldene Eier zu legen. Und jetzt braust der Gesang los. Braust aus vierzig jungen, starken, begeisterten Kehlen. Es ist der Siegesgesang der Jugend selbst, die alles überwindende Freude am Leben.

Die Stimmen? Nun ja, sie sind wohl verschieden, die eine klar, die andere bedeckt, man denkt so wenig darüber nach, wie man an das Geräusch der einzelnen Wellen denkt, wenn man das Brausen des Meeres hört, oder an die Stärke der einzelnen Böen, wenn der Sturm übers Land tost.

Es ist wie ein Wald aus Menschen, dessen Baumkronen sich zum Himmel hinauf strecken und das Summen ihrer Blätter zu einer allmächtigen Hymne vereinen, zu einem Dank, einem Lobpreis. Das Zusammenhörigkeitsgefühl, der Jubel, ist das, was verzaubert. Und alle singen den Text so deutlich, dass kein Wort verlorengeht. Textbuch gibt es keines! Der Text steht in den Herzen geschrieben. Hat das Lied zwanzig Strophen, erinnert man sich an die zwanzigste so gut wie an die erste.

Ein Lied reiht sich an das nächste. Eines preist den Frühling, ein anderes die Liebe, eines drückt die Sehnsucht einer Mutter nach ihrem toten Kind aus, eines zeichnet die Sanftmut des Sommers, eines den Fall des Schnees. Und dann wird eine Pause gemacht. In der Pause liest Louise – um die kostbare Zeit nicht zu vergeuden – *Selma Lagerlöfs* Erzählung »Ein Weihnachtsgast« vor, die Geschichte vom armen, kleinen *Ruster*, der singend und Flöte spielend von Hof zu Hof zieht. Die Kinder sind zutiefst ergriffen. Man sieht es in ihrem Blick, man hört es daran, wie sie Luft holen.

Wieder ergießt sich der Gesang. Es sind *Loewes* »Archibald Douglas« und Loewes »Die alte Mühle«. Das Textrepertoire scheint unerschöpflich. Ich frage, wie es denn möglich ist, sich so viel auswendig zu merken? Man lacht zufrieden und erzählt, dass nichts leichter sei als das. Die Lieder werden einmal vorgesungen – oft von Louise selbst –, und der Text wird aufgeschrieben oder stenographiert. Zu Hause wird er ein paarmal durchgelesen, und dann findet er mit der Melodie Eingang. Jedes Lied wird als Geschenk aufgefasst, eine weitere Münze für diesen Schatz der Freude, den weder Zeit noch Schicksal ihnen rauben kann.

Wohin auf der Welt es diese Kinder auch verschlägt, ihre hunderte von Liedern gehen mit ihnen als ein Schutz gegen das Gefühl von Einsamkeit und Verzweiflung. Wo Schwermut sonst die Oberhand zu erlangen droht, steigt sachte und unwissentlich eines dieser Lieder summend in der Erinnerung auf und mit dem Lied die zahllosen Erinnerungen an die Schulzeit mit ihren Freundschaften, ihrer glücklichen Verbundenheit, ihrer Liebe zur Allnatur, ihrem Glauben an die Menschen.

Es endet mit einem der schönen altmodischen Wiener Walzer – und die ganze Schar wippt im Takt mit. Vergessen ist die enge Räumlichkeit. Man ist in einem gewaltigen Saal, strahlend in Weiß und Gold. Die Jugendlichen tanzen. Die feine, halb bewusste Erotik umspielt lachend alle Lippen, lächelt aus allen Augen. Das ist der richtige Wiener Walzer …

Auf dem Heimweg frage ich, wie es dazu kam, dass dieser vollkommen kunstlose Gesang, ohne Stimmgabel, ohne Selektion der Stimmen, in einer Schule eingeführt wurde, wo den Kindern sonst in allen Richtungen die ausgesuchteste Kultur beigebracht wird. Und hier ist die Antwort:

»Unsere Stadt ist seit alter Zeit bekannt als Stadt der Kunst. Umso mehr überraschte es mich, als ich bei Ausflügen und Schulfesten entdeckte, dass die Kinder nicht im Stande waren, auch nur ein einziges Lied miteinander zu singen. Ich lies die besten Gesangslehrer an die Schule holen, um das Interesse am Singen zu steigern. Das half kein bisschen. Endlich begriff ich den Grund: *Der Kunstgesang gehört nicht in die Schule.* Für die große Mehrheit kommt die Sangeskunst nicht in Betracht. Als Material gibt es die Naturstimme – gut oder schlecht – und die Lust am Singen. Der theoretische Unterricht tötet die Lust bei allen mit Ausnahme der besonders

Stimmbegabten – vor allem in den Großstädten. Früher sang man den lieben langen Tag, jeder auf seine eigene Weise. Das gehörte einfach dazu, das war selbstverständlich. Wo singt man heutzutage außerhalb von Konzerten und Trinkgelagen? Singen Eltern und Kinder miteinander? Singen junge Mädchen bei der Hausarbeit? Singen junge Männer beim Spazierengehen? Höchstens leiert man ein paar Gassenhauer draußen im Wald herunter, wenn die Stimmung ihren Höhepunkt erreicht. In den sogenannten ›besseren Kreisen‹ lässt sich nur die künstlerisch Ausgebildete hören. Und – traurig genug – hat bei ihr oft der Unterricht, die Kunst, das natürliche Talent gehemmt, die rein menschliche Ausdrucksfähigkeit.

Und doch ist jedem Kind das Singen eine natürliche Notwendigkeit, ein heiliges Recht, dessen man es nicht berauben darf. Das Recht, den Gefühlen Luft zu machen, die sich nicht mit Worten ausdrücken lassen.

Das ist der Grund dafür, dass ich Lust bekam, das Experiment zu wagen und freiwillige Gesangsstunden einzuführen, die nichts mit Kunst, Gehör oder Stimmschönheit zu tun haben. Ich versammelte die Kinder um mich, und wir sangen wie die guten Freunde, die wir sind. Zuerst klang es roh und unschön, aber bald rauften wir uns zusammen. Wir sangen, ohne Kritik zu üben, und langsam wurde das Ohr durch die Macht des Gesanges selbst erzogen. Unwillkürlich wird die falsche Stimme in eine reine Lage gezwungen, indem sie von reinen Stimmen geführt wird. Die gemeinsame Freude war unser Lehrmeister. Wir gingen zahllose alte Volkslieder und Balladen durch, und während wir sangen, tauchte eine schöne Stimme nach der anderen auf, wie Blumen, die verkümmert waren, weil man sie im Schatten hielt, und die man jetzt plötzlich in die Sonne stellte. Aber am meisten rührt es mich zu beobachten, wie die Kinder, die weder Gehör noch Stimme haben oder bekommen, mit der innigsten Hingabe mitsingen. Wir singen, weil es uns fröhlich macht, weil es guttut zu singen, weil es Glück erschafft. Wir lernen die großen Komponisten besser kennen als in irgendeinem Konzertsaal – und es kostet uns kein Geld. Hinzu kommt, dass wir die Texte lernen, wir brauchen nicht dazusitzen und mit einem Programm zu rascheln. Und wir versprechen hoch und heilig das Lied in die Welt hinauszutragen.

Für mich als Lehrerin und Erzieherin sind diese Gesangsstunden von unschätzbarem Nutzen. Die mir zugewandten Gesichter sind wie offene Bücher, in denen ich aus der Seele der einzelnen Kinder lesen kann. Das singende Kind ist während des Singens von einer magischen Freude ergriffen, die es alles andere vergessen lässt, während es sich, wie sonst niemals, seiner wahren Natur hingibt. Was für psychologischen Studien man doch machen könnte, indem man den Ausdruck der einzelnen Gesichter beim Singen desselben Liedes untersuchte!«

Und mit ihrem strahlenden Lächeln erzählt Louise, wie die »wilden Gesangsstunden« ihren großen Triumph feierten:

An einem prächtigen Junimorgen just bei Sonnenaufgang zog sie mit hundertfünfzig Schülern und knapp einem Dutzend junge Lehrerinnen hinaus in die Berge. Während der Eisenbahnfahrt war das Wetter herrlich, aber kaum erreichte man die großen Wälder, brach ein Unwetter los. Was für ein Unwetter! Die Kinder trugen leichte, helle Batistkleider. Und man konnte sich nirgends unterstellen. Innerhalb weniger Minuten ergoss sich das Wasser in Strömen von den dichtesten Bäumen. Blitze zuckten, und in der Zwischenzeit war es fast stockfinster geworden. Ab und zu knallte ein eiskalter Hagelschauer in die Gesichter und verwirrte die Sicht. Wohin man auch ging, das Unwetter schien immer genau über einem zu hängen. Die Kinder, die es zu Beginn für einen lustigen Spaß gehalten hatten, bekamen langsam Todesangst.

Da gab Louise das Signal zu einer »wilden Gesangsstunde«, und schlagartig war die ganze Angst vorbei. Groß und Klein sangen. Bisweilen hörte man nichts aufgrund der krachenden Windstöße und dem Dröhnen des Donners, aber die Kinder sangen, während sie unverdrossen im Walddunkel vorwärtstaumelten.

Es gab weder Haus noch Hütte. Drei Stunden wanderte die singende Schar, nass bis auf die Knochen, bevor man das bescheidene Gasthaus erreichte, das um der Touristen willen errichtet worden war. Es war nicht geplant gewesen, hier einzukehren, aber es war doch unmöglich weiterzukommen.

Die Gaststube war nicht groß, und man war nicht darauf vorbereitet, so viele hungrige Mäuler zu stopfen, aber daran wurde nicht gedacht. Volle zehn Stunden waren die hundertfünfzig Kinder in dem engen Raum gefangen, während das Wetter tobte, so dass man hätte glauben können, die Welt würde untergehen. In diesen zehn Stunden wurde nun eine höchst seltsame »Varietévorstellung« aufgeführt, bei der ohne Pause Nummer auf Nummer folgte. Man dichtete, erzählte Spukgeschichten, improvisierte kleine dramatische Situationen, man tanzte, versuchte sich als Akrobat, deklamierte und vollführte Zauberkunststücke. Es wurden Reden gehalten, Groß und Klein erzählten über ihre erste Liebe. Aber in erster Linie wurde gesungen.

Es zeigte sich nun, welche Freude und welches erhabene Zusammengehörigkeitsgefühl »die wilden Gesangsstunden« zu schaffen vermochten. Unaufhörlich sprudelten die Lieder hervor. Bisweilen sang die ganze Schar im Chor, manchmal sang ein einzelner und die anderen sangen den Refrain mit. Das Unwetter ließ nicht nach – doch es war vergessen. Es gab wohl ein Telefon, aber das durfte man aufgrund der Gefahr eines Blitzeinschlages nicht verwenden. Die Telegrafenstation lag weit entfernt. Es war kein Bauernhof in der Nähe und kein Wagen aufzutreiben. Der Tag verging. Es gab keine Hoffnung auf besseres Wetter, und man konnte sich die Angst in den vielen Häusern vorstellen, die ohne Nachricht über das Schicksal der Kinder in diesem schrecklichen Wetter waren. Im Gasthaus konnte nicht die Rede davon sein, ein Nachtlager für alle zu schaffen, selbst wenn man sich mit Pferdedecken begnügt hätte. So blieb ihnen schließlich nichts anderes übrig, man musste denselben Weg zurückgehen, den man gekommen war.

Die Wege waren Moraste, stellenweise fast unwegsam. Die Großen mussten die Kleinen tragen, wo das Wasser so tief war, dass sie es nicht durchwaten konnten. Im strömenden Regen waren keine Sterne zu sehen. Man musste sich an den Baumstämmen vorantasten.

Und trotzdem – auf dem ganzen Weg vom Gasthaus bis zum Bahnhof – sangen die Kinder ohne Unterlass. Sie sangen, ob sie standen oder strauchelten, sie sangen, wenn nasse Zweige ihr Haar verfilzten, sie sangen und sangen und sangen.

Gegen Mitternacht waren sie wieder zurück in der Stadt. Am Bahnhof warteten händeringend die Eltern, die das Schlimmste befürchtet hatten.

Im Jahresbericht schrieb Louise über diesen Ausflug und erzählte, dass er aufgrund des unvorhergesehenen Unwetters total misslungen war. Als einzigen Lichtblick hob sie die beispielhafte Haltung der Kinder hervor. Kaum war dieser Jahresbericht ausgeschickt worden, schon trafen scharenweise Briefe von den Kindern ein. Alle hielten sie Louise vor, wie sie den Ausflug nur misslungen nennen konnte, es war doch »bloß eine lange, herrliche wilde Gesangsstunde« gewesen.

Ein altmodisches Kapitel

Vor gerade einmal dreißig Jahren waren in allen Kloster-, Privat- und öffentlichen Schulen für Mädchen Handarbeit und Religion die zwei wichtigsten Fächer. Eine Stunde Religion und eine oder zwei Stunden Handarbeit am Tag waren das Übliche. Hinzu kamen hinsichtlich der Privat- und öffentlichen Schulen die geforderten Hausaufgaben: So und so viele Bibelsprüche und Kirchenlieder, so und so viele Brodierungen und Strickmaschen.

Die Schulreform hat diese Fächer allmählich mehr und mehr eingeschränkt: In Amerika ist Religion als Schulfach längst abgeschafft, und die Handarbeit, die bereits abgeschafft war, beginnt langsam wieder, sich hier und da eine kleine Extrastunde abzuzwacken.

Dass die Handarbeit sich vom Regenten zum verachteten, elenden Sklaven entwickelte, ist nicht so sehr einem Aufstand von Seiten der Kinder geschuldet als vielmehr den Bitten von Lehrern und Ärzten.

Im Allgemeinen wird es als glücklicher Fortschritt gewertet, dass kleine Mädchen nicht mehr gezwungen werden zu nähen, zu stricken oder zu klöppeln. Man geht davon aus, dass sich jede Frau später aneignen kann, was sie in dieser Richtung benötigt, entweder zu Hause oder durch Privatunterricht.

Ärzte behaupten, dass Augen und Haltung des Kindes unter der Handarbeit leiden. Ja, in früheren Zeiten, als man noch beim Schein von Talglichtern, elendiglich qualmenden Petroleumlampen oder offenen, ungeschützten Gasflammen nähte, als man die kleinen Mädchen Kreuzstichlandschaften auf haarfeinen Seidenstramin sticken oder mit weißem Faden auf Flachsleinen nähen ließ, was man heutzutage nur mit Hilfe einer Lupe richtig würdigen kann – da waren rotumrandete Augen und die Ägyptische Augenentzündung häufig und Frauen mussten oft schon in jungem Alter Brille tragen.

Jede Arbeit – selbst die gesündeste – wird schädlich, wenn man es übertreibt. Kann man sich auch nicht mit Wasser um Sinn und Verstand trinken, so kann man doch die inneren Organe bei übermäßigem Genuss desselben zerstören. Erdbeeren Pflücken ist ein reizendes Spiel für Kinder, solang sie von der Hand in den Mund pflücken, aber die arme Frau, die für einen jämmerlichen Tagelohn ihre zwölf Stunden am Tag Erdbeeren pflückt, kann sehr wohl Schaden durch die Anstrengung nehmen.

In Belgien habe ich an Sommertagen Frauen in halbdunklen Stuben mit geschlossenen Fensterläden auf dem Bauch liegen und große Klöppelarbeiten klöppeln sehen! Ihre armen, angestrengten Augen ertrugen das Tageslicht in dem kleinen Innenhof nicht mehr, wo die Klöpplerinnen mit ihrer weißen Arbeit sitzen.

Es besteht ja überhaupt kein Zweifel daran, dass man es in früheren Zeiten mit der Handarbeit übertrieben hat. Es erscheint uns zurecht sinnlos, dass junge Frauen halbe Tage, über Monate hinweg, dasaßen und an einem Unterrock stickten! Trotzdem sind wir jedes Mal hingerissen, wenn wir in die Nähe eines der bezaubernden Tüllkragen kommen, die unsere Groß- und Urgroßmütter weitervererbten.

Aufgrund meiner Kenntnis der Frau behaupte ich entschieden, es ist ein Unglück, dass die Handarbeit so weit zurückgedrängt worden ist. Es gibt Gründe zuhauf, und hier soll über einige der wichtigsten Rechenschaft abgelegt werden.

Es gilt, das Leben für sich selbst und für andere so gut wie möglich zu gestalten. Mit anderen Worten, sich selbst Zufriedenheit und Freude zu schaffen – und dadurch im Stande zu sein, etwas für andere darzustellen. Nun hat die Frau von alters her schöne Kleider geliebt. Das ist nicht zu leugnen, nicht zu bestreiten. Das ist nun einmal so. Gibt es Frauen, denen ihre Kleidung egal ist, dann haben sie den einen oder anderen nachvollziehbaren Grund, aber sie sind sicher nicht immer so gewesen, von wenigen Ausnahmen abgesehen. Nun können, infolge der Vermögensverteilung in der Welt, in der wir leben, nur verhältnismäßig sehr, sehr wenige Frauen auch nur leidlich das ihnen innewohnende Bedürfnis befriedigen, sich schöne und schmückende Kleider anzuziehen. Hunderttausende Frauen versorgen sich selbst und haben nur sehr wenig Geld übrig, um sich prunkvolle Kleider zu kaufen. Noch mehr leben in einer Ehe und werden von Männern versorgt, aber so kärglich versorgt, dass sie über jedes Öre Rechenschaft ablegen müssen, das sie außerhalb des Haushalts ausgegeben haben. Und all diese Frauen sind abhängig von den Schwankungen der Mode und den Preisen der Verkäufer. Sie sind gezwungen, sich ihre Kleider nähen zu lassen, und bezahlen einen vielfachen Preis von dem, für den sie sie selbst herstellen könnten. Sie sind Sklaven äußerer Umstände, derer sie doch so leicht Herr werden könnten. Die Schule ist der Ort, der sie befreien kann.

In jeder Schule auf der ganzen Welt sollte es ein Ziel sein, genauso wichtig wie Rechnen und Geographie – wenn nicht noch wichtiger –, kleinen Mädchen beizubringen, ihre eigenen Kleider zu schneidern und zu nähen.

Dass eine solche Reform, wenn man sie auf die richtige Art und Weise anpackt, jedes einzelne Land Hunderttausende kosten würde, macht die Sache nicht weniger durchführbar. Solches Geld verzinst sich gut. Aber der Unterricht sollte nicht, wie jetzt, auf ein paar Stunden in der Woche im Laufe einiger Jahre begrenzt sein, nein, das Kind sollte sich das Geheimnis der Herstellung von Kleidung in dem Alter aneignen, wo alles leicht wie ein Spiel Eingang findet, wenn man es einfach und behaglich macht wie ein Spiel.

Die Kinder in den untersten Klassen sollten, sobald man ihnen eine Schere anvertrauen darf, lernen, Schnittmuster aus Seidenpapier auszuschneiden für – Puppenkleider. Und gleichzeitig lernen, diese zu zeichnen, zuerst auf

Tafeln, dann auf Papier. Nun sollten nach dem Schnittmuster auf Seidenpapier die schlichtesten Puppenkleider aus billigem und dünnem Stoff ausgeschnitten werden, die so schön wie möglich zu nähen für die Kinder zur Ehrensache werden wird. Um sie zu nähen, bedarf es am Anfang so wenige verschiedene Stiche, dass die Kinder sie nach und nach anhand der Puppenkleider selbst erlernen könnten, wenn sie Bedarf dafür haben. Die Puppen würden von der Schule bereitgestellt, und die Kinder müssten, unter kundiger Aufsicht, für die Kleider selbst Maß nehmen, selbst auf Fehler aufmerksam werden und selbst versuchen dürfen, sie zu ändern.

Nach der Puppenkleidung wäre Kleidung für die Kinder selbst an der Reihe. Zuerst natürlich »Arbeitskleidung« oder »Schuluniformen«, etwas, das leicht und nicht den Launen der Mode unterworfen ist. Dass die Schule für den Unterricht in diesem neuen und wichtigen Fach die besten Hilfsmittel haben sollte, versteht sich von selbst. Die Kinder sollten natürlich lernen, mit einer Nähmaschine umzugehen, sie sollten die vollkommensten Schablonen zum Ausprobieren verwenden, Lehrerinnen haben, deren Tüchtigkeit man sich nicht größer denken kann, Säle mit Oberlicht, Zeichenstuben, wo die Schnittmuster angefertigt werden usw.

Das Kind könnte dann im Alter von sechs bis vierzehn nicht nur lernen, seine Kleider und seine Unterwäsche selbst zu nähen, sondern auch, gerade auf Grundlage seiner tiefen Kenntnis von Nadel und Faden, sich Fertigkeiten in der *»schönen Handarbeit«* aneignen.

In jeder Mädchenklasse würden sich wohl immer eine oder mehrere finden, die trotz des versierten Unterrichts für alle Zeit beim Schneidern und Anpassen ein wenig pfuschen werden, und andere, denen es schrecklich schwerfallen wird, sich daran zu gewöhnen, ordentliche Arbeit abzuliefern. Aber ist das nicht auch in den anderen Fächern der Fall. Wird ein Kind vom Rechnen befreit, nur weil es kein Rechengenie ist?

Was erreicht man nun damit, wenn die Kinder ihre eigenen Kleider nähen können? Sie werden ihren eigenen Körper so gründlich kennenlernen, dass sie sich nie mit schlecht sitzenden Kleidungsstücken begnügen werden; dadurch erreichen alle anderen einen gesteigerten Eindruck von Schönheit. Sie lernen zu verstehen, was sie tragen können und was sie nicht kleidet, soll heißen, ihr persönlicher Geschmack wird entwickelt. Sie werden nicht ganz so abhängig von der Mode sein. Sie werden es ab und an wagen, sich ihr zu widersetzen. Sie werden sich von ihrer Phantasie leiten lassen und sich aus prächtigen Stoffen Kleidungsstücke anfertigen, die man nie in einem Modejournal sehen wird. Aber in erster Linie werden sie unabhängig von Armut oder Reichtum. Im Falle, dass sie ihr ganzes Leben in kleinen Verhältnissen verbringen, werden sie deshalb nicht gezwungen sein, in Sack und Asche zu gehen. Hegen sie einen Wunsch betreffend eines kostbaren Stoffs, ist dieser Wunsch fast immer verwirklichbar, weil es ja nur um den Stoff selbst geht. Sie werden unwillkürlich gute Stoffe wählen, unwillkürlich vielleicht auch kostbare, aber das ist nur gut so. Der kostbare Stoff hält lang und verliert nichts von seiner Schönheit.

Eine andere Sache wird die Folge sein: *Die Reformkleidung, nach der die Frauenwelt die letzten fünfzig Jahre geseufzt hat, wird endlich entstehen.* Wir haben zwar Reformkleidung gehabt, aber sie hat an gewissen Mängeln gelitten, die sie für die breiten Massen unpraktisch machten. Entweder war sie hässlich, unkleidsam, oder sie verlangte nach einem erstklassigen Zuschneider, um weich und natürlich zu fallen. Wächst eine Jugend heran, deren jedes weibliche Mitglied von Kindesbeinen an die Kunst des Zuschnitts und des Maßnehmens beherrscht, dann wird die schönste Reformkleidung auf ganz natürliche Weise entstehen. Sie wird zu einem notwendigen Glied in der Kette der Frauenbewegung.

Unsere Urgroßmütter nähten ihre Aussteuer aus unvergänglichem und grobem Leinen, das uns Röteln oder andere Hautkrankheiten verursachen würden. Wir sind davon abgekommen und kehren sicher nie wieder dorthin zurück. Die spinnwebenfeine Unterwäsche, die jene der Vergangenheit abgelöst hat, ist schön anzusehen, fasst sich liebreizend an, und sie reißt bei der dritten Wäsche so leicht wie eine Seifenblase, die gegen einen Schmetterling stößt. Für die wohlhabende Frau mag es ja vergnüglich sein, sich ständig neue kaufen zu können, aber gewiss ist es kein Spaß für die berufstätige junge Frau, wenn die Imitation von Kammertuch mit nachgemachter Klöppelspitze, für die sie das Geld mühsam zusammengekratzt hat, trotz aller Sorgfalt und schonender Behandlung schon nach der zweiten Wäsche verschlissen ist.

Hat sie jedoch in der Schule alles Notwendige gelernt, dann kauft sie sich für das gleiche Geld den echten Stoff, den sich zuvor nur die reiche Dame allein erlauben konnte, sie schneidet ihn ganz leicht zu einem Muster, als wäre es ein Hemd für eine Puppe, und versieht ihn hier und da mit ein paar aufgestickten selbstgezeichneten Heidemotiven, ein Luxus, den sich die reiche Dame zweimal überlegt. Sie kann es sich erlauben, weil ihr der Umgang mit Nadel und Faden so unfassbar leicht fällt und weil *sie das Geheimnis, »den Augenblick zu nutzen« begriffen hat.* Für sie existiert der Ausdruck »keine Zeit« nicht. *Der Mensch hat immer Zeit für das, was er auch ernsthaft will.*

Es geht ja bloß darum zu wollen. Das junge Mädchen, das tagsüber in einem Geschäft angestellt ist und nur am Abend und am Sonntag frei hat, kann dennoch besonders gut sowohl Kleider als auch Unterwäsche für sich selbst nähen, ohne zu schuften, bis ihr die Augen aus dem Kopf springen, und ohne bis mitten in der Nacht aufzubleiben. Sie verschwendet ihre Zeit nämlich nicht. Das Kleid, das die professionelle Näherin zwei Tage kostet, kostet sie kaum einen. Sie hat ein für alle Mal ihre Maße, sie ist es gewohnt, genau mit den Stoffen zu hantieren, die zu ihrer Person passen, sie besitzt die Freiheit, jede Lächerlichkeit aus dem Modejournal zu kopieren. Während sie Besuch von Freundinnen hat, während geschwatzt und geplaudert und gelacht wird, geht die Nadel. Vielleicht warten die Gäste das Resultat ab, vielleicht helfen sie mit, sie sind ja alle »vom Fach«.

Und die Scham, seine Kleider selbst zu nähen, die Scham, »selbstgemacht« zu sein, die hat es nicht leicht, wenn die jungen Töchter des ganzen Landes, von der des Königs bis zu der des Müllkutschers, genau dasselbe lernen.

Derjenige, der als Kind auf heitere und zweckmäßige Weise zu arbeiten gelernt hat, weiß, dass der große und rührende Charme der Handarbeit gerade darin liegt, dass man jede freie Minute darauf verwenden kann. Sie gedeiht fast unmerklich wie eine Pflanze.

Der bekannte und verhasste »Lumpen«, der eine gewisse Zeit lang als das einzig Seligmachende angesehen wurde, ist ebenso langweilig und müßig wie das Vor- und Zurückversetzen von Sandhaufen, womit man in schlechten Gefängnissen die Gefangenen quält. Das Kind muss alle Arten von Stichen erlernen, aber jeder Stich muss zu einem praktischen Resultat führen – auch wenn dieses aus einem Scheuerlappen besteht.

Und nun die »schöne Handarbeit«. Vor ungefähr zwanzig Jahren war es immer noch Sitte, dass junge und alte Frauen, wenn sie zusammen waren, jeweils mit ihrer Handarbeit dasaßen – oft zur gemeinsamen Bewunderung. Diese Arbeiten waren jetzt keine so große Bewunderung wert, weil der Geschmack in dieser Periode sehr wenig ansprechend war. Man konnte nur mit äußersten Schwierigkeiten ein wirklich hübsches Muster entwerfen, und hatte man das Muster endlich – am ehesten eine Kopie von den Arabesken alter Künstler –, dann haperte es daran, schöne Farben zu bekommen. Jetzt ist das anders. Die Maler unserer Zeit haben keine Angst davor, der Handarbeit sowohl Zeit als auch Talent zu widmen. Es gibt jetzt herrliche Muster und herrliche Farben, aber es gibt so unendlich wenige Frauen, die sich mit der Ausführung solcher Arbeiten beschäftigen. »Die schöne Handarbeit« hat eine doppelte Aufgabe. Sie verschönert ein Heim wie nichts anderes, mit Ausnahme von Blumen. Und – am allerwichtigsten – *sie ist beruhigend für Gemüt und Nerven.* Man scheint gar nicht von diesen zwei Faktoren zu wissen oder mit ihnen zu rechnen. Manch ein Heim wird in unserer Zeit mit großem Kostenaufwand gestaltet, ja, mit Hilfe von berühmten Innenarchitekten, die sogar Kunstwerke für die Wände auswählen. Aber an die Handarbeit denkt keiner. Hat man Bedarf an Kissen, geht der Innenarchitekt her und wählt schöne Stoffe in Brokat und Seide aus, und damit begnügt man sich. Echte Teppiche für die Fußböden, importierte Spitzentischtücher auf den Tischen und gewebte Überzüge auf den Möbeln. Man spürt kein Bedürfnis, keine Sehnsucht nach den persönlichen Handarbeiten der Hausfrau, nach dem, das einem Heim gerade sein letztes feierliches Gepräge geben würde. Es ist, als hätte man immer noch den Schrecken im Blut aus jener Zeit, als kreischend grasgrüne Kissen und gehäkelte Lappen über den Stuhllehnen hingen und an den unschuldigen Gästen festklebten.

Die meisten Frauen haben eine eigentümliche Phantasiebegabung, die die schönsten Resultate auf diesem Gebiet zeitigen könnte, würden sie sich mit Lust und Selbstvertrauen an die Aufgabe machen.

Aber die andere glückbringende Wirkung ist doch weitaus wichtiger. *Die Frau kann nicht wie der Mann stillsitzen, die Hände in den Schoß legen und das absolute Wohlbefinden der Ruhe spüren.* Sie ist über Jahrhunderte darauf trainiert, so viele kleine Arbeiten quasi gleichzeitig auszuführen, dass sie immer hunderte Dinge im Kopf hat, für jede Sache, die sie auszuführen schafft. Ruht sie, arbeitet sie nicht, dann kreisen ihre Gedanken erst recht rastlos. Die Zigarette ist für manche Frauen ein gewisses nervenberuhigendes Mittel, aber einerseits gibt es ja noch viele Länder, wo man so wenig persönliche Freiheit hat, dass man nur in den höchsten Kreisen rauchen darf, ohne Anstoß zu erregen, und andererseits kann man nicht gerade sagen, dass die Zigarette ein ungefährliches Mittel ist. Das kranke Herz, die aufgeriebenen Nerven, unter denen die allermeisten Frauen leiden, brauchen etwas, das stärkt und beruhigt. Und da kommt die Handarbeit als das reinste Wundermittel ins Spiel – wenn man es nicht erzwingt.

Die moderne rastlose Frau, die sich mit nichts beschäftigt, oder die moderne rastlose Frau, die mit dem Hirn tätig ist und Männerarbeit verrichtet, haben eines gemeinsam, nämlich dass sie in freien Stunden nicht wissen, was sie mit ihren Händen tun sollen. Sie drehen an Ringen, sie richten ihre tadellosen Frisuren, sie verschränken die Finger – sie vermissen die kleine, leichte, halbmechanische und doch zum Denken anspornende und Aufmerksamkeit erfordernde Aufgabe, »die schöne Handarbeit«. *Es gibt zahlreiche Frauen der Gegenwart, die das nicht glauben wollen, sie sind mit Abscheu und Verachtung für die altmodische Handarbeit aufgewachsen, und sie lernen erst ihre Bedeutung zu schätzen – in der Nervenheilanstalt, wohin sie sich begeben, um die Süße der Ruhe kennenzulernen.*

Der Segen der Arbeit

Der Mensch ist erstaunlich zählebig. Man hört von Leuten, die wochenlang auf dem Meer treiben, ohne etwas anderes zu essen als ein paar harte Schiffszwiebacke, von Bergarbeitern, die nie die Sonne sehen, von sibirischen Gefangenen, die fürchterlichen Torturen unterworfen werden und doch nicht einknicken. Man hört von Menschen, denen ein Unglück größer als das andere zustößt und die doch nicht verzweifeln.

Aber es gibt Grenzen: Ganz ohne Nahrung kann niemand leben, und wenn ein gewisses Schmerzniveau erreicht ist, wird man bewusstlos. Der Gefangene, der zu Einsamkeit und Müßiggang verdammt ist, wird innerhalb einiger Jahre unausweichlich wahnsinnig.

Der Mensch kann nicht ohne Gesellschaft leben und – nicht ohne Arbeit. Solch ewige Wahrheiten werden wohl nie bestritten, aber Eltern und Vormunde beherzigen sie sich nicht immer ausreichend, wo es die Kinder betrifft, die ihrer Obhut anvertraut sind.

Schließ ein Kind in einem herrlichen Park ein, gib ihm all das prächtigste Spielzeug, das es gibt – innerhalb weniger Tage, wenn nicht Stunden, wird ihm Verzweiflung ins Gesicht geschrieben stehen, und es wird die Mauer des Parks entlangschleichen wie ein Gefangener in seiner Zelle.

Schließ zwanzig Kinder in dem Park ein, lass sie von morgens bis abends spielen. Sie werden jubeln und herumtollen, sich mit ihren tausend Spielen unterhalten. Es kommt jedoch ein Augenblick, wo ihre Erfindungsgabe die Waffen strecken muss, wo sie »nicht wissen, was sie anstellen sollen«.

Man stelle sich vor, ein Erwachsener kommt in den Park und übernimmt die Führung und regelt die Spiele. Dann vergeht wieder eine Zeit, bis die Skala ein oder mehrere Male durchlaufen ist, und obwohl sie ihre volle Freiheit haben, obwohl ihnen niemand ins Gewissen redet oder ihnen Vorhaltungen macht, dass sie ihre Zeit vergeuden, werden sie doch »des Spielens überdrüssig werden«.

Das heißt, sie sehen instinktiv ein, dass ihr Spiel, wenn es ihnen lang genug als Erfrischung gedient hat, zwecklos, nutzlos ist, dass dabei nichts herauskommt. Und *Kinder wollen so gern nützlich sein.*

Versuchen wir nun, dieselben Kinder ein Haus bauen zu lassen – dabei ist es unerheblich, ob das Haus bewohnbar ist oder nicht, solang die Kinder es nur glauben –, dann kann man es ihnen ruhig überlassen, die härtesten, anstrengendsten, am meisten Geduld erfordernden Arbeiten auszuführen, ohne dass sie aufmucken. Ganz im Gegenteil, je härter sie arbeiten, desto inniger ist die Freude, die sie verspüren über das Resultat, an das sie ja felsenfest glauben. Sie fordern nur eins, um willig all ihre jungen, gesunden seelischen und körperlichen Kräfte zu geben: den Nutzen darin zu sehen und an ein Resultat zu glauben.

Aber da die Kinder Kinder sind, muss das Resultat entweder sichtbar oder für das kindliche Gemüt ohne die Erklärung Erwachsener fassbar sein.

Die Leistungsfähigkeit des Kindes ist anderen Gesetzen unterworfen als die des Erwachsenen, aber sie ist im Verhältnis zweifellos größer. Der bewegliche Körper des Kindes ist hier ein Plus, genauso wie die unbenutzten geistigen Kräfte kommt er ihm zu gute. Kein trainierter Sportler könnte seinem Körper abverlangen, was sich ein fünfjähriges Kind im Laufe eines Tages abverlangt. Und kein erwachsener Mensch besitzt auch nur annähernd eine Lebhaftigkeit wie die des Kindes, das den ganzen Tag hindurch, ganze Tage hindurch in Anspruch genommen wird.

Ein Kind kann sich kaum überarbeiten, wenn die Arbeit nur vernünftig geregelt ist. Louises Schule ist der Beweis für diese Behauptung.

Gibt man einem Kind ein Buch in die Hand und sagt: »Lern zwanzig Seiten auswendig!«, dann wird sich das Kind, wenn es die Kunst zu arbeiten nicht gelernt hat, hinsetzen, den Kopf in die Hände stützen und verzweifelt in das Buch starren, bis die Buchstaben zu tanzen beginnen, und die Aufgabe wird ihm genauso unmöglich vorkommen, wie es unmöglich ist, das Meer auszutrinken. Oder es wird tapfer versuchen zu lernen, indem es die zwanzig Seiten wieder und wieder durchliest, ohne den Sinn des Gelesenen zu erfassen. Vielleicht wird es dem Kind dennoch gelingen, die Wörter in der richtigen Reihenfolge zu lernen.

Aber betrachtet das Kind nun die Aufgabe, als sei sie ein Stück Landstraße, über die man wandern soll, und die Landstraße wäre mit Kilometersteinen unterteilt und an jedem Kilometer stünde eine Bank unter einem Baum mit süßen, reifen Weichseln, dann kann es gut sein, dass das Kind die Straße entlangwandert, die Entfernung zwischen den Steinen über die

Sehnsucht nach der Bank unter dem Weichselbaum vergisst, und im Nu ist der Weg zurückgelegt.

Es gibt Lehrer, die werden einwenden: Ein solches Pochen auf die Phantasie des Kindes ist unzulässig und schädlich. Das Kind soll sich nichts einbilden. Das Kind soll wissen, was es tut, es muss lernen zu verstehen, dass Arbeit Arbeit ist und kein Spiel oder Phantasterei! Außerdem stehen keine Bänke unter Weichselbäumen auf der Landstraße des Lebens!

Das ist aber gerade der Fall, wenn man nur die Freundlichkeit besitzt, die Augen aufzusperren. Gewöhnt man das Kind beizeiten daran, mit den kleinen Freuden zu rechnen, wird sich erweisen, dass diese nicht wie Weichselbäume an jedem Kilometerstein stehen, sondern üppig wuchern wie die wilde Blumenflur in den Straßengräben.

Die Lebenskraft des Kindes ist wie die Niagarafälle. Es wäre verwerflich, würde man diesem Naturschauspiel seine ganze Kraft und seinen Glanz nehmen und es dazu verwenden, um Sägemühlen und Fabriken anzutreiben. Aber es schadet der Schönheit oder Großartigkeit des Wasserfalls nicht, wenn ein Teil im Dienste des Alltags Verwendung findet.

Nie sollte man das Kind vor den Arbeitskarren spannen und es mit Peitschenschlägen antreiben. Nie soll man von einem Kind verlangen, dass es über das ihm Mögliche hinaus arbeitet. Das Kind soll gut Freund sein mit der Sonne, mit den Vögeln und mit der Allnatur, und das erfordert Zeit, doch der Tag des Kindes ist so lang, dass Zeit bleibt, um sowohl im Elfenland der Phantasie zu leben als auch für ernsthafte Arbeit.

Es gibt zahlreiche Dinge, die dem Kind die Arbeit erleichtern können. Der Gedanke daran, sich später einer Beschäftigung hingeben zu können, die es lieber mag, ist wohl einer der gewöhnlichsten. Aber die größte Erleichterung ist es doch, wenn das Kind selbst Freude daran hat, die Arbeit auszuführen, weil sie fesselnd ist und befriedigend.

Jedes Kind, das gesund und natürlich und nicht von seiner Umgebung verpfuscht ist, hat ein angeborenes Bedürfnis, den Erwachsenen helfen zu wollen. Das zweijährige Kind folgt dem Stubenmädchen auf Schritt und Tritt und glaubt, sich nützlich zu machen, wenn es die Stühle mit einem Lappen oder mit seinen kleinen fettverschmierten Händen abreibt. Es will für seine Arbeit gelobt werden, es verlangt, dass man die Mühe anerkennt, die es sich macht. Und hier versündigen sich Erwachsene oft unwiederbringlich gegen das Kind, indem sie lachend den Glauben des Kindes, dass es hilft, zunichtemachen. Die kluge Mutter oder Erzieherin nimmt froh jegliche Hilfe des Kindes an und legt viel Wert darauf, ihm so früh wie möglich den richtigen Weg zu weisen, damit es nicht nur scheinbar, sondern auch in Wirklichkeit kleine nützliche Aufgaben ausführt.

Es ist schön, ein Kind während der Unpässlichkeit seiner Mutter versuchen zu sehen, ihre Arbeit zu machen, soweit seine Kräfte reichen, besonders da, wo es kein Dienstmädchen gibt. Dann entsteht zwischen den Kindern ein Wettstreit, der im wahrsten Sinne des Wortes edel genannt werden kann, wer am meisten auszurichten vermacht.

Aber der Erwachsene muss sich davor hüten, die ernstgemeinte Hilfe des Kindes zum Spaß in Anspruch zu nehmen oder es ein ums andere Mal Fehler begehen zu lassen, ohne es zu korrigieren, denn kommt das Kind dahinter, wird und muss es das als eine Art Verrat betrachten.

In einem Haushalt wurde das Dienstmädchen krank. Die junge Frau, die schwach und zart war, klagte zum wiederholten Male im Beisein der Kinder ihre Not. Das vierjährige kleine Mädchen und ihr fünfjähriger Bruder beschlossen zu helfen. Eines Tages musste die Mutter gleich nach dem Mittagessen weg. Es war noch nicht abgespült. Die beiden Kleinen machten sich eifrig daran zu spülen – in kaltem Wasser. Bald schwammen sowohl die Küche als auch sie selbst darin. Die Teller und Schüsseln wurden zum Trocknen aufgestellt – auf den Küchenboden, wahrscheinlich weil dort am meisten Platz war und sie am leichtesten hinkamen. Es war Winter, und die Dämmerung trat früh ein. Die Kinder setzten sich gemütlich in eine Ecke, fürchterlich stolz auf ihre Tat, und schliefen ein.

Die Mutter kam nach Hause und sah die Kinder nicht, auch als sie nach ihnen rief, bekam sie keine Antwort. Außer sich vor Schreck lief sie in die Küche – fiel über das aufgestellte Porzellan, und die Kinder wurden von ihrem Schrei des Entsetzens geweckt. Statt Dank bekamen sie nun Tränen und Schelte.

Wenn man das kleine Kind lehrt – gleichgültig ob reich oder arm –, wie es sich nützlich machen kann, dann wird es auch Freude finden an all den kleinen und großen Arbeiten, die ihm die Schule später bietet.

Die wenigsten Kinder vermögen die Zeit zu berechnen. Sie kennen den Wert der Minute nicht. Sie haben keine Ahnung davon, was man in einer oder zehn Minuten schaffen kann. Dieses Wissen sollte man dem Kind so schnell wie möglich vermitteln, weil es von entscheidender Bedeutung ist. Man lässt sie selbst mit Staunen die Zeit messen und untersuchen, wie weit eine Minute, und wie weit zehn Minuten reichen, indem man ihnen verschiedene Arbeiten aufträgt, die auf die Minute genau begonnen und unterbrochen werden. Man lässt sie zehn Minuten spielen, zehn Minuten ohne

Beschäftigung stillsitzen, schreiben, singen, nähen, lässt sie laufen, tanzen, Gymnastik machen, alles zehn Minuten lang, und die Kinder erleben eine Überraschung nach der anderen.

Man übt dies mit dem Kind sowohl in der Schule als auch bei Ausflügen – am besten auch zu Hause.

Es ist ein trockener Sommer. Die Erwachsenen haben genug damit zu tun, die Rosen und das Gemüse zu gießen. Die Bäume lassen vor Durst die Blätter hängen. Jetzt bekommen die Kinder eine Zehn-Minuten-Aufgabe: Jeden Tag, oder richtiger Abend, dürfen die Kinder so viele Bäume wässern, wie man innerhalb des gegebenen Zeitraums bewältigen kann. Jeder Baum soll eine ganze Gießkanne bekommen. Für das Kind sind die zehn Minuten ein kleines, wohlwollendes Geschenk, und der Dank, den es erhält, indem es sieht, wie die Bäume sich wieder aufrichten, ist die Mühe allemal wert.

Außerdem sieht das Kind, dass man immer irgendwo zehn Minuten abzwacken und schlecht mit einer guten Entschuldigung dafür kommen kann, »keine Zeit zu haben«.

Ein zwölfjähriges Mädchen war sehr schlecht beim Lautlesen. In der Schule wird großer Wert auf schönes Lautlesen gelegt, und jetzt werden Auswege gesucht, um dem Kind das Fehlende beizubringen. Sie soll zu Hause üben, aber niemand hat die Geduld, ihr zuzuhören. Da kommt Louise eine ihrer blendenden Ideen: Sie rät dem Kind, jeden Tag in die Küche zu gehen und der Köchin zehn Minuten lang laut aus den Tageszeitungen vorzulesen, während diese abspült. Gesagt, getan. Die Köchin fühlte sich dadurch beehrt, dass das kleine Fräulein sie so schön unterhielt, und das Kind übte wie ein wahrer Demosthenes, denn auch wenn es keine Kieselsteine im Mund hatte und kein Meer, das es zu übertönen galt, so musste es doch laut und klar lesen, um den Kampf gegen das Klappern des Porzellans und das dauernde Vor- und Zurücktrippeln der Köchin aufnehmen zu können. Innerhalb von zwei Monaten wurde das kleine Mädchen zu einer der besten Lautleserinnen in ihrer Klasse, und dafür hatte es nur der knappen zehn Minuten täglich bedurft.

Empfindsamkeit bei Kindern

Ein Kind sah einmal, wie ein Fisch enthäutet wurde und wie der Fisch anschließend dalag und zitterte und bebte. Das Kind hatte das Gefühl, dass der Fisch hätte schreien wollen, es aber nicht konnte. Und dieses Kind, das früher so gerne Fisch gegessen hatte, konnte seitdem keinen Fisch mehr anrühren, ja, konnte nicht einmal den Anblick ertragen, so dass es den Raum verlassen musste, wenn Fisch serviert wurde.

Man versuchte im Gutem wie im Bösen, dem Kind diese übertriebene Empfindsamkeit abzugewöhnen. Nichts half. Am Heiligen Abend ist es in gewissen Ländern Tradition, Karpfen zu essen, es ist ein Nationalgericht, das zur feierlichen Stimmung dazugehört. Von nun an war der Heilige Abend für das Kind zerstört. Während die Familie fröhlich um den Festtisch saß, hielt es sich beschämt und betrübt in einem anderen Zimmer auf, und den Abend hindurch wurde es verhöhnt, weil es »sich nicht einmal dazu durchringen konnte, ein wenig Rücksicht auf die anderen zu nehmen«. Als Erwachsene zwang sie sich endlich einmal dazu, bei einer solchen Angelegenheit am Tisch zu sitzen, wurde aber so krank, dass sie den Tisch verlassen musste. Ein anderes Mal brachte man sie dazu, Fisch zu essen, unter dem Vorwand, der Fisch sei paniertes Fleisch. Die Folge war, dass es so schien, als ob ihr ganzer Organismus Gegenstand einer Vergiftung wäre.

Und dabei war sie weder launisch noch kränklich oder verwöhnt. Ganz im Gegenteil, sie hatte seit ihrer jüngsten Kindheit die strengste Selbstdisziplin geübt. Doch Fisch gegenüber war sie machtlos.

Ich fragte sie einmal: »Was wäre denn geschehen, wenn man Sie als Kind gezwungen hätte Fisch zu essen?« Sie antwortete: »Das kann ich ja nicht mit Gewissheit beantworten, aber ich glaube, ich wäre wahnsinnig geworden!«

Merkwürdigerweise war dieses Ereignis ansteckend. Ein jüngerer Bruder, der gerade zwei Jahre alt war, als sich dies ereignete, erbte sozusagen ihre Angst und Abscheu vor Fisch. Und auch er konnte dies als Erwachsener nicht verwinden, obwohl er sich mit seiner sehr ehrgeizigen Natur nur äußerst ungern vor anderen Menschen lächerlich machen wollte.

Die Macht der Suggestion ist außerordentlich groß und unerklärlich.

Ein kleiner Junge fuhr Schlitten und stürzte so ungünstig, dass seine Zunge an einem Gitter gespalten wurde. Er war jedoch abgehärtet und jammerte nicht. Er wurde zum Arzt gebracht, der die schreckliche Schnittwunde zusammennähte, ohne den Jungen zu betäuben. Währenddessen fiel er in Ohnmacht, aber als er wieder zu sich kam, beklagte er sich nicht über die Schmerzen. Sein Stolz als Junge verbat es ihm.

Doch seit diesem Tag konnte er nichts essen, was rot war, sei es Obst, Konfekt, Marmelade, Rotwein oder rotes Fleisch. Einen grünen Apfel aß er mit Vergnügen, doch bot man ihm einen roten Apfel an, wurde er von einem Schaudern überfallen und wich zurück, als fürchtete er um sein Leben. Dass der Anblick von Blut ihn krank machte, war von nun an verständlich. Auch er ist jetzt ein Erwachsener und einigem ausgesetzt gewesen, was Lebensgefahr gleichkommt. Aber er hat noch nicht gelernt Rotes zu essen, und ist er gezwungen, Medizin einzunehmen, darf diese nicht rot sein.

Die meisten Kinder haben instinktiv Angst vor wilden Tiere, besonders vor bestimmten Insekten oder Ungeziefer. Oft geht diese Angst mit den Jahren vorbei, doch man sollte sich davor hüten, das Kind zu zwingen, diese zu überwinden. Üblicherweise ist die Mutter oder das Kindermädchen schuld an der Angst des Kindes, indem der Erwachsene entweder selbst Angst gezeigt hat oder die Tiere als »Schreckfiguren« verwendet hat, um das Kind gefügsam zu machen. Unter allen Umständen gibt es einen Grund dafür, verborgen oder offensichtlich, und niemand weiß, wie tief dieser Grund im Bewusstsein des Kindes sitzt und wie viel Schaden es anrichten kann, wenn man das Kind brutal dazu zwingt, seiner natürlichen Angst zu trotzen. Es gibt Menschen, die bleich werden, wenn man von Schlangen spricht, andere, die in Ohnmacht fallen, wenn sie von einer Schnecke berührt werden, und wir meinen dies zu verstehen. In den meisten von uns steckt eine größere oder geringere Abscheu diesen Tieren gegenüber, doch wir verstehen nicht, dass jemand Angst haben kann vor einer Heuschrecke oder einem Lauf- oder Mistkäfer. Und die Folge ist, dass wir die offensichtliche Angst des Kindes nicht für bare Münze nehmen.

Nun ist es klar, dass man all dies am besten überwinden sollte, und da das Kind selbst nicht die notwendige Kraft dazu besitzt und dies nicht mit Hilfe der Vernunft erreichen kann, müssen die Erwachsenen ihm helfen und mit gutem Beispiel vorangehen. Wenn die Mutter mit den Tieren spielt und sie sich über die Hand und den Hals kriechen lässt und lachend von ihnen erzählt, dann wird das Kind in den meisten Fällen nach und nach Abstand zu der lähmenden ursprünglichen Angst gewinnen. Aber in den wenigen Fällen, wo dies nicht gelingt, muss man hoffen, dass die Zeit es richten wird, und hilft auch sie nicht, dann muss man es aufgeben.

Ein kleines Mädchen hatte Angst vor Spinnen. Jeden Abend, bevor sie ihr Abendgebet sprach, bat sie den lieben Gott, darauf zu achten, dass keine Spinne auf ihr herumkriechen würde, während sie schlief. Doch nach einiger Zeit begann sie zu zweifeln – ob es nun die Allmacht des lieben Gottes war, die ihr als nicht so sicher vorkam, oder ob sie sich davor fürchtete, dass die Klugheit und List der Spinne größer waren, das Ergebnis war, dass sie hinzufügte: »Und die Spinne darf weder auf mich hinaufkriechen noch springen oder fallen oder laufen!« Wonach sie sich hinlegte und unbesorgt schlief, überzeugt davon, dass sie sich gegen jede Spinnenmöglichkeit abgesichert hatte.

Ein siebenjähriges Mädchen und ihre zehnjährige Schwester waren zu Besuch auf dem Lande. Es wimmelte von Ohrwürmern, vor denen sie beide eine tödliche Angst hatten. Eines Abends, als sie dabei waren, sich auszuziehen, sahen sie einen Ohrwurm an der Wand krabbeln. Die kleine Schwester weinte und hatte Angst, ins Bett zu gehen. Die große Schwester wollte ihren Mut zeigen, nahm eine Streichholzschachtel, lockte den Ohrwurm hinein, schloss den Deckel und warf die Schachtel aus dem Fenster. Dann gingen sie zu Bett und machten das Licht aus. Aber keine von ihnen konnte schlafen. »Was ist denn los?«, fragte die Kleine, »warum schläfst du nicht?« »Warum schläfst du nicht?«, gab die Große die Frage zurück. Sie versuchten zu schlafen. Ein wenig später sagte die Kleine: »Glaubst du vielleicht, dass sie verheiratet war und Kinder hatte?« Die Große schauderte. Sie hatte genau das Gleiche gedacht, und dieser Gedanke war es, der sie am Einschlafen hinderte. Die Kleine begann wieder: »Vielleicht krabbeln ihre Kinder herum und haben Hunger und können ihre Mutter nicht finden!«

Mitten in finsterer Nacht standen die Schwestern auf, kletterten aus dem Fenster und suchten im nassen Gras, bis sie die Streichholzschachtel fanden, die sie auf dem Boden in ihrer Kammer stellten und öffneten. Nun konnte der Ohrwurm krabbeln, wohin er wollte.

Die beiden Schwestern legten sich zurück auf ihr Kissen mit dem sicheren Gefühl, dass der Ohrenkneifer ihre Vorgangsweise gewiss schätzen und in dieser Nacht nicht in ihre Ohren kriechen würde.

Ein kleines Mädchen hatte Angst im Dunkeln. Es war unmöglich, sie dazu zu bringen, im Dunkeln auf den Dachboden hinauf zu gehen, selbst wenn ihre Mutter auf der obersten Stufe stand und auf sie wartete.

Sie war es so wenig gewohnt, alleine irgendwohin zu gehen, dass ihr folgende drollige Geschichte widerfuhr: Ihrer Familie wohnte, bis sie zwölf Jahre alt war, in New York, und ihr Vater begleitete sie jeden Tag zur Schule und holte sie dort wieder ab. Eines Tages, als er sie zur Schule begleitet hatte und wieder fortgegangen war, entdeckte sie, dass der Tag ein Ferientag war, was sie vergessen hatte. Einige Zeit stand sie verloren vor dem verschlossenen Schulgebäude, dann setzte sie sich auf der Treppe und begann, bitterlich zu weinen. Eine Dame kam vorbei, sah das nette kleine Mädchen weinend dasitzen und fragte, warum sie weine. Das Mädchen erklärte, dass ihr Vater gegangen und die Schule verschlossen war und dass sie Angst hatte, dort zu sitzen, bis der Vater wiederkam. Die Dame sagte: »Wenn ich nur wüsste, wo du wohnst, dann würde ich dich gerne nach Hause begleiten!« Das Mädchen antwortete: »Ach, es ist ganz einfach, ich kann Ihnen den Weg zeigen. Es ist nur zwei Blocks von hier und dann um die Ecke!« Und das kleine Mädchen nahm die verblüffte Dame bei der Hand und wurde so nach Hause begleitet.

Nun wohnte die Familie auf dem Lande, in einer Straße mit Villen, die vom Dorf durch eine bewaldete Felspartie getrennt war, die abends spärlich beleuchtet und äußerst einsam war. Es wohnten Schwarze in der Nähe, und neben Dunkelheit gab es nichts, dass das Kind mehr fürchtete als eben Schwarze. Eines Abends hatte die Mutter Besuch. Die kleine Tochter, die nun fast vierzehn Jahre alt war, hatte die Aufgabe, dafür zu sorgen, dass das Essen in der richtigen Reihenfolge serviert wurde, und überhaupt das Dienstmädchen und die Köchin zu kontrollieren. Das Dienstmädchen war neu und beherrschte die Landessprache noch nicht.

Durch ein Versehen kam das bestellte Eis nicht. Das Kind entdeckte es, als man die Suppe zu sich nahm. Sie dachte darüber nach, was geschehen würde, falls es nicht käme. Als der Fisch serviert wurde, war es immer noch nicht gekommen. Auf die Bedienung konnte man nicht verzichten, das Dienstmädchen kannte den Weg nicht, und das Telefon war außer Betrieb. Das Kind flüsterte seiner Mutter zu: »Ich komme nicht ins Speisezimmer, während ihr den Braten esst, ich werde den Salat selbst anrichten!« Und sie verschwand. Im Dunkeln rannte sie – in ihrem hellen Seidenkleid –, ohne auf Kälte und Dunkelheit zu achten, die bedrohlichen Felsen hinunter, wo die dunklen Bäume wie schwarze Gestalten im Hinterhalt lagen. Sie blieb nicht stehen, bis sie im Dorf war, wo sie den schweren Eimer mit Eis bekam. Und mit diesem in ihren schmalen, kleinen Händen, die es nur gewohnt waren, mit einer Geige zu hantieren, rannte sie denselben Weg zurück. Der Weg verlief steil bergauf, und sie wäre fast unter ihrer Last zusammengebrochen. Doch sie schaffte es zur rechten Zeit nach Hause. Die Mutter wurde gewahr, dass ihre Augen fiebrig strahlten und ihre Wangen rosiger waren als sonst. Erst als die Gäste fort waren, erzählte sie den Zusammenhang. Als die Mutter fragte: »Wie hast du dich bloß getraut, diesen Weg allein zu gehen, wo du es noch nicht einmal wagst, den Dachboden zu betreten?«, antwortete das Kind: »Ich dachte daran, wie traurig du wärst, wenn nicht alles gelänge, und dann dachte ich die ganze Zeit: Mama wird froh sein, wenn das Eis kommt, und dann bekam ich den Mut!«

Das Herz eines Kindes ist fein und sonderbar eingerichtet. Die Erwachsenen sind gut beraten, sich selbst zu sagen, dass es Vieles gibt, was sie nicht verstehen, statt durch einen Mangel an Verständnis zu riskieren, das Kind für immer zu schädigen.

Das Kind dürstet nach Liebkosungen und Zärtlichkeit. Viele Eltern glauben irrtümlicherweise, dass Kinder schwächlich und weichlich werden, wenn man ihnen zu viel Zärtlichkeit zeigt, und dann schlagen sie die entgegengesetzte Richtung ein.

Es gibt ganze Generationen, in denen Liebkosungen kaum vorkommen und wo die Kinder sich an eine gewisse kühle Atmosphäre gewöhnen, ohne dass sie sich darüber im Klaren sind, was ihnen fehlt, um sich ganz wohl zu fühlen. Sehen solche Kinder in anderen Familien, wie die Kinder liebkost, wie sie mit freundlichen Worten überschüttet werden, entsteht in ihnen eine tiefe, stumme Traurigkeit oder ihr Gemüt verhärtet in Kälte und sie geben ihren nichtsahnenden und wohlmeinenden Eltern die Schuld für alles Böse, das ihnen später angetan wird. Man kann Kinder im Allgemeinen ansehen, ob sie mit Hilfe von äußeren Liebesbeweisen erzogen werden oder ob sie in einer Atmosphäre der Kälte leben. Wird ihnen klar, dass sie nie auf den Schoß gesetzt werden, dass man nie in einem milden und liebevollen Ton zu ihnen spricht, werden sie nachtragend, und der Mangel an Zärtlichkeit wird zu einer nicht heilenden Wunde. Sie fassen dies als ein unverzeihliches Verbrechen von Seiten ihrer Eltern auf – und das Familienband ist zerrissen, noch bevor das Kind aufgewachsen ist.

Das erste allumfassende Gefühl der Liebe des Kindes wird oft durch schlechte Märchen verletzt, ja mitunter zerstört. Diese können von großen Meistern geschrieben und dennoch todbringend schädlich für das Kinderherz sein. Denn dieses Herz ist empfänglicher als die edelste Geige.

Man kann ruhig sagen, dass jedes Märchen, das dem aufmerksam lauschenden Kind erzählt wird, entweder von Nutzen oder schädlich ist. Es erweitert den Horizont des Kindes, es erklärt Dinge, die vorher unbekannt waren, es bringt dem Kind falsche oder richtige moralische Begriffe bei.

Wenn Kinder keine Geschichten hören, in denen Tierquälerei oder Grausamkeit gegenüber Menschen oder Tiere vorkommen, würde Tierquälerei nicht existieren. Man sagt, dass gewisse Kinder – ja, sogar die meisten – von Natur aus Tierquäler sind. Das stimmt überhaupt nicht. So viel ich weiß, kann ein Kind – aus Unwissenheit – die Flügel eines Schmetterlings ausreißen, so wie es gedankenlos die Blätter einer Rose ausreißt. Doch verantwortlich dafür ist jener Erwachsene, der dem Kind nicht das rechte Verständnis für und die richtige Freude an dem Schmetterling und der Rose beibringt.

Das Kind unterscheidet auf andere Weise als der Erwachsene zwischen Erfreulichem und Traurigem. Das Kind besitzt seine eigene Waage, auf der es abwiegt, was es hört und sieht. Es geschieht oft, dass Kinder darum bitten, ein Märchen zu hören, das so traurig ist, dass sie jedes Mal wieder darüber weinen müssen – aber sie finden es nicht traurig. *Traurig ist für das Kind, was nicht zufriedenstellt und was seinen Sinn für Schönheit verletzt.*

Das Kind begreift den Tod nicht. Man kann ihm vom Tod erzählen, so dass es vor Angst zittert, aber auch in einer solchen Weise, dass es den Tod schön findet. Die Tatsache, dass das tote Kind unten in der Erde liegt und Regen und Schnee zu ihm hinabdringen, findet es nicht schön und deshalb traurig. Erzählt man aber, dass das tote Kind kleine weiße Flügel bekommt und im All herumfliegen kann wie ein Schmetterling, dass es bis zur Sonne fliegen kann, dass es in der Nacht ferne weiße Sterne besuchen kann, dann findet es das schön.

Das Märchen von »Hänsel und Gretel«, welches an sich gut endet, nennen die Kinder »traurig«. Sie hassen zwar die Hexe und haben kein Mitleid mit ihr, doch finden sie es außerordentlich hässlich, dass sie verbrannt wird. Das empfinden sie – ohne dass sie sich darüber im Klaren sind – als brutal, und deshalb nennen sie es traurig.

In der Schule lernen die Kinder ein schwedisches Volkslied, in welchem ungefähr folgende Zeile vorkommt: »Es freut mich von meines Herzens Grund, das fünfzehn Schneider wiegen ein Pfund!« Marylka ist erst sechs Jahre alt, sie kommt von der Schule nach Hause, ist traurig und abwesend. Man fragt sie nach der Ursache, sie schüttelt den Kopf. Plötzlich sagt sie: »Ist es wirklich so nett, dass fünfzehn Schneider nur ein einziges Pfund wiegen«? Man erklärt ihr, dass es bloß ein munteres Lied sei, das nichts zu bedeuten hat. Am nächsten Morgen flüstert sie ihrer Mutter zu: »Glaubst du nicht, es würde gehen, dass ich mich in die letzte Reihe stelle und ganz leise singe: Es schmerzt mich in meines Herzens Grund, das fünfzehn Schneider wiegen nur ein einziges Pfund?«

So etwas sollte den Pädagogen und Autoren von Kinderbüchern zu denken geben. Nichts ist einfacher, als die sittlichen Begriffe bei einem Kind durcheinanderzubringen. *Doch von Anfang an sind die Moral des Kindes und seine Auffassung von Recht und Unrecht der Inbegriff von Reinheit und Schönheit.*

Innerhalb kürzester Zeit wird dieses kostbare Werk der Natur verpfuscht und verdorben. Das Gemüt des Kindes füllt sich mit Zwangsvorstellungen, seine ständig arbeitende Phantasie wird mit Erinnerungen an Grausamkeit und hässliche Dinge überfordert, an welche das Kind – ohne es zu verstehen – ständig zu denken gezwungen wird bis in die Unendlichkeit. Man erzählt Kinder Geschichten, in denen es vor Mord und Ausbeutung nur so wimmelt, man lässt sie hören von Gefangenschaft, von Sklaverei, abgeschlagenen Köpfen, nicht rechtmäßig erworbenen Gütern, von Verbrechen, die dadurch begangen werden, dass der Kluge den Dummen überlistet, und der feine, gesunde Sinn des Kindes wird verwirrt, sodass es lacht, wo es hätte weinen sollen.

Manch ein Märchen hat die Welt durchwandert, bevor es zugeschnitten und geändert als Kinderlektüre serviert wird. Vielleicht hat es ursprünglich sogar eine erhabene moralische Wirkung auf rohe und primitive Völker ausgeübt, aber seine Moral ist nicht passend für unsere Zeit und überhaupt nicht für unschuldige Kinder mit reinem Herzen und zartem Gemüt.

Es gibt sehr, sehr wenige Menschen, die von Natur aus grausam sind. Und man kann sicher davon ausgehen, dass da, wo es sich nicht um geistesgestörte Individuen handelt oder um Wesen, die unter vererbten Krankheiten leiden, die Ursache dafür ein grundlegender Fehler in der Erziehung ist. Das zarteste Kind, das feinfühligste, wird durch schlechte Behandlung leichter bis zur Gefühllosigkeit abgehärtet als ein Kind mit einem einfachen Gefühlsleben.

Die Erziehung ist nicht allmächtig. *Leider ist die Macht der Erziehung in zersetzender Hinsicht größer als in erbaulicher.* Doch da die Erziehung das einzige Mittel ist, das wir haben, um Fehler, die in einer Familie vielleicht Jahrtausende zurückgehen, zu ändern, müssen wir sie nach bestem Vermögen und mit größter Vorsicht einsetzen.

Hier sollen zwei Beispiele angeführt werden, wie Fehler oder Versäumnisse der Eltern das ganze Leben eines Kindes umgestalten können.

Ein kleines Mädchen wurde während ihres Heranwachsens als taubstumm angesehen. Als man sie als Vierzehnjährige in einer Taubstummenanstalt unterbrachte, zeigte sich, dass ihr nichts fehlte. Man hatte vergessen, ihr das Sprechen beizubringen! Es klingt unglaublich, ist aber trotzdem wahr.

Der Vater war trunksüchtig, und die Mutter, eine ängstliche und äußerst zarte kleine Frau, versuchte ihr Äußerstes, um die Familie zusammenzuhalten. Als die Kinder groß wurden und unter fremden Menschen lebten, wurde ein Nachzügler geboren, ein kleines Mädchen. Unmittelbar nach ihrer Geburt machte der Mann Spielschulden, die er nicht begleichen konnte. Er wurde gezwungen, seinen Abschied zu nehmen, und von nun an betrachtete er sich als ehrlos, als Ausgestoßenen. Er setzte das Trinken fort, und in den Zeiträumen zwischen seine Rückfällen wurde er seiner Frau gegenüber gewalttätig. Sie weinte im Stillen, doch klagte niemandem ihr Leid. Sie wohnten außerhalb der Stadt und hatte keine Hausgehilfin. Weinte das Kind, brauste der Mann auf, und die Frau brachte es mit Zeichen und Flüstern zum Schweigen, sobald es einen Laut von sich gab. Mit ihrem Mann sprach sie nicht. Die älteren Kinder kamen nur ab und an und für kurze Zeit nach Hause, und das kleine Mädchen flüchtete vor ihnen, als wären sie fremde böse Wesen. Monate hindurch hörte man kein Wort abgesehen von den betrunkenen Ausbrüchen des Mannes. Wäre der Mann nicht gestorben und die Ehefrau gleichzeitig lebensbedrohlich erkrankt, sodass Wildfremde sich um das jüngste Kind kümmern mussten, wäre es wohl kaum in einer Taubstummenanstalt untergebracht worden, wo es seine Sprache wiedererlangte.

Das zweite Beispiel ist noch tragischer. Ein Mann heiratete unter seinem Stand. Seine erzürnte Familie brachte ihn auf einem kleinen Bauernhof unter, wo er von der kleinen Apanage lebte, die ihm gewährt wurde. Viele Kinder wurden geboren. Er mochte nur die Jungen, denn für ihn waren die Mädchen Wesen einer niederen Rasse.

Die Ehefrau stand weit über ihm, was natürlichen Takt und Feingefühl betraf, und ihr ganzes Auftreten war von Herzensgüte und Anmut geprägt. Er hatte sie auch ganz gern, aber betrachtete sie dennoch als eine Frau, der er die Ehre erwiesen hatte, sich auf ihre Stufe hinabzubegeben. Der Müßiggang machte ihn launisch und tyrannisch. Die Söhne sollten erfolgreich sein und den Namen, gegen den er sich durch seine Heirat verbrochen hatte, wieder rehabilitieren. Die Töchter waren ihm mehr als gleichgültig. Sie wurden nicht einmal in eine Schule geschickt. Das Wenige, dass die Mutter selbst wusste, brachte sie ihnen bei. Von den frühesten Jahren an wurden sie als Bedienstete ihrer Brüder betrachtet – und so blieb es ihr ganzes Leben lang. Die beiden jüngsten Kinder waren – zum Ärgernis des Vaters – Mädchen. Er betrachtete dies als persönliche Beleidigung, sprach nicht mit ihnen, ignorierte sie. In seinen Augen stahlen sie seinen Söhnen nur das Essen und die Kleider und waren ansonsten von keinerlei Nutzen.

Die beiden Jüngsten wurden vom höhnischen und hasserfüllten Wesen ihres Vaters dermaßen schnöde behandelt, dass sie kaum wussten, ob sie sich in den Stuben aufhalten durften oder nicht. Sie hatten Angst, anderen in die Augen zu schauen, und sobald ein Fremder auftauchte, schlichen sich die Wände entlang. Trat der Vater in die Stube hinein, bebten sie und starrten mit irrem Blick. Sprach man zu ihnen, stammelten sie aus Verlegenheit. Sie wurde als Halbidioten angesehen.

Durch einen merkwürdigen Zufall entdeckte eine Verwandte, dass das eine dieser beiden verwahrlosten Geschöpfe einen ausgeprägten Sinn für Farben und Linien hatte und dass das andere Mädchen stimmbegabt war. Sie musste fast Gewalt anwenden, um die Kinder von zu Hause und dem unterdrückenden Einfluss des Vaters wegholen zu können. Der einen Tochter gelang es, sich soweit aufzurichten, dass sich ihre Fähigkeiten einigermaßen entfalten konnten. Sie wurde in der Kunstakademie aufgenommen, aber es lag und blieb ein dunkler Schatten über ihrem Wesen. Sobald jemand sie genauer betrachtete, wurde sie hysterisch und brach in verzweifeltes Weinen aus. Wurde ihr Vater erwähnt, wurde sie leichenblass und bebte wie früher, wenn sie ein Zimmer betrat, in dem er sich aufhielt. Der Vater bekam einen Schlaganfall, doch nicht einmal das Flehen ihrer Mutter konnte sie über die Türschwelle des Elternhauses locken, so lange der Vater noch lebte.

Die jüngste Tochter hatte bereits zu viel gelitten, als sie aus ihrem Elternhaus weggeholt wurde. Vergeblich wurde sie bei liebevollen Menschen untergebracht. Sie hatte den Verstand teilweise verloren. Das Grauen, in dem sie ihre Kindheit verbracht hatte, hatte für immer ihre Seele geprägt. Sie war von Natur aus gehorsam und gefügig, und bat man sie, dies oder jenes zu tun, führte sie die Arbeit ohne Zögern aus. Doch ihre Kraft reichte nicht weit. Sagte man zu ihr: »Geh auf dein Zimmer!«, ging sie hinauf, blieb innerhalb der Schwelle stehen und stand dort stundenlang, bis jemand kam und ihr weitere Befehle gab. Die Verbindung zwischen Gedanke und Wille war unterbrochen. Bat man sie, etwas zu spielen, setzte sie sich hin und spielte, schön und ergreifend, doch nach weniger als einer halben Stunde war ihre Energie aufgebraucht, sie ließ die Hände sinken, saß da und starrte mit einem leeren Ausdruck vor sich hin, als wüsste sie nicht, wo sie sich befindet.

Ein angesehener Psychiater zeigte Interesse an dem Fall und kümmerte sich um sie, erklärte jedoch nach längerer Behandlung, dass ihr Zustand hoffnungslos sei. Die Unterdrückung, die sowohl seelischer als auch körperlicher Natur gewesen war, hatte jeden Selbsterhaltungstrieb und Lebenswillen gelähmt.

Kleine Lügner

Es gibt Kinder, denen man das Lügen abgewöhnen kann, und Kinder, bei denen es unmöglich ist.

Louise hat die sonderbare Entdeckung gemacht, dass ausnahmslos alle Kinder, die von anderen Schulen zu ihrer Schule kommen, am Anfang über kleine Dinge lügen. Dies bedeutet natürlich nicht, dass die Kinder in den anderen Schulen das Lügen lernen, sondern ganz einfach, dass man nicht die Ursache beseitigt, weshalb sie lügen.

Mit anderen Worten: Sie lügen aus einem Selbsterhaltungstrieb heraus.

Kommt ein Kind zu spät zur Schule, weil es unterwegs stehengeblieben ist, um die schönen Weihnachtsauslagen zu bewundern, dann erfindet es sofort eine mehr oder weniger glaubwürdige Fabel von einer liegengebliebenen Straßenbahn oder ähnliches. Hat es vergessen ein Buch mitzubringen, dann hat ein Elternteil es aus Versehen im Bücherschrank eingeschlossen. Hat es eine Hausaufgabe nicht gemacht, weil der Schnee einfach so himmlisch zum Schlittenfahren war, dann erzählt es von Krankheit zu Hause oder vom Besuch eines erfundenen Onkels aus China oder einem anderen fernen und merkwürdigen Land.

Das Kind weiß sehr wohl, dass man im diese kleinen Lügen nicht glaubt, aber es hat durch Erfahrung erkannt, dass sie dennoch eine längere Gültigkeit haben als die nackte Wahrheit und dass es weniger ausgeschimpft wird.

In Louises Schule widerfährt dem Kind nun das Sonderbare, dass alles, was es sagt, Lüge wie Wahrheit, am Anfang für bare Münze genommen wird. Nicht mit einem besserwisserischen Lächeln, nicht mit einem ironischen Achselzucken, sondern als das Selbstverständlichste der Welt. Das Märchen von der liegengebliebenen Straßenbahn (bitte nicht vergessen, dass der Lehrer, der es gewohnt ist, in Kinderaugen zu lesen, natürlich sofort weiß, dass das ein Märchen ist) wird mit großem Ernst aufgenommen. Das Kind wird sowohl vom Lehrer als auch von den Kameraden bemitleidet: »Du Ärmster! Und wir haben geglaubt, du hättest dich verschlafen, was ja ab und an selbst den Besten passiert! Und dann bist du an einer Straßenecke gestanden und hast gefroren! Komm her, dann massiere ich deine Hände! Oder setzt dich ganz nah ans Heizgerät! Jetzt werden wir dich aber richtig verwöhnen!«

Es finden sich Tintenkleckse im Schreibheft. Dem Dienstmädchen wird die Schuld gegeben. Man sagt: »Glaub mir, sie hat einen ordentlichen Schrecken bekommen. Der kleine Dummkopf! Sie wusste wohl nicht, was wir hier in der Schule wissen, nämlich dass dort im Schrank eine große Flasche steht, die Kleckse entfernen kann, so leicht wie Seife Schmutz von den Händen wäscht. Wir alle lieben diese Flasche, weil wir ja alle ab und an Kleckse in unseren Heften haben!«

Statt wegen einer nicht geschriebenen Hausaufgabe ausgeschimpft zu werden, beginnt die ganze Klasse, über den erfundenen Onkel aus China zu diskutieren. Man beschließt, ihn in die Schule einzuladen, man möchte für ihn singen, man möchte ihn bitten, von den Kindern in China zu erzählen. Doch um den Kindern keine Angst vor der Entlarvung einzuflößen, fügt der Lehrer hinzu: »Vielleicht hat er keine Zeit, hierher zu kommen, er hat sicher noch so viel Anderes zu tun!

Das Kind verfällt von einem Staunen in nächste. Doch bald ist jedes Staunen verschwunden und hat Platz gemacht für eine wunderbar süße Geborgenheit. Und alle Notlügen entfallen.

Man erklärt dem Kind, ganz nebenbei, dass Pünktlichkeit eine absolute Notwendigkeit darstellt, um das Leben gut bewältigen zu können. Man erzählt, wie ein armer Arbeiter, der bloß zwei Minuten zu spät zu seiner Arbeit erscheint, einen ganzen Stundelohn verliert. Man berichtet über Ereignisse, wo Leben und Tod von ein paar Minuten abhängen, und sehr bald hat das Kind ein Verständnis für Pünktlichkeit entwickelt. Und die Schule weiß fortan, wenn das Kind zu spät kommt, dass es keine Schuld daran hat. Genau wie das Kind auch weiß, dass es ruhig zugeben kann, wenn es sich verleiten hat lassen, unpünktlich zu sein.

Ein Vater brachte sein Kind zu Louise und erklärte, das Kind habe einen starken Hang zum Lügen und, was noch schlimmer sei, dazu, alle Schuld für begangene Fehler anderen zuzuschieben. Louise lächelte und bat ihn für ein Weilchen Geduld zu zeigen, dann würde sich sicher alles ändern. Kaum ein halbes Jahr später kam der Vater freudestrahlend und zeigte Louise folgenden Brief, den er und seine Ehefrau gefunden hatten, als sie am vorigen Abend von einer Gesellschaft nach Hause gekommen waren: »Liebe Papa und Mama, ich habe versehentlich die Lampe zerschlagen und es tut mir leid. Aber ich muss es gestehen, bevor ich einschlafe, damit ihr nicht glaubt, die Dienstmädchen hätten es getan. Entschuldigt. Gute Nacht. Andrea.«

Der Einfluss der Schule ist so groß, dass ein Kind freimütig kommen und sagen kann: »Heute habe ich meine Hausaufgaben nicht gemacht. Ich habe es versucht, aber ich konnte mich nicht konzentrieren. Ich war so sonderbar leer im Kopf.«

Und hier ist ein Punkt, wo die Schule im Allgemeinen viel mehr helfen sollte und müsste, als sie es tut. *Denn bei den meisten Kinder kommt es doch ab und an vor, dass sie nicht lernen können, dass sie »so sonderbar leer im Kopf sind«*. Das hat nichts mit Faulheit zu tun. Viel eher gibt es körperliche Ursachen. Aber oft ist die Ursache, dass in den inneren Organen des Kindes Kämpfe ausgefochten werden, die nicht an die Oberfläche des Bewusstseins gelangen. Man sollte die plötzliche Schwermut, die sonderbare Zerrissenheit, die Kinder befallen kann, respektieren – besonders natürlich in der Pubertät. Und dann muss man sie von den Gewissensbissen befreien. Am besten sollte man eindringlich mit dem Kind reden und versuchen, die mögliche Ursache herauszufinden, versuchen, das Kind dazu zu bringen die Gedanken auszusprechen, die es selbst nicht erkannt hat.

Ein hochbegabtes sechzehnjähriges Mädchen, das ein ausgeprägtes lyrisches Talent hatte, war einmal zwei Tage ohne Erlaubnis der Schule ferngeblieben. Die Eltern wussten nichts darüber, wunderten sich aber, sie mit zerrissenen Kleidern und verschmutzen Stiefeln zu sehen. Sie wollte nichts berichten, und als die Schule wegen ihrer vermeintlichen Krankheit nachfragte, war erst recht der Teufel los.

Louise rief sie zu sich: »Du warst heute nicht in der Schule und auch nicht zu Hause?« Schweigen. »Du warst im Wald?« Das Kind nickte schuldbeladen. »Alleine?« »Ja!« »Du hast gedichtet? Zeig mir, was du geschrieben hast!« Und zögernd zeigte sie den Anfang einer Menge von Gedichten. »Ging es dir gut, als du so alleine umherstreiftest?« »Nicht ganz!« »Du littst darunter, hinter dem Rücken deiner Eltern zu handeln? Warst du es leid, in der Schule zu sein?« »Ich liebe die Schule!« »Du sehntest dich nach Einsamkeit?« Und nun kam die entscheidende Antwort als ein Schluchzen: »Ich habe acht Geschwister. Es gibt zu Hause keinen Augenblick Ruhe!«

»Das verstehe ich gut. Aber siehst du, wenn du das nächste Mal einen extra Waldspaziergang brauchst, dann leg doch einfach einen kleinen Zettel in mein Büro, dann werde ich dafür sorgen, dass du mit gutem Gewissen einen oder zwei Tage herumvagabundieren kannst!« Und dabei blieb es! Im Laufe der kommenden Jahre kam es ein- bis zweimal vor, dass das junge Mädchen darum bat, freigestellt zu werden, um in Frieden die Natur und ihre eigenen Gefühle zu genießen.

Wäre man nun diese Angelegenheit nicht so vernünftig angegangen, wäre die Folge gewesen, dass das Kind die Klasse hätte wiederholen und sich eine Lüge nach der anderen ausdenken müssen – und dass man das Vertrauen in ihre reinen Absichten verloren hätte.

Das Vertrauen, das Louise ihren Kindern zeigt, wird sozusagen nie missbraucht. Niemand bringt es übers Herz, sie zu enttäuschen.

In der Pubertät findet man kaum ein junges Mädchen, das nicht unter der Behandlung, der sie zu Hause oder in der Schule ausgesetzt ist, leidet. Ihm fehlt das Gleichgewicht, es verwechselt kleine Dinge mit großen, es sieht überall Verrat und Misstrauen. Es kommt oft vor, dass es Dinge unternimmt, die, von einem normalen Blickwinkel aus gesehen, in höchstem Grade verwerflich sind, die aber, wenn man seinen Gemütszustand in Betracht zieht, wenn auch nicht ganz erklärbar, so doch unbedingt verzeihlich sind. Und in dieser Phase muss man sich vor allem davor hüten, es allein und im stillen Kämmerlein über seine Gedanken und Gefühlen brüten zu lassen. Es ist vernünftiger, zu viel nachzugeben als dagegen zu arbeiten. Es kann sich in einem so verzweifelten Gemütszustand befinden, dass nur ein Tropfen benötigt wird, um das Fass zum Überlaufen zu bringen. Tausende junger Mädchen stürzen sich in der Pubertät in Liebesabenteuer, nicht weil sie von ihren Sinnen oder echten Gefühlen getrieben werden, sondern weil ihnen die Verhältnisse unerträglich sind und sie sich um jeden Preis vom Alltag ablenken müssen. Diese jungen Geschöpfe leben dann in einem Geflecht von Verlogenheit, unter der sie selbst mehr als jeder andere leiden.

Louise verhält sich ihren Schülern gegenüber so, dass sie ihr das anvertrauen, was sie ihren Eltern und Geschwistern anzuvertrauen nie den Mut hätten. Sie wissen, dass selbst dann, wenn sie sie hart anfasst, um sie vor einem folgenschweren Fehler zu bewahren, dem immer die reine Liebe und das zärtliche Verständnis zugrunde liegen. Und später danken sie ihr dafür. Sie hindert sie daran, das Abenteuer aus reiner Sensationsgier zu suchen, und sie hindert sie daran, ihre zarten jungen Gefühle an Liebschaften zu verschwenden, die nicht das Herz berühren. Doch vor allem hilft sie ihnen, nicht ständig mit einem schlechten Gewissen herumzulaufen, indem sie ihnen alles klar und schön erklärt. Sie hält nicht nur die Fahne der Liebe, sondern auch die des Verliebtseins hoch, und sie versteht es in einer ganz bezaubernden Weise, über ihre kleinen Schäfchen zu wachen, die bei ihr Schutz gegen die Wölfen ihrer eigenen Unerfahrenheit suchen.

Es gibt Kinder, die lügen, ohne es zu wissen

Es sind die besonders phantasiebegabten Kinder, bei denen das Hirn in einer solchen Art und Weise arbeitet, dass sie die Gewalt darüber verlieren. Sie sind nicht dafür verantwortlich, doch das Dasein verlangt Verantwortung von ihnen. Man tut ihnen selbstverständlich einen riesigen Gefallen, indem man sie aus ihren paradiesischen Luftschlössern auf den festen Boden der Wirklichkeit herunterholt. Aber gleichzeitig schränkt man ihre Welt ein und beraubt sie ihrer wunderbaren Fata Morgana.

Martin und Ella teilten den Hang zum Phantasieren. Die Eltern fürchteten, der eine würde den anderen anstecken, und verlangten, dass die Schule sie voneinander trennen sollte. Martin kam in eine andere Klasse. Doch er wurde krank, ob nun aus diesem Grund oder einem anderen, wurde nie geklärt. Die Eltern wollten ihm eine Freude bereiten und fragten, was er sich wünsche. Martin lag lange da und starrte vor sich hin, dann antwortete er: »Lasst mich bitte wieder am selben Pult wie Ella sitzen! Wir lügen so wunderbar zusammen.«

Ja, Ella log. Und das Problem war, dass ihre Mutter als Kind ebenfalls eine Neigung zum Phantasieren gehabt hatte. Nun fürchtete sie, das Kind könnte diese geerbt haben und damit ihre Zukunft zerstören. Deshalb wurde beschlossen, Ella das Lügen wohl oder übel abzugewöhnen.

Ella war ein stilles, scheinbar verträumtes Kind, und niemand hätte geahnt, dass ihr kleines Gehirn ein feuerspeiender Krater war. Sobald jemand in der Schule etwas erzählte, hob Ella zwei Finger in die Höhe und berichtete mit leiser, aber eindringlicher Stimme von etwas ähnlichem, nur viel größer und mächtiger, das sie neulich erlebt hatte. Sprach man von Flugzeugen, dann war Ella zwei Tage zuvor mit dem Zeppelin über den Atlantik geflogen, und unterwegs war das Luftschiff kaputtgegangen und man war ins Meer gestürzt, doch glücklicherweise wurde man auf der Spitze eines Masts aufgespießt.

War von einem Feuer die Rede, dann war das Haus von Ellas Eltern in der Nacht abgebrannt, und die Feuerwehrleute mussten die Kinder durch den Schornstein retten und sie nachher auf Kissen und Federbetten auf die Straße werfen.

Redete man vom zoologischen Garten, war Ella im Wald eine Schlange begegnet, so lang wie ein Sonnenstrahl oder ein Kirchturm, und sie hatte angefangen, sich um sie zu schlingen. Doch glücklicherweise hatte sie ein kleines Federmesser in der Tasche, und mit diesem sägte sie der Schlange den Kopf ab.

Sie erzählte auch nette Geschichten von Blumen und Tieren. Sie hatte lebendige Steine gesehen und hatte Mücken dieselben Melodien singen gehört, die sie auch in der Schule sangen. Sie prahlte nicht, sie wollte die anderen nicht übertreffen. Während sie erzählte, sah sie alles lebendig vor sich.

Einmal war ihre Mutter auf eine Gesellschaft eingeladen. Eine fremde Dame kam und unterhielt sich mit ihr, und im Laufe des Gesprächs sagte sie: »Und Sie, Sie sind so jung und haben bereits so vieles mitgemacht!« Ellas Mutter wurde stutzig und fand dann den Zusammenhang heraus: In der Schule hatte man vom Friedhof gesprochen, und die Lehrerin hatte gesagt: »Ich hoffe nicht, dass jemand von euch liebe Verwandte dort hat!« Ella war aufgestanden, und ohne darüber nachzudenken, dass die Lehrerin ihre leibliche Tante war, erzählte sie mit Tränen in den Augen von vier kleinen Geschwistern, die gestorben waren, und wie traurig die Mutter gewesen sei, als der Vater letztendlich auch in einen »großen mit weißem Samt gefütterten Sarg« gelegt wurde.

Also: Ella sollte das Lügen abgewöhnt werden. Man wollte sie nicht einschüchtern, indem man das Wort »Lüge« verwendete. Jedes Mal, wenn sie etwas erzählte, sollte man sie mit der Frage unterbrechen: »Ist das etwas, was du erlebt hast, oder ist es eine Geschichte?« Und Ella, die bereits so viel unter ihre blühende Phantasie gelitten hatte, ließ den Kopf hängen und sagte mit der selben Traurigkeit in der Stimme, wie wenn ein Kind an einem kalten Wintermorgen erwacht und geträumt hat, es sei Sommer: »Es ist bloß eine Geschichte!« Doch sie erzählte nicht weiter. Große Tränen liefen ihr über die Wangen.

Es dauerte nur ganz wenige Monate, dann hatte man den Schmetterlingsstaub von ihren Flügeln entfernt, und sie log nicht mehr als andere Kinder auch.

Kleine Diebe

Als ich Louise über ihre Erfahrungen auf diesem Gebiet befrage, bricht sie in schallendes Gelächter aus: Gibt es etwas, worauf Eltern und Lehrer mit tödlicherem Ernst schauen als auf Diebstahl? Nicht wahr, ein Kind stiehlt! Man reagiert voller Entsetzen, weil man mit diesem Kind zu tun hat. Auf keinen Fall dürfen die eigenen Kinder mit einem Kind spielen, das stiehlt. Es könnte ja ansteckend sein! Es ist fast so schlimm wie Ungeziefer. Ein alter Reim sagt: Wer flüstert, lügt, und wer lügt, stiehlt, und wer stiehlt, soll gehängt werden! Wir sind eigentlich, moralisch gesehen, auch heute noch nicht weit davon entfernt, das stehlende Kind aufzuhängen. Obwohl wir alle genau wissen, dass *es kein normales, gesundes Kind gibt, das sich nicht des Öfteren bei kleinen Anlässen an fremdem Eigentum vergriffen hat.*

Könnten die Toten aus ihrem Grab auferstehen und sprechen, dann würden wir erfahren, wie viele, viele Menschen auf die schiefe Bahn geraten sind, weil man ihre unschuldigen Diebstähle als Kinder als unverzeihlichen Sünden behandelt hat.

Das Kind stiehlt entweder aus einem phantastischen Drang nach Spannung oder, weil es einen unwiderstehlichen Wunsch nach dem Besitz von irgendetwas hegt – oft einer lächerlichen Kleinigkeit –, von dem es glaubt, er könne in keiner anderen Weise in Erfüllung gehen.

Die Wünsche des Kindes bewegen sich gerne in Richtung eines Kuchens mit Schlagsahne, eines Federmessers, einer Angelschnur. Es trägt den Wunsch so lange mit sich herum, dass dieser ihm nach und nach zu einer schwere Last wird, und nun kann es sich nur dadurch von der Last befreien, dass der Wunsch in Erfüllung geht – und da haben wir den Diebstahl!

Wenn ein Vater versucht, seinen Sohn zum Sammler zu erziehen, sei es von Münzen, Briefmarken oder Siegeln, dann denkt er nicht daran, dass er damit den ersten Keim der »Habsucht« in das Herz des Kindes einpflanzt. Das Kind wünscht sich Monate lang verzweifelt eine seltene Briefmarke, die zwei Kronen kostet. Der Junge hat kein Geld. Eines schönen Tages ist der Wunsch stärker als die Morallehre. Er stibitzt die Zweikronen-Münze aus dem Geldbeutel der Mutter. Die Eltern sind tugendhaft empört: »Unser Kind ist ein Dieb!« Sie sehen ihn bereits am Galgen hängen.

Eine Mutter kam, um ihre Tochter zur Schule anzumelden, ein Mädchen von vierzehn Jahren. Sie wünschte einen Freiplatz. Nach einem längeren Gespräch brach sie in Tränen aus und erklärte, dass die Tochter wegen Diebstahls von der Schule, die sie besuchte, verwiesen worden war. Dort hatte sie einen Freiplatz und wurde sowohl als tüchtig als auch begabt angesehen. Warum hatte sie dann gestohlen? Der Vater, ein kleiner Beamter, war mehrere Monate krank gewesen, zu Hause war Schmalhans Küchenmeister, und Lydia, die sehr ehrgeizig war, schämte sich, in der Schule zu sagen, dass man kein Geld für die notwendigen Bücher und Hefte hatte, die sie verwenden sollte. Da stahl sie.

Ohne Bedenken nahm Louise das Kind in ihrer Schule auf. Keiner der Lehrer und keines der Kinder erfuhr etwas von seinem früheren Schicksal.

Man hätte nun glauben sollen, dass dies dem Kind nützen würde, es war jedoch umgekehrt. Es war so von der Aufdeckung und dem schmählichen Schulverweis aufgeschreckt worden, dass es überall nur Misstrauen und Mitwisserschaft sah. Gequält und scheu ging es umher, ohne sich der schönen und fröhlichen Atmosphäre der Schule hingeben zu können. Die Kameraden fanden ihr Benehmen sonderbar. Unwillkürlich spürten sie, dass irgendetwas mit ihr nicht stimmte. Sie trug ein allzu deutliches Brandmal auf der Stirn. Man begann, über sie Erkundigungen einzuziehen, und eines Tages fragte eine der Klassenkameradinnen Louise: »Stimmt es, dass Lydia aus der Schule, die sie früher besuchte, fortgejagt wurde, weil sie gestohlen hat?«

Louise musste sich zusammennehmen, um nichts zu verraten und sagte: »Morgen werdet ihr meine Antwort bekommen!« Und sie fand einen Vorwand, um Lydia einen Tag frei zu geben. Unterdessen untersuchte sie, wie es möglich gewesen war, dass die Kinder etwas erfahren hatten. Und ja, in der Schule, wo der Diebstahl stattgefunden hatte, hatte der Direktor am selben Tag, als Lydia der Schule verwiesen wurde, ein Vortrag in allen Klassen gehalten und berichtet, »dass eine der begabtesten Schülerinnen, die überdies einen Freiplatz hatte, der Schule verwiesen worden war, weil sie gestohlen hatte!«

Am nächsten Tag ging Louise in die Klasse und hielt einen theoretischen Vortrag über das Eigentumsrecht. Alle gaben ihr recht. Doch dann fuhr sie fort und behandelte die Frage von einem praktischen Standpunkt aus und fand die Gelegenheit, über ihre eigenen kleinen Diebstähle aus der Kindheit zu erzählen. Bald hallte das Klassenzimmer von heiteren Geständnissen wider. Selbstverständlich zeigte sich, dass es kein einziges Kind gab, das keinen Diebstahl auf dem Gewissen hatte. Alle hatten gestohlen. Alle.

Nun las sie der atemlos zuhörenden Klasse jene ergreifende Erzählung von dem Jungen vor, der zu Grunde geht, weil er seiner Schwester eine Goldmünze gestohlen hat in dem Glauben, dass es eine Spielmünze sei. Zum Schluss weinte die ganze Klasse. Ein Mädchen rief aus: »Gott sein Dank, so grausam ist die Wirklichkeit doch nicht!«

Ohne zu beschönigen und ohne etwas auszulassen, erzählte Louise dann die ganze kleine, tragische Geschichte von Lydia. Die Kinder waren zutiefst bewegt. Lange schwiegen sie: »Deshalb ist sie so still!« »Deshalb lächelt sie nie!« »Deshalb hat sie Angst davor, einem in die Augen zu schauen!« »Und im Grunde genommen sind ihre Augen doch so schön!« »Ich habe sie eigentlich die ganze Zeit über gern gemocht, aber sie war so unzugänglich!«

Mitleid und Verständnis strömten aus den jungen Herzen hervor. Man konnte kaum den nächsten Tag abwarten. Alle wollten mit dabei sein, um Lydia zu einem fröhlichen, offenen Menschen zu machen. Aber Louise nahm den Kindern das Versprechen ab, dass sie langsam ans Werk gehen und Lydia nichts merken lassen sollten. Sie wusste, dass das Versprechen dieser Kinder heilig wie ein Gelübde sein würde, sie wusste, dass sie nicht einmal in ihren Tagebüchern Lydia beim Namen nennen, sondern höchstens Pünktchen machen würden – falls sie das Ereignis überhaupt niederschrieben.

Lydia führte, ohne es zu ahnen, eine durchgreifende Besserung der Gemüter in dieser Klasse herbei. Die Kinder waren vorher auf leichtsinnige Art sorglos gewesen, Lydia hatte nun einen Schatten des Ernstes über sie geworfen, und sie waren zu jungen fühlenden Frauen gereift. Und Lydia selbst! Innerhalb eines halben Jahres war sie nicht wiederzuerkennen. So sanft und mitteilsam war ihr Gemüt geworden, dass sie ohne falsches Schamgefühl über ihre Armut reden und Geld aus der privaten Sparkasse der Schüler für Bücher und Taschengeld entgegennehmen konnte.

Dies war der einzige ernste Fall, von dem Louise zu berichten wusste. Aber strahlend vor Vergnügen erzählte sie von einer kleinen Kleptomanin, die geheilt wurde ohne einen Rückfall zu erleiden.

Cornelia war acht Jahre alt. Sie wurde jeden Tag mit dem Auto aus dem Villenviertel hergefahren, eingehüllt in einem Pelz und begleitet von einem Diener in Livree sowie von einem französischen Kindermädchen. Sie war sehr beliebt, und ihr Mund stand nie still. Sie besaß Dutzende von Puppen, und ihr Spielzimmer war in der ganzen Schule berühmt. Sie aß pfundweise Konfekt und war auf dem besten Weg, selbst so rund wie eine Marzipanwurst zu werden.

Das erste Mal in der Geschichte der Schule hatte man einen Dieb im Haus. Es verschwanden Bleistifte und Federn, Messer und Lineale, Fingerhüte und Butterbrotdosen, es verschwanden sogar einzelne Handschuhe und Galoschen.

Eine Zeit lang weigerte man sich, es zu glauben, doch zuletzt wurde es der Schulleitung doch zu bunt. Mit Leichtigkeit fand man heraus, dass die kleine dicke Cornelia die Schuldige war.

Es war gerade vor Weihnachten, und man beschloss, sich nichts anmerken zu lassen.

Mittlerweile wurde Cornelias Familie über die Angelegenheit in Kenntnis gesetzt und ebenfalls zum Schweigen aufgefordert. Cornelia kam und ging wie immer, strahlend vor Wohlbefinden und Unschuld. Einige Tage vor dem Heiligen Abend veranstaltete Cornelias Klasse ein kleines Weihnachtsfest, und alle waren fröhlich und feierlich gestimmt. In einer Pause ging Louise zu ihr hinüber und redete ein wenig über die herrliche Weihnachtszeit, über den Weihnachtsbaum mit den Geschenken und über die vielen leckeren Sachen, die es gab zum Essen gab. »Aber«, sagte sie, »das Leidige an der Sache ist ja, dass man die vielen guten Sachen nur richtig genießen kann, wenn man ein Gewissen hat, das so rein ist wie ein Damasttischtuch! Wenn das nicht der Fall ist, spürt man so ein komisches Gefühl im Bauch, genau wie der Wolf in Rotkäppchen, als der Jäger ihn mit Steinen gefüllt hatte. Du erinnerst dich sicher an Rotkäppchen?«

Kurz darauf trotte Cornelia zu Louise hinüber und gestand all die kleine Diebstähle – und noch viele mehr.

»Siehst du«, sagte Louise, »an deiner Stelle würde ich dafür sorgen, mein Gewissen noch vor dem Heiligen Abend zu erleichtern. Und das geschieht nur, wenn alles aufgedeckt wird. Ich finde, es wäre eine gute Idee, wenn du morgen deinen Kameraden alles, was du genommen hast, zurückgeben würdest. Doch dann solltest du auch eine schöne kleine Rede für sie halten, damit sie begreifen, dass du es nicht wieder tun wirst. Und du kannst es ruhig versprechen, denn du weißt ja, dass man das, was man verspricht, auch halten muss. Also nützt es gar nichts, wenn du wieder Lust bekommst etwas zu nehmen, das dir nicht gehört. Dein Versprechen würde dich jedes Mal in den Arm kneifen, sodass du erst gar nicht die Hand danach ausstrecken kannst!« Cornelia nickte verständnisvoll und nachdenklich.

Am nächsten Tag kam ihr Auto vorgefahren, und es stiegen nicht nur Cornelia, sondern auch ihr Vater, der Fahrer, der Diener und das französische Kindermädchen aus, alle von Kopf bis Fuß beladen mit Paketen.

Cornelia wünschte, eine Rede vor ihren Kameraden zu halten. Anwesend war außer den Kindern nur die Klassenlehrerin – die ja von den Kindern als eine von ihnen betrachtet wurde. Außerdem war auch sie ein Opfer von Cornelias kleinen Diebstählen!

Cornelia bestieg das Katheder, etwas rot im Gesicht und ein wenig kurzatmig: »Ich wollte also gerne eine Rede halten, aber ich weiß nicht, wie man beginnt, und ich habe kein Glas, an das ich klopfen kann. Ich wollte nur sagen, weil bald Weihnachten ist, dass ich es war, die all das genommen hat, was verschwunden ist. Aber ich werde es nie wieder tun, denn ich weiß schon, dass dies Diebstahl ist. Und wäre es unsere Köchin gewesen, dann wäre sie ins Gefängnis gekommen und man hätte ihr vielleicht den Kopf abgeschlagen. Und sie hat nicht viel Geld. Nur das, was sie an Gehalt bekommt. Ich habe es gar nicht nötig zu stehlen, denn Mama und Papa sagen, dass ich alles bekommen kann, worauf ich zeige. Ihr dürft nicht böse auf mich sein. Ich habe Frau Doktor und Mama und Papa und mir selbst und dem lieben Gott versprochen, es nie wieder zu tun.« Hier hielt sie inne und blickte verstohlen zur Tür, und da sich niemand zeigte, klatschte sie in die Hände, eindeutig ein verabredetes Signal. Die Tür ging auf und es traten der Vater, der Fahrer und der Diener mit den Paketen ein, die sie auf ein Zeichen von Cornelia hin auf dem Boden abstellten, woraufhin sie nach einem weiteren Zeichen wieder verschwand. Cornelia fuhr fort: »Und nun habe ich versprochen, euch das alles zurückzugeben, weil es bald Weihnachten ist. Mademoiselle hat alles eingepackt. Das, was in weißes Seidenpapier eingepackt ist, habe ich gestohlen, und das in rotem Papier sind Weihnachtsgeschenke von Papa!« Sie sah sich entzückt um. Die Kameraden waren etwas betreten und wussten nicht recht, was sie tun sollten. Doch Cornelia schlug mit der Hand aus und zeigte mit dem Finger, dass sie keine Angst haben sollten. Sie ging selbst mit gutem Beispiel voran, rief die Namen auf und reichte die Pakete von Schulbank zu Schulbank. Jedes Mal, wenn sie ein Paket in weißem Seidenpapier in die Hand nahm, jubelte sie: »Das ist mein Weihnachtsgeschenk an dich, das ist, was ich dir gestohlen habe!« Und richtig, die Kinder bekamen ihre Sachen zurück, sie hatte keinen einzigen Fehler gemacht. Die miserabelste verrostete Feder, der verbeulteste Fingerhut fand sein Zuhause beim rechten Besitzer.

Cornelia war die Fröhlichste unter den Fröhlichen.

Louise fügt hinzu: »Hätten wir Cornelia nicht auf diese glimpfliche Art und Weise das Stehlen abgewöhnt, wäre sie sicher als Erwachsene in dem einen oder anderen Warenhaus auf frischer Tat ertappt worden, und man hätte sie als Kleptomanin in eine Nervenanstalt eingesperrt.

Und nun muss ich selbst eine kleine Geschichte von einem Jungen erzählen, der stahl. Er ist tot. Gott sei Dank. Aber hätte er Louises Schule besucht, wäre er sicher noch heute am Leben und wäre ein nützlicher und tüchtiger Bürger geworden.

Ich erinnere mich noch an ihn, als er erst vier Jahre alt war. Ein hübscheres Kind habe ich nie gesehen. Meistens traf ich ihn auf der Steintreppe vor dem Haus sitzend an, in dem seine Eltern wohnten, Hand in Hand mit seiner etwas älteren Schwester. Die Kinder waren elegant angezogen, aber sehr schmutzig und vernachlässigt. Ich fragte nach der Ursache: »Papa und Mama lassen sich scheiden, und nun sind sie dabei, die Möbel in zwei Teile zu schneiden!« Ich fragte, was das heißen soll, und fand heraus, dass die Eltern wirklich dabei waren, das Inventar zu teilen, was die Kinder so aufgefasst hatten, dass jeder Stuhl und jeder Tisch in zwei Teile geschnitten werden sollte. Wie sie weinten! Die Eltern wurden geschieden, und jeder von ihnen nahm ein Kind. Der Junge kam zum Vater, und der Vater trank. Fremde Dienstboten wechselten sich damit ab, das Kind zu vernachlässigen und zu verwöhnen. Es hieß, der Junge stehle Geld von den Dienstmädchen. Es hieß, er stehle von den Kameraden in der Schule.

Er wurde wegen Diebstahls von zwei, drei Schulen verwiesen. Aber jedes Mal, wenn wir einander trafen, lächelte er mich mit seinem bezauberndsten Lächeln an: Er erinnerte sich immer an jenen Tag, als ich ihn nach bestem Vermögen auf der Steintreppe getröstet hatte.

Die Jahre vergingen. Man hörte nur Negatives über ihn. Leute wünschten ihm den Tod. Er log, er stahl, er trank. Einmal legte er Feuer. Zu guter Letzt wurde er in einer Erziehungsanstalt für Kinder »mit ausgeprägter Verbrechernatur« untergebracht. Der Direktor der Anstalt war ein außergewöhnlich warmherziger und verständnisvoller Mann, der sich der jungen Kindern annahm, als wären sie seine eigene Söhne.

Ich traf ihn in einer Gesellschaft. Wir saßen zusammen am Tisch, und plötzlich dachte ich an *Kai*. Ich fragte in dem vorsichtigen Ton, den man verwendet, wenn man von Verbrechern oder hoffnungslos Kranken spricht. Der alte Mann schaute mich an, sein Gesicht leuchtete vor Freude. »Kai! Sie kennen also Kai! Er ist mein ganzer Stolz. Von allen meinen Pflegekindern mag ich ihn am liebsten!« Ich stutzte und dachte, dass hier wohl ein Missverständnis vorliegen müsste, doch ich wurde bald eines Besseren belehrt. »Oh, ich weiß, was Sie meinen! Sie haben von all den bösen Streichen Kais gehört. Doch das möchte ich Ihnen sagen: So lange die Erde sich dreht, hat es keinen besseren Jungen gegeben als Kai. Er hat eine miserable Kindheit gehabt, und man hat alles getan, um ihn zu zerstören, aber man kann ihn nicht zerstören. Ich preise täglich die glückliche Fügung, die ihn zu mir führte, und ich könnte mir meine alten Tage nicht ohne Kai vorstellen. Dennoch muss ich ihn wohl irgendwann gehen lassen. Er hat große Fähigkeiten, und die dürfen nicht brachliegen.

Im selben Sommer ging ein Pferd mit dem Wagen durch, in dem der alte Herr saß, und er erlitt tödliche Verletzungen. Die Leitung der Anstalt wurde von anderen übernommen, vielleicht genauso redlich, vielleicht genauso wohlmeinend, aber nicht so zuversichtlich liebevoll. Zwei Monate später – oder war es erst im folgenden Jahr – konnte man in den Zeitungen lesen, dass einer der Jungen der Anstalt, es war Kai, nach einem Zusammenstoß mit dem neuen Direktor versucht hatte, die Anstalt in Brand zu stecken, daraufhin geflüchtet war und als Leiche in einem Mergelgrube in der Nähe gefunden wurde.

Dumme Kinder

Es gibt hoffnungslos dumme Jungen – nicht viele, aber doch einige. Hoffnungslos dumme Mädchen sind eine solche Seltenheit, dass man nicht mit ihnen rechnet. Ist ein Mädchen recht dumm, hat es doch immer noch seine angeborene Weiblichkeit, auf die es zählen kann.

Für Louises Schule ist es eine Frage der Ehre, die einzelnen äußerst wenig begabten Kinder so weit zu entwickeln, dass bei ihnen Fähigkeiten auf Gebieten entdeckt werden, von denen man nicht zu träumen gewagt hätte. Ein kleines Mädchen wird angemeldet und beginnt das Schuljahr. Eine Woche später hat die ganze Klasse entdeckt – übrigens ohne sich damit aufzuhalten und ohne das Kind zu necken –, dass es dumm ist. Nicht nur, dass es im Schreiben und Rechnen nicht mitkommt, es begreift nichts, sein ganzes Wesen ist von Dummheit geprägt. Alle Lehrer und Lehrerinnen versuchen nun herauszufinden, wo sich das geheimnisvolle Gebiet befindet, das es in den Augen seiner Kameraden profilieren kann. Es wird genauestens untersucht, ob es vielleicht Talent zum Zeichnen oder Turnen oder Singen hat, ob es nicht vielleicht ein wenig deklamieren könnte.

Vergeblich. Man kann nichts mit ihm anfangen. Zwar haben alle Mitleid mit ihm, aber das reicht nicht. Mit Mitleid allein kann es sich keinen Respekt innerhalb der Gruppe verschaffen.

Die einzige, die die Hoffnung nicht aufgegeben hat, ist die Klassenlehrerin. Sie sieht, dass das Kind sanft und rührend lächelt, wenn von kleinen Kindern, Blumen und Tieren die Rede ist.

Es ist Frühling, und die ganze Klasse unternimmt einen Ausflug in den Wald. Man hat einen Picknickkorb dabei, die Kinder spielen, aber nicht einmal das Spielen gelingt *Hedwig* – denn gelänge ihr es bloß, dann wäre ja ein Gebiet gefunden, auf dem sie sich auszeichnen könnte. Da sagt die Lehrerin: »Hör mal Hedwig, was meinst du dazu, wenn du den Tisch deckst, während die anderen spielen?«

Es sind zwölf Personen, und in zwei Stunden soll gegessen werden. Hedwig bittet alle rechtzeitig zu Tisch. Währenddessen hat sie aus Zweigen elf kleine Körbe und einen großen Korb geflochten, die sie mit Primeln und Veilchen gefüllt hat. In Buchenblätter hat sie die Namen der Kameraden eingeritzt. Sie hat das Tischtuch auf dem Gras ausgebreitet und ineinander verflochtene Eichenblätter wie eine sich schlängelnde Girlande entlang des Randes platziert. An einen der Äste des Baumes, der über die Tischdecke hängt, hat sie förmlich eine kleine Ampel aus leuchtenden gelben Blumen gehängt. Unwillkürlich bricht die Schar in Jubelrufe aus, als sie ihre Vorbereitungen sieht.

Und nun zeigt sich, dass sie wie eine richtige Hausfrau für alle gleichzeitig sorgt. Hedwigs Ehre ist gerettet. Für sie bedeutet der Triumph des Tages ein gerettetes Leben. Nun wissen alle, dass sie die Häuslichkeit in Person ist, das Mitleid ist wie weggeblasen, an seine Stelle tritt echter Respekt. Denn niemand ist eifriger als ihre Kameraden selbst, diesen Respekt für alle zu etablieren.

Die gegenseitige Hilfsbereitschaft unter diesen Kindern ist grandios. Sobald sich zeigt, dass ein Kind Probleme hat mitzukommen, meldet sich sofort eine Gruppe von Helfern, und jeder von ihnen bietet sich an, ihm in einem der Fächer zu helfen. Das gilt sowohl für die ganz Kleinen als auch für die, die sich auf die Maturaprüfung vorbereiten. Und es hat nichts mit Freundschaft zu tun. Es ist Ehrensache: Es geht um die Ehre der Schule, die Ehre der Kameradschaft. Es kommt vor, dass die Kinder sich, nachdem sie beratschlagt haben, *selbst* bei Louise melden und berichten, dass dieser oder jener Kamerad »nicht mitkommt«, trotz aller Hilfe, und dass es schade wäre, es bei ihm weiter zu erzwingen. Dann wird es zu Louises Aufgabe, das Heim oder die Schule auf dem Land zu finden, wo das schwach begabte Kind den Unterricht erhalten kann, der seiner Veranlagung entspricht. Aber diesen Ausweg wählt man nur, wenn alles andere versucht worden ist.

Pathologische Kinder

Eine Frage brennt mir schon lange auf der Zunge, und nun werde ich sie endlich aussprechen: »Gibt es Kinder, die sich nicht für den Gemeinschaftsunterricht eignen?«

Louise antwortet: »Ja, es gibt Kinder, die nicht am Gemeinschaftsunterricht teilnehmen sollten. *Dieser eignet sich nur für das gesund entwickelte, normale Kind. In Wirklichkeit gehört das Genie genauso wenig wie der Idiot in die große Schule.* Es ist schade, das Genie dazu zu zwingen, Wissen anzuhäufen, die an den Kräften zehrt, die für einen einzigen Zweck aufgespart werden sollten, doch gibt es auch Gründe, weshalb die Schule gerade eine große Hilfe für das geniale Kind ist. Aber hier spreche ich weder von Genies noch von Idioten. Es sind ganz andere Kinder, die auf keinen Fall in einer Schulklasse zusammengebracht werden dürfen. Es sind Kinder die mit Fehlern behaftet sind, die ihre Kameraden nicht verstehen oder die ihnen nicht begreiflich gemacht werden können.

Kinder haben nichts gegen körperliche Mängel, sie lachen nicht, weil ein Kamerad eine Hasenscharte hat, schielt oder einen schiefen Rücken hat. Das tun Kinder jedenfalls nicht, wenn man Einfluss hat auf ihr Gemüt und Wesen. Sie können, ohne zu grinsen, ein stotterndes Kind deklamieren hören, zusehen, wie ein Kind mit Veitstanz Theater spielt oder ein buckliges Kind Menuett tanzt. Doch Merkwürdigkeiten im Gemütsleben können sie nicht ausstehen. Je gesünder und durchschnittlicher sie sind, desto größer ist ihr *Widerwillen gegen alles Pathologische, ob es sich nun im Wesen oder in den Handlungen äußert.«*

Louise erzählt von einem tragischen Fall – dem einzigen dieser Art –, der sich vor einigen Jahren in der Schule ereignete: Ein Kind von äußerst neurasthenischen Eltern wurde in der Schule aufgenommen. Sie war weder dumm noch ein schlechter Mensch, aber benahm sich – ohne direkt geistesgestört zu sein – sehr auffällig. Ihr ganzes Benehmen war unmotiviert, ohne Zusammenhang. Wenn die ganze Klasse eben dabei war, eine schwierige Rechenaufgabe zu lösen, konnte sie in hysterisches Lachen ausbrechen. Ihre Bewegungen waren unbeherrscht. Sie hatte keinen festen Griff und verlor üblicherweise, was sie in Händen hielt. Ihre Stimme war mitunter schrill und laut, mitunter grob wie die eines Mannes. Sie war launisch. Sie liebte alle ihre Kameraden, doch die gingen ihr aus dem Weg. Da die Eltern wohlhabend waren, taten sie alles, um ihr Umgang zu verschaffen. Doch nicht einmal die großen Feste, die sie arrangierten, lockten die Kinder an. Man ging nur ein Mal zu *Lene* nach Hause.

Louise sah schon, dass dies auf lange Sicht nicht so weitergehen konnte. Das Kind litt unverschuldet und weckte bei den Kameraden schlechten Instinkte. Da sagte sie eines Tages zur Klassenlehrerin: »Wir müssen das Kind fortschicken, keiner will etwas mit ihm zu tun haben.«

Doch die Lehrerin wehrte sich heftig dagegen. Ganz im Gegenteil, sie wollte Lene als Erziehungsmittel für die anderen Kinder verwenden. Sie sollten dazu gebracht werden, sie zu mögen, obwohl sie ihnen unsympathisch war.

Louise erhob Einwände. Sie war dagegen, ein Kind als Erziehungsmittel zu verwenden. Auch fand sie es nicht richtig, Kinder dazu zu zwingen, gegen ihre Instinkte zu handeln, gegen ihre beste Verteidigungswaffe, die man um jeden Preis blank und unbefleckt halten musste.

Trotzdem gab sie den eindringlichen Bitten der Lehrerin nach: Man würde es noch ein paar Wochen versuchen. Doch gelänge es bis dahin nicht, das Kind in Kontakt mit den Kameraden zu bringen, müsste es fort.

Ein paar Tage später kam die Lehrerin strahlend vor Glück und berichtete, dass sie nun den richtigen Ausweg gefunden hätte. Unter dem Vorwand, dass das Kind neu an der Schule sei und Schwierigkeiten habe mitzukommen, hatte sie es dem Schutz der ganzen Klasse übergeben! Jedes Kind hatte von nun an seine eigenen kleinen Pflichten, seine kleinen Aufgaben in der Betreuung von Lene. Ein Kind sorgte dafür, dass sie morgens pünktlich in die Schule kam. Ein Kind, dass sie ihre Hausaufgaben erledigte. Und so weiter. Zum Schutz gehörte auch, dass man sie von zu Hause abholte und von der Schule nach Hause brachte – und dass man sie nachmittags in den Park begleitete. Ein Siegesbulletin nach dem anderen traf ein. Die Kinder erledigten ihre kleinen Pflichten auf Punkt und Komma. Man sah sie mit ihr spielen. Alles schien in bester Ordnung zu sein, nur Louise hatte das Gefühl, dass irgendetwas nicht stimmte.

Ein paar Monate vergingen. Dann geschah etwas Schreckliches: Eine fremde Dame kam in die Schule und bat darum, mit Louise sprechen zu dürfen. Sie erzählte, dass sie immer gehört hätte, dass der Ton in dieser Schule so schön sei, doch nun hätte sie mit eigenen Augen gesehen, dass dies bei weitem nicht der Fall sei. Während mehrere Wochen hatte die Dame das Spielen der Kinder in einem gewissen Park beobachtet und hatte gesehen, wie sich eine ganze Schar Kinder Tag für Tag zusammenschloss, um ein absolut wehrloses Kind zu peinigen und zu plagen. Sie gaben ihm Spitznamen, sie zogen es an den Haaren, schubsten es herum, verhöhnten es, bedrängten es, und wenn es weinte, machten sie auch seine Tränen zum Gegenstand ihres Spottes.

Sie hatte sich erkundigt und wusste ganz sicher, dass es sich um eine der untersten Klassen der Schule handelte.

Louise war entsetzt. Es schien ihr unmöglich. Am nächsten Tag schickte sie Lene in eine andere Klasse und nahm die Kinder selbst ins Verhör. Sie waren sehr erschrocken, aber als die erste Angst sich gelegt hatte, zeigten sie keine Spur von Reue. Ihr Schweigen sagte mehr aus als Worte. Endlich stand einer der tüchtigsten Schüler auf und sprach für die ganze Klasse:

»Das stimmt alles. Aber wir können Lene nun mal nicht *ausstehen*! Wir wissen nicht warum, aber so ist es eben. Und nun hat unser Fräulein Lehrerin verlangt, dass wir den ganzen Vormittag nett zu Lene sein sollen und mit ihr spielen und so weiter, und deshalb haben wir uns entschlossen, dass wir uns auf ein Kinderkreuzzug begeben, um sie auszurotten!«

Der Künstler als Schulkind

Die Natur des Kindes ist eng mit der großen Kunst verwandt.

Kinder improvisieren häufig Dialoge in so ergreifend schöner Art und Weise, dass man, entwickelten sie sich nur im Verhältnis zum ihren Anfängen weiter, in jeder Schule, oft in jeder Klasse, glauben würde, einen Shakespeare in seiner Mitte zu haben. Sie malen, dass man meint, einem angehenden Goya oder Frans Hals zuzusehen. Sie spielen Theater, dass man denkt, eine neue Duse sei im Begriff heranzuwachsen.

Immer wieder hört man die halb schmerzliche, halb sarkastische Frage: »Wo bleiben sie nur, all die großen Genies, die wir als Kinder gesehen haben?«

Zum Teil beruht dies auf einem Missverständnis. *Das künstlerische Talent besteht sehr häufig aus der Kindheit selbst.* Wenn sie vorbei ist, ist es auch mit der Genialität vorbei. Sie verschwindet wie der Tanz der Elfen auf den von Tau bedeckten Wiesen, wenn die Sonne den helllichten Tag bringt.

Die Schule kann in Wirklichkeit nie mit absoluter Sicherheit wissen, ob sie es mit einem kindlichen Genie oder mit einem Genie fürs ganze Leben zu tun hat. Dies macht die Aufgabe der Schule zu einer doppelten: Es gilt, das Genie so zu behandeln, dass es im Fall, dass die Entwicklung ihre Zeit braucht, von Anfang Rücksicht darauf nimmt und es so behandelt, dass seine Seele keinen Schaden nimmt, wenn das Geniedasein wie ein schöner Traum verpufft.

Der geborene Künstler braucht nicht all das, womit das Alltagskind belästigt wird. Seine Phantasie und sein Instinkt verlangen nach anderer Nahrung als die, die die Schulbücher zu bieten haben. Er braucht kein exaktes Wissen, er besitzt das Vermögen eines Schmetterlings, sogar aus giftigen Blumen Honig zu saugen.

Wüsste die Schule mit untrüglicher Sicherheit, dass sich einer der wenigen Gottbegnadeten in ihrer Obhut befindet, dann würde sie ihn von so manchem befreien, was seinen Himmelsflug verhindern könnte, doch die Schule weiß es nicht, kann es nicht wissen. Sie muss sich damit begnügen, alles zu tun, um auch dem Künstler zu helfen, ein »nützlicher Bürger« zu werden.

Das talentierte Kind wird zu Hause im Allgemeinen völlig falsch behandelt. Entweder wird es wegen seiner »Sonderbarkeit« verachtet oder es wird überschätzt. Bald wird das Talent als ein Hindernis dafür betrachtet, eine »anständige Lebensstellung« zu finden, bald wird das Kind wie ein junger Gott behandelt, zu dem alle in Anbetung aufschauen sollen. Und dadurch erweckt man in sich selbst und im Kind Träume von Größe, die vielleicht nie in Erfüllung gehen.

Die Schule balanciert zwischen zwei Polen. Sie schweigt das Talent nicht tot, sie hebt es aber auch nicht in ungesunder Weise hervor. Vor allem sorgt sie, so gut es ihr möglich ist, dafür, dass das Kind ein Kind unter anderen Kindern sein kann. Sie sorgt vorläufig mehr für sein leibliches als für sein seelisches Wohl. Denn braucht das Durchschnittskind einen Überschuss an Gesundheit, um das Eingesperrtsein in der Schule zu ertragen, so verlangt die Verstandesarbeit eines Genies nach einer weit größeren Fülle an Kraft.

Die hervorragendsten Errungenschaften, die selbst den Lehrer unbegreiflich erscheinen, werden als etwas genauso Erfreuliches und Vergnügliches akzeptiert wie der flotte Hochsprung des Turners. Alle freuen sich darüber, doch ist es nicht die Eitelkeit des Kindes die gepflegt wird. Es ist vielmehr, als ob die Schule selbst etwas Großartiges erreicht hat, an dem alle Teil haben. Man unterlässt es nicht, die Kameraden darauf aufmerksam zu machen, dass ein bestimmtes Kind Aufsätze schreibt, die als kleine Meisterwerke zu betrachten sind, doch gleichzeitig erklärt man, das seine mathematische Fähigkeiten sehr gering sind. Man lässt das eine das andere ausbalancieren. Man sorgt dafür, dass das kleine Mädchen, das offenbar eine erstklassige Pianistin werden kann, so wenige Hausaufgaben wie möglich bekommt, sodass es sich nicht überanstrengt. Man ist stolz auf das Lob, das sie erntet, wenn sie bei dem einen oder anderen Konzert auftritt, doch nicht stolzer als auf den Kameraden, der die Treppe auf Händen hinuntergehen kann.

Es gibt Fälle, wo man die Sonderbegabung mit besonderer Behutsamkeit gegen den Einfluss des Zuhauses verteidigen muss. So gibt es einen kleinen, schmächtigen Geiger, den Louise nur mit knapper Not von dem traurigen Schicksal eines Wunderkindes bewahrt hat. Seine Familie sieht in ihm den zukünftigen Ernährer. Zu Hause verlangt man von ihm nur das Eine: Übe! Und er übt und wird bleich und nervös. Er bekommt nicht einmal die Erlaubnis, seine Hausaufgaben zu machen. In den Augen seiner Eltern ist die Schule ein Unding, das nur seine Tourneepläne verzögert. Die Eltern tun alles, damit man in der Schule unzufrieden mit ihm ist und ihn fortschickt. Doch Louise hält trotzdem an ihm fest. Sie weiß, dass die Schule, und nur sie, ihm eine kurze Zeit der kindlichen Freude und Fröhlichkeit verschaffen kann. Deshalb drückt man ein Auge zu bei seinen Fehlern, seinen Launen, seiner Unzuverlässigkeit. Man sorgt nur dafür, dass er sich die allernotwendigsten Kenntnisse in den Bereichen aneignet, die ihm zu Gute kommen werden, wenn er in wenigen Jahren von Konzert zu Konzert durch die Welt streift.

Und gesetzt den Fall, dass er nicht der große Künstler wird, den seine Lehrer ihm prophezeit haben? Ja, dann hat die Schule ihm gegeben, was sie konnte. *Sie hat ihm Freunde verschafft, er ist nicht einsam wie die meisten Wunderkinder.*

Die ungestümen Spiele in den Pausen werden ihm von größerem Nutzen sein als Geographie und Rechenstunden. Aber man besteht darauf, dass er sich seine Muttersprache aneignet und so viel von anderen Sprachen, wie es die Zeit erlaubt. Man versucht, ihm Interesse für andere Menschen einzuimpfen, für die Natur, für das Leben, das ihn umgibt. Man versucht, das Treuegefühl in ihm zu stärken. Erscheint er – und ist er – treulos, dann entschuldigt man ihn den Kameraden gegenüber. Er wird verteidigt, wenn er abwesend ist. Ist er anwesend, appelliert man an sein Herz und erklärt ihm Folgendes: Auch wenn die Geige ihm noch so kostbar erscheint, so hat er doch einen noch größeren Schatz in der Freundschaft seiner Kameraden, um die er sich kümmern muss.

In die Schule gehen auch kleine Schauspieler. Zwar vermag Louise nicht immer, die Eltern daran zu hindern, ihre Talente von frühester Kindheit an auszubeuten, doch versucht sie die Kinder auf andere Weise zu entschädigen. Auch sie werden von jeglichen, nicht unbedingt notwendigen Schularbeiten freigestellt, sie nehmen aber am Sprachunterricht teil, ja, sie werden in Italienisch unterrichtet, was sonst nur den älteren Klassen vorbehalten ist. Und man arbeitet unaufhörlich daran, das unbewusst Kindliche zu erhalten und das Kind selbst daran zu hindern, in der Bühne das allein Seligmachende zu sehen. Es sind besonders diese Kinder, die sich in der Pubertät die Flügel verbrennen und dann einsehen, dass ihr Talent nicht genial war.

Die Eltern können die reinsten Engel sein. Sie vermögen jedoch nicht, die Enttäuschung zu verbergen, wenn aus ihrem »Wunderkind« im Alter von achtzehn Jahren nur ein einigermaßen guter Geiger wird – oder nicht einmal das. Sie versäumen nicht, ihm zu zeigen, dass sein Leben verfehlt ist, dass es ein überflüssiges, nutzloses Wesen ist. Sie haben alles getan, um es dazu zu bringen, sich selbst als Genie zu sehen – scheitert seine Begabung, stehen sie ihm nicht bei oder gewähren ihm höchstens peinliches Mitleid.

Das Kind selbst ist unschuldig, doch was hilft diese Einsicht? Entweder vergeht es vor Bitterkeit und Eifersucht auf die ganze Welt oder es sackt in kraftloser Selbstaufgabe zusammen. Hierin liegt die Mission der Schule. Sie hat zu keinem Augenblick diese Möglichkeit aus den Augen verloren. Heimlich, aber unaufhörlich hat sie an jenen Tag gedacht, wenn der Traum von der Genialität zerplatzt. Und nun steht sie mit offenen Armen da, mit der ganzen Schar von Kameraden. Man stärkt es und zeigt ihm, dass noch Zeit genug ist, einen würdigen Platz im Leben zu finden – selbst wenn es sich damit begnügen muss, »so wie alle andere zu sein«.

Man weiß nie, ob das Talent tragfähig ist, bevor das Kind nicht ganz herangewachsen ist

Ein kleiner fünfjähriger Junge – fünf Jahre, nicht älter – hörte, dass ein Feuer ausgebrochen war, und flehte seinen Vater um Erlaubnis an, hingehen und das Feuer sehen zu dürfen. Es war spät am Abend, doch gelang es dem Jungen, die Erlaubnis zu bekommen. Am nächsten Tag setzt er sich hin und zeichnet mit bunten Bleistiften ein Bild von dem Feuer, und dieses Bild ist so fabelhaft lebendig, so dramatisch wirkungsvoll, so farbenfroh strahlend, dass jeder, der es sieht, vor Erstaunen sprachlos ist.

Der Vater, ein sehr kluger Mathematikprofessor, nimmt die Zeichnung des Sohnes zu einem der prominentesten Künstlern des Landes mit, ohne ihm zu sagen, dass sie von einem fünfjährigen Kind stammt. Der Künstler ruft aus, es sei ein geniales Kunstwerk. Doch weit davon entfernt, sich zur selben Auffassung hinreißen zu lassen, sagt der Vater: Nein, wirklich nicht. Mein fünfjähriger Sohn hat es gezeichnet, und er ist weder ein Künstler noch ein Genie. Aber er hat die lebhafte Phantasie eines Kindes. Es ist das erste Mal, dass er ein Feuer gesehen hat, und der Eindruck war stark genug, um dieses Bild hervorzubringen!

Der Vater behielt recht. Der Sohn wurde zu einem tüchtigen Wissenschaftler – vom Künstler keine Spur. Wäre dieser Vater nicht so vernünftig gewesen, hätte man wahrscheinlich aufgrund jener Zeichnung das Leben des Kindes in ganz falsche Bahnen gelenkt.

Ein Junge offenbart früh eine ausgeprägte musikalische Begabung. Die Eltern bringen ihn zum größten Geigenvirtuosen der damaligen Zeit, der sich mit Begeisterung der Ausbildung des Kindes annimmt. Der Junge ist ehrgeizig und arbeitet wie ein Besessener. Er scheint Talente auf allen Gebieten zu besitzen, er dichtet, zeichnet, hat mathematischen Scharfsinn. Doch um sein Talent nicht aufzusplitten, nehmen die Eltern ihn als Zwölfjährigen aus der Schule. Er soll nur seine Musik pflegen. Nur sie und nicht anderes.

Er ist frühreif, und sowohl Lehrer als auch Eltern erwarten, dass er an dem Tag, wo er zum ersten Mal öffentlich auftritt, als einer der Großen anerkannt werden wird. Nur zögert man damit, ihn auftreten zu lassen, damit er nicht als »Wunderkind« gesehen wird. Seine Kunst hat nichts mit dem Kind zu tun.

Der Junge ist unruhig. Die Zeit ist ihm lang. Sein Hirn brennt. Er ist einsam, hat keine Freunde. Zu Hause wird er nicht geliebt, er ist launisch und brutal.

Endlich nähert sich die Zeit, wo er auftreten soll. Da kommen ihm Bedenken. Der Lehrer hat einmal gesagt, dass sein Spiel ohne »Seele« sei. Er möchte sich eine »Seele« aneignen, bevor er vor das Publikum hintritt. Er will das Vollkommene. Und er arbeitet, aber sein Spiel wird nur noch weniger seelenvoll und immer wilder und brutaler. Er hört es selbst. Er ist ein »Teufel« auf seinem Instrument – und er möchte ein Gott sein.

Während er so gegen die Natur arbeitet, geschieht es eines Tages, dass er mitten im Spielen aufhört: Er hat alles vergessen. Und das wiederholt sich. Kurz darauf erklärt er: »Ich kann nicht mehr spielen, es langweilt mich!«

Und der Junge wird in einen Nervenheilanstalt gebracht und von dort in eine Irrenanstalt überführt.

Nun ist es möglich, dass der Junge bereits vorher verdammt war, dass er die Krankheit im Blut hatte, aber es ist auch möglich, dass der Mangel an Verständnis für seine körperliche Bedürfnisse ihn in die Dunkelheit führte. Er hätte vor allem eine gesunde und reiche Kindheit haben sollen, mit wilden und phantasievollen Spielen. Er hätte Kameraden haben sollen, so dass ihm die schreckliche Einsamkeit erspart geblieben wäre und die daraus folgende Notwendigkeit, dass seine Gedanken sich ausschließlich um seine eigene Person drehten. Die Lehrer an der Schule hätten bald herausgefunden, dass er zwar zum Virtuosen geschaffen war, dass aber die weichen Saiten in seinem Wesen, in seinem Spiel fehlten und dass es vergebens gewesen wäre, auf »die Seele« zu warten.

Die Schule ist die Verteidigerin des Künstlerkindes gegen die Übergriffe der Kunst.

Kinderliebe

Der aufmerksame Pädagoge weiß, dass Freundschaft zwischen drei oder vier Kindern üblicherweise länger hält als zwischen zweien. Die Ursachen sind einleuchtend.

Erstens gibt es viele Kinder, die die traurige Eigenschaft mit gewissen Erwachsenen teilen: – dass sie Menschen verzehren. Sie saugen sie aus, öffnen jedes Geheimfach ihres Wesens und werfen sie dann wie ausgepresste Zitronen weg.

Die Kinder selbst haben keine Ahnung davon. Weder das »Opfer« noch der »Schuldige« weiß es. Für ein solches Kind ist jede neue Bekanntschaft wie ein neues spannendes Buch, das es am liebsten in einem Atemzug verschlingen möchte. Was von dem Buch nachher übrig bleibt, ist gleichgültig, es hat seinen Dienst geleistet, man ist damit fertig.

Das Kind hat das Gefühl, doppelt zu leben, so lange es neues Studienmaterial in Form einer neuen Freundschaft hat, in Form einer neuen Seele. Das heißt, das Kind lebt von einem anderen Kind. In gewisser Weiße schmarotzt es am Wesen eines anderen Kindes.

Das Kind braucht gar nicht böse zu sein, keine niederträchtigen Neigungen zu haben. Vielmehr ist es vielleicht in seinem Inneren gut. Aber es ist auch möglich, dass es auf diese Weise Material sammelt, das es später im Leben verwenden kann. Oft werden solche Kinder Künstler oder Philanthropen. Meistens aber wohl Schauspieler. Wie viele Schauspieler kümmern sich nur so lange um einen Menschen, bis sie sich von ihm alle Gesten und jeden Ausdruck der Qual und des Genusses abgeschaut haben! Wenn die ganze Skala an Regungen durchlaufen ist, wird der Mensch für ein neues Studienobjekt verlassen.

Kinder können außerordentlich darunter leiden, solche »Menschenverbraucher« zu sein. Sie fühlen sich nur wohl, solang eine neue Freundschaft das Feuer in ihren Herzen entfacht. Danach sind sie wieder lustlos und gleichgültig. Schließen sie sich einem neuen Freund nach dem anderen an, wird es bald heißen, dass sie unzuverlässig sind und große Schwierigkeit haben werden, die für ihre Existenz so notwendigen Freunde zu finden. Für diese Art Kinder ist die Freundschaft zwischen dreien oder vieren ein wahrer Segen. Man kommt sich dabei nämlich nicht so nahe, es wird immer versteckte Räume geben, die die Freunde nicht betreten dürfen – gerade weil es mehrere Freunde sind. Und diese nicht allzu große Intimität macht die Freundschaft frischer, anziehender und leichter erneuerbar. Außerdem herrscht ein größerer Spielraum. Drei oder vier Freunde können auf eine ganz andere Art ihre gegenseitige Launen und Stimmungen ausbalancieren als zwei, die die ganze Zeit aufeinander angewiesen sind. Ebenso ist der Gesprächsstoff zwischen dreien weitaus reichhaltiger, nicht bloß weil es eine Person mehr ist, sondern weil in der Freundschaft zwischen zweien die Gespräche sehr bald an Grenzen stoßen, da Einvernehmen auf allen Gebieten eine Unmöglichkeit ist und man dann, um Streit zu vermeiden, eine Menge Themen fallen lässt. Besteht die Freundschaft zwischen drei oder vier Personen, muss man nicht befürchten, dass die Diskussionen zu Streit und Unfrieden führen. In diesem Fall sind sie weniger persönlich und weniger schnell verletzend. Und schließlich: Haben sich zwei zu einem Wortstreit aufgewiegelt, kann der dritte als Vermittler, Ankläger oder Schiedsrichter auftreten.

Ganz abgesehen von diesen »Menschen verzehrenden« Naturen, die weitaus üblicher sind, als man annehmen sollte, ist die Freundschaft zwischen zweien immer ein wenig gefährlich. Selbst dort, wo die Freundschaft auf wirklicher Liebe gründet (Freundschaft ist nicht das rechte Wort, da Kinder normalerweise nicht in der Lage sind, reine Freundschaft zu verspüren), selbst dort, wo das von Erotik getragene Gefühl so groß ist, dass die Welt ohne Sonne und Freude zu sein scheint, wenn der geliebte Mensch sich auch nur einen Tag rar macht, selbst dort lauert Gefahr. Das Gefühl schwillt nämlich unweigerlich an, bis der Kulminationspunkt erreicht ist – und dann geschieht in den meisten Fällen Folgendes: Das Gefühl sinkt in sich zusammen und stirbt. Das geschieht nicht bei Freundschaften zwischen Erwachsenen, aber das Kind ist ja ständig von so feiner und zarter und unbewusster Erotik durchdrungen, dass es nach dem Höhepunkt des Gefühls trachtet. Eines schönen Tages ist er erreicht. Das Kind fühlt sich wie berauscht – am nächsten Tag sieht es den »Freund« mit anderen Augen, versteht selbst nicht den Grund, ist kritisch, ist launisch, ist ungeduldig. Das Werk der Zerstörung ist im vollem Gange.

Erwachsene wissen im Allgemeinen sehr wenig über das Verhältnis zwischen Kindern. Nicht weil die Kinder es absichtlich geheim halten, sondern weil es ihnen so schwer fällt, die richtigen Worte zu finden, und weil es Erwachsenen noch schwerer fällt, die gewaltigen Schwingungen zu verstehen, die in der Seele des Kindes selbst unter den scheinbar ruhigsten Verhältnissen stattfinden.

Zwei Kinder liebten ein drittes und waren außerordentlich eifersüchtig auf einander. Sie bekämpften einander wie zwei Rivalen, die sich um dieselbe Frau streiten. Sie wendeten alle Mittel an, um sich »gegenseitig aus dem Weg zu räumen«, überboten einander abwechselnd mit edlen Taten und Gemeinheiten. Dann stirbt das geliebte Kind. Die Familie, die von ihrer Liebe weiß, bittet sie, an der Beerdigung teilzunehmen, und lässt sie direkt neben dem Sarg gehen. Unwillkürlich halten sie einander an der Hand – etwas das vor einer Woche unmöglich gewesen wäre – und von diesem Augenblick an sind sie treue Freunde.

In der Schule kommt es oft vor, dass kleine Mädchen Anzeichen einer stürmischen Leidenschaft aufweisen. Zwei Herzen schlagen im selben Takt, zwei Geschöpfe fühlen und denken dasselbe. Sie erröten oder werden bleich, wenn sie einander sehen. Sie jubeln, wenn sie zusammen sein können, trennt man sie voneinander, werden sie mager. Sie schreiben sich leidenschaftliche Briefe, wenn sie einander zwei Tage nicht sehen. Aber man wird bemerken, dass es ihnen, obwohl sie ein Gefühl der Seligkeit verspüren, wenn sie am selben Pult sitzen, wenn sie Arm in Arm gehen, nie einfällt, einander zu küssen. Das, was früher eine natürliche oder, wenn man so will, gleichgültige Liebkosung war, wird nun etwas Heiliges, etwas, das sie in ihrer weiblichen Schüchternheit nicht wagen. Ihre Leidenschaft ist vollreif. Es sind gesunde, wohlbegabte, feinfühlige Kinder. Ihr Anblick rührt den verständnisvollen Beobachter wie der Anblick von *Romeo und Julia*.

Doch die Eltern, die durch das Lesen und Erzählungen von Schreckensbildern erfüllt sind, nehmen daran Anstoß. Sie schlagen vor, dass man die Kinder trennt und verhindert, dass sie einander sehen.

Der Vater sagt: »Das ist ja eine vollständige Liebesgeschichte!« »Natürlich«, antwortet Louise, »natürlich ist es Liebe! Kinder in diesem Alter verstehen nichts von Freundschaft. Das kommt erst im Erwachsenalter – und selbst dann hat es wohl immer etwas mit Erotik zu tun.« *Bei Kindern geht es nur um Verliebtheit, Leidenschaft, Liebe und Kameradschaft, Cliquen und Interessengemeinschaften.* Erwachsene verwechseln gern einzelne dieser Dinge mit Freundschaft.

Doch nun zur Verliebtheit zwischen Kindern. *Hier wird man sehen, dass es oft – fast immer –so ist, das dass Geschlecht keine Rolle spielt. Die Ursache dafür ist ganz alleine die Anziehung, und die ist Folge der unterschwelligen Erotik beim Kind.*

Die Verliebtheit zwischen kleinen Mädchen wird von den Erwachsenen entweder mit Schaudern als etwas Hässliches und Ungesundes betrachtet, und man tut alles, um dem mit List und Gewalt ein Ende zu setzen – oder man neckt und plagt die beiden Betroffenen so lange, bis die gequälten Nerven dem Druck nachgeben.

Das ist wieder eines der Verbrechen, die Erwachsene aus Unwissenheit oder Mangel an Verständnis an Kindern verüben.

Niemand empört sich wegen des Duftes der Rose. Und etwas anderes ist das ja nicht. *Eine so früh erwachte Leidenschaft zeigt genau, dass hier eine wertvolle Persönlichkeit vorhanden ist.* Dasselbe kleine Mädchen, das sich im Alter zwischen zwölf und vierzehn heftig verliebt und dessen Liebe leidenschaftlich von einer Freundin erwidert wird, wird nach menschlichem Ermessen später die glücklichste Ehefrau und Mutter sein. Es wird früh heiraten und ganz im Familienglück aufgehen.

In der einen Schule geben solche Dinge Anlass zum Schulverweis, in der anderen werden sie mit einem Achselzucken geduldet – bei Louise werden sie mit Respekt und Würde behandelt. Man lässt die Betreffenden am selben Pult sitzen. Man zeigt direkt und indirekt, dass man die Wahl gutheißt und dass man sich ein gutes Ergebnis davon verspricht. Man vertieft das Solidaritätsgefühl, indem man, selbst dort wo die Leidenschaft überwältigend ist, die eine Person für die andere verantwortlich macht. Aber – und das ist das Wesentliche – *man entfernt das gefährliche Moment, indem man darin nichts Gefährliches sieht.*

Ruft man einem Schlafwandler, der auf dem Dachfirst spazieren geht, etwas zu, stürzt dieser unweigerlich ab. Lässt man ihn auf seinem gefährlichen Weg ungestört wandern, dann geht er so sicher wie auf einem Holzboden.

Vor ein paar Jahren sprangen zwei vierzehnjährige Mädchen eng umschlungen aus dem vierten Stock. Sie fanden, was sie suchten: den Tod. Die Ursache dafür war die, dass ihre Eltern Briefe gefunden hatten, die gerade eine solche Leidenschaft offenbarten, wie sie hier erwähnt wurde. Sie hatten eine große Auseinandersetzung mit den Kindern und erklärten, dass sie einander von nun an nicht mehr sehen durften. Das war mehr, als sie ertragen konnten, und sie wählten den Tod.

Mit der frischen Erinnerung an dieses tragische Ereignis fragte ich Louise, ob sie nie etwas Ähnliches erlebt hatte. Und sie erzählte mir Folgendes: Es geschah, als sie die Schule schon ein paar Jahre geleitet hatte, dass ein Vater zu ihr hinaufstürmte und ihr Briefe von einer Freundin an seine vierzehnjährige Tochter zeigte, die er gefunden hatte. Louise musste gestehen, dass die Briefe – wäre es um erwachsene junge Frauen und Männer gegangen – stark kompromittierend waren, aber nicht einen Augenblick lang fand sie, es gäbe einen Grund zu Angst oder Besorgnis. Der Vater verlangte, dass das andere Kind der Schule verwiesen würde und die Kinder einander nie wieder sehen durften. Louise bat um Bedenkzeit, bis sie mit den Kindern gesprochen hätte. Sie hatte natürlich von ihrer Liebe gewusst, doch nichts in ihrem Benehmen war geeignet gewesen, Misstrauen zu erwecken. Sie rief die Kinder zu sich. Eine furchtbare Veränderung war seit dem gestrigen Tag bei ihnen eingetreten. Was war geschehen? Zuerst konnten sie gar nicht sprechen, mit kreidebleichen Gesichtern und Augen, die vor Angst fast barsten, saßen sie da und starrten in die Luft. Endlich entlockte sie ihnen, dass der Vater des einen Mädchens in das Zimmer gekommen war, wo sie saßen und Schularbeiten schrieben, und ihnen die Briefe gezeigt hatte. Sie wussten ganz genau, dass sie solche Briefe nicht schreiben durften, aber – sie hatten doch den *Werther* und viele andere Bücher über Liebe und Verzweiflung gelesen, und sie fanden, dass es so schön sei, über alles schreiben zu können, was sie dachten und fühlten. Doch nun hatte dieser Vater ihnen gesagt, dass es ein Verbrechen sei, dass sie sich am Rande der Verdammnis befanden, dass sie riskierten, im Gefängnis zu landen. Er hatte ihnen in seinem Jähzorn Dinge gesagt, von denen sie keine Ahnung hatten – und auch nicht hätten haben sollen. Ihre Seelen und ihre Gemüter befanden sich in einem solchen Aufruhr, dass Louise es nicht wagte, sie an diesem Tag allein zu lassen.

Sie sprach mit den Eltern beider Kinder und legte ihnen dar, dass die Kinder ganz unschuldig waren und dass das Gefühl der Liebe zwischen ihnen so rein und schön wie nur etwas. Es half nichts. Sie durften einander nicht mehr sehen. Schließlich erreichte sie, dass die Eltern den Mädchen erlaubten, sich ein Mal in der Woche bei Louise zu Hause unter ihrer Aufsicht zu treffen.

Das war doch etwas. Die Kinder, die vor einer immerwährenden Trennung gezittert und Louise in vollem Ernst erklärt hatten, dass sie, trennte man sie voneinander, zusammen in den Tod gehen würden, klammerten sich an diesem Strohhalm, dass sie einander ein Mal in der Woche sehen durften.

Louise ließ sie kommen, trank Tee mit ihnen, und begab sich danach in das Seitenzimmer, von wo aus sie jedes Wort hören konnte, das gesprochen wurde. Nachdem sie die anfängliche Rührung überstanden und die nötigen

Tränen geweint hatten, drehte sich das ganze Gespräch um das für sie Unbegreifliche: dass es ein Verbrechen sein sollte, sich gern zu haben! Louise kam wieder und sprach munter und vergnügt mit ihnen. In der folgenden Woche zeigte sie ihnen, wie zufällig, Pläne einiger Villen, die in der Nähe erbaut werden sollten, und erwähnte so nebenbei: »Wenn ihr einmal erwachsen seid und heiratet, dann werdet ihr zusammen in einer solchen Villa wohnen. Oder nicht? Und die Kinder diskutierten die Frage. Sie fanden es nur natürlich, dass sie heiraten würden, solang sie bloß die Erlaubnis hätten, unbehelligt ihre Freundschaft aufrechtzuerhalten.

Jahre sind vergangen. Das eine Mädchen ist verheiratet, das andere studiert Medizin und wohnt in dem Haus mit der glücklich verheirateten Freundin. Scheinbar hat sich nichts verändert, doch in Wirklichkeit alles.

Die Eltern haben längst eingesehen, wie unangebracht ihre Handlungsweise war, und haben sowohl bei Louise als auch bei den Mädchen Abbitte geleistet.

Schulkinder sind sehr oft in ein oder mehrere Mitglieder des Lehrkörpers verliebt. Louise behauptet, das sei eine Selbstverständlichkeit und die Ursache für viel guten Unterricht. Insofern ist alles in Ordnung. Doch gibt es Lehrerinnen, die einen unheilvollen Einfluss auf die kleinen Mädchen ausüben, indem sie stürmische Gefühle in ihnen wecken, die nicht erwidert werden können, und dann Katz und Maus mit ihren Opfern spielen. Es kommt vor, dass eine Frau es vermag, die ganze Klasse in sich verliebt zu machen und im folgenden Jahr auch die neue Klasse, die nachrückt. Nun nutzt sie ihre Macht, um zum Wettstreit anzuspornen. Ihr Lächeln wird zur königlichen Belohnung, ihr ernster Blick zur Höllenstrafe. Sie ist sich dessen bewusst. Die Kinder sind es jedoch nicht. Sie kann ihnen Verletzungen zufügen, die nicht wiedergutzumachen sind. Solche Menschen sollten, sobald sie entdeckt werden, aus der Schule entfernt werden. Sie richten mehr Schaden an als irgendein gewissenloser Don Juan.

Louise sagt zu ihren Kindern: *Liebe, so viel du vermagst! Das Leben ist kurz. Liebe wen und was und wann du willst! Es ist besser ein gebrochenes Herz zu haben als ein ganzes und leeres. Schäme dich niemals deiner Gefühle! Nur wer nicht liebt, hat einen Grund, sich zu schämen! Liebe! Schwärme und leide! Und dein Herz wird wie eine Geige sein, auf der eine Meisterhand lang gespielt hat!*

Louise weiß lange vor allen anderen über jedes Liebessymptom bei den Kindern Bescheid, sowohl bei den großen als auch bei den kleinen. Sie erzählen ihr, ohne zu erröten, von dem Tenor, der Eindruck auf sie gemacht hat, und sie weiß, dass es der Schwanenritter in »Lohengrin« ist, den sie lieben, und nicht der Tenor. Sie verschlingen den Namen des beliebten Schauspielers, den sie aus Zeitungen ausgeschnitten haben, und sie weiß, dass es Prinz Hamlet ist, den sie auf diese Weise vergöttern. *Sie weiß, dass es die Liebe selbst ist, die sie lieben! Man darf sie nicht der Treulosigkeit anklagen, weil das Objekt wechselt. Dem eigentlichen Objekt, der Liebe selbst, bleiben sie ja treu.*

Selbst bei den ganz Kleinen kann die Leidenschaft erwachen, und dann leidet das Kind und sehnt sich mit genau der gleichen Kraft wie der Erwachsene – vielleicht sogar mehr, weil es so hilflos ist, weil ihm das Gefühl der Resignation des Erwachsenen fehlt.

Anna verliebt sich mit fünf Jahren in *Heinz*. Sie hat ihn nur ein Mal gesehen, als sie ihre ältere Schwester zur Schule begleitete. Sie spricht von ihm, träumt von ihm. Die Zeit vergeht, sie wird bleich und mager. Sie isst nichts, und in der Nacht wälzt sie sich im Bett hin und her. Sie seufzt und stöhnt im Schlaf.

Eines Tages sagt sie zu ihrer Mutter: »Mama, woher kommt es, dass ich Heinz sehen kann, wenn ich meine Augen schließe, aber wenn ich sie öffne, ist er weg?

Ein anderes Mal fragt sie: »Mama, warum weckst du mich? Konntest du nicht sehen, dass ich gerade von Heinz geträumt habe?«

Und sie bittet um Erlaubnis, die Schwester zur Schule begleiten zu dürfen: »Ich möchte Heinz sehen, nur sehen, sonst nichts!«

Sie wird sechs Jahre alt und geht eislaufen. Es sind viele Jungen dort, und sie scheint Heinz vergessen zu haben. Eines Tages sagt sie zu ihrer Mutter: »So, nun denke ich gar nicht mehr an Heinz!« Und sie fügt hinzu: »Weil ich nicht *will*!« Im selben Jahr reist sie im Sommer in die Berge. Dort trifft sie einen Bauernburschen, Hans, und mit ihm spielt sie jeden Tag. Nun sagt sie: »Wenn ich groß bin, werde ich Hans heiraten!« Plötzlich seufzt sie und schiebt schnell hinterher: »Aber Heinz soll kommen und mich jeden Tag besuchen!«

Als der Sommer vorbei ist, verblasst die Erinnerung an Hans, und der Gedanke an Heinz nimmt sie wieder ganz ein. Nun soll sie in die Schule kommen. Die Erwartung, Heinz wiederzusehen, ist so gewaltig, dass sie die letzten Nächte vor Schulbeginn nicht schlafen kann. Aber als sie erfährt, dass Heinz, der drei Jahre älter ist, nicht in derselben Klasse ist wie sie und auch noch in einem anderen Stockwerk des Gebäudes, da wirft sie sich auf den Boden und schreit vor Schmerz.

Sie nimmt sich zusammen, ballt die Fäuste und stöhnt immer wieder: »Ich *will* nicht an ihn denken, *ich will nicht!*«

Eines Morgens kommt sie wie verwandelt zu ihrer Mutter. Ihr Gesicht drückt vollkommene Seligkeit aus. Langsam und schüchtern erzählt sie: »Ich hatte so einen merkwürdigen Traum ... so merkwürdig ... so schön ... Heinz war in der selben Klasse wie ich, immer, immer ... und wir gingen hinaus spazieren ... auf einer Wiese ... und er ... küsste mich ... !«

Kurz darauf wird sie krank. Die Mutter will sie aufmuntern und verspricht ihr ein neues Spielzeug. »Ich habe ja alles, sowohl Bleistifte als auch einen Ball und Puppen ...« Sie denkt angespannt nach, dann errötet sie: »Aber ... glaubst du nicht, Heinz könnte kommen und mich besuchen!«

Man lässt Heinz, der keine Ahnung von Annas Verliebtheit hat, kommen, und wie durch ein Wunder ist sie genesen.

Genauso freimütig, wie Anna ihrer Mutter gegenüber mit ihrer Liebe umgeht, genauso schüchtern und verschlossen ist *Thomas* seinem Vater gegenüber. Der ist Witwer und hat sich in eine junge Dame verliebt. Der Junge, der sieben Jahre alt ist, hat sich in die gleiche Person verschaut. Eines Morgens nimmt der Vater Thomas auf einen langen Spaziergang mit hinaus aufs Land. Am Nachmittag sollen sie die junge Dame treffen. Die ganze Zeit über summt der Junge und pflückt Blumen. Sein Vater fragt: »Für wen pflückst du denn alle diese Blumen?« Thomas zögert einen Augenblick lang, dann lässt er den Vater sich ganz zu ihm herabbeugen, obwohl sie ganz allein auf der Straße sind, und flüstert: »Für Fräulein Dora!«

Sie begegnen der Dame, und als Thomas keine Anstalten macht, ihr die Blumen zu überreichen, sagt der Vater: »Na, Thomas, warum gibst du denn Fräulein Dora nicht die Blumen, die du den ganzen Vormittag für sie gepflückt hast?«

Thomas antwortet brutal: »Ich habe die Blumen nicht für Fräulein Dora gepflückt!« Und er wirft die Blumen auf die Erde und trampelt auf ihnen herum.

Thomas handelte nicht aus kindlichem Trotz oder Ungezogenheit. *Als Mann* hatte er einem anderen *Mann* sein Vertrauen geschenkt und fühlte sich nun in seiner männlichen Ehre gekränkt wegen – wie er meinte – des schändlichen Verrats seines Vaters

Sentimentale Erziehung
(Ein Kapitel aus einem unveröffentlichten Buch)

Meine Mutter, die nun eine alte Frau ist, sagt immer noch, wenn wir Kinder nicht gehorchen wollen: »Ich habe euch nicht streng genug erzogen!« Und sie weint mit ihren alten Augen, die immer noch dunkel und strahlend sind, ganz rot vor Kummer, aber dann hört sie ein Kind unten auf der Straße lachen, sie eilt zum Fenster, und ihr entzückendes Lächeln kehrt zurück: Sie hat sowohl ihre eigenen großen Kinder als auch deren Ungezogenheit vergessen.

Es ist übrigens wahr. Wir Kinder haben nicht die richtige Erziehung genossen. Wir alle spüren das tatsächlich jeden einzelnen Tag. Aber dennoch – dass unsere Welt so groß und reich und wunderschön ist, dass wir überall treue Freunde haben, das verdanken wir ja gerade unserer falsche Erziehung.

Lasst mich ein wenig davon erzählen.

Wir waren – als ich klein war – vier Kinder. Später kam ein Nachzügler, ein Bruder, mit dem wir nie so richtig rechneten. Er hatte nicht unsere ersten Spiele mit uns geteilt, er war so neu und so klein, er zählte nicht. »Wir sind vier«, sagten wir, »vier Geschwister und dann Holger!«

»Also fünf?«

»Nein, nein! Vier und außerdem Holger!«

Wir wurden teilweise zu Hause erzogen und teilweise bei unserer Großmutter und Großtante, zwei alte Frauen weit in den Siebzigern. Zu Hause war Vater oft krank, und deshalb mussten wir sehr leise sein, im Grunde gingen wir immer auf Zehenspitzen. Niemand schimpfte mit uns, ein erhobener, Schweigen gebietender Finger, das genügte. Aber ließ man uns im Hof oder Garten von der Leine, dann benahmen wir uns wie wilde Tiere. Im Hof gab es eine Tonne mit Schweinefutter. Wenn es mir gelang, weit genug hinaufzuklettern, um in die Tonne hineinzuschauen, sah ich dort unten die ekelhaften Maden herumwimmeln. Ich glaubte, die Tonne sei die Hölle und die Maden der Teufel. Ich hatte Mitleid mit den armen Teufeln, die niemand leiden konnte.

Oh, dieses grenzenlose Mitleid, das mich während meiner ganzen Kindheit peinigte und plagte, sodass mein Herz sich entweder krampfhaft zusammenschnürte oder hämmerte, als wollte es zerbersten.

Wir wurden zu Mitleid erzogen.

Vom Fenster aus sahen konnten das kleine Gefängnis sehen. Hinter den schönen roten Mauern saßen die armen Gefangenen. Wenn die Sonne am schönsten schien, wenn ich mich ganz ausgelassen auf irgendetwas freute – musste ich sofort auf die rote Mauer schauen und an die Gefangenen denken. Wenn ich groß wäre, würde ich alle Gefängnisse niederbrennen! (Noch heute habe ich Lust dazu.) Das Mitleid überwog in einem solchen Grad alle andere Gefühle, dass weder Platz für Gerechtigkeit noch für gesunden Menschenverstand übrigblieb. Dass ein Mensch eingesperrt war, reichte für mich aus, um diesen Mensch zu lieben.

Man erzog uns dazu, alles verschenken zu können. Wir mussten alles mit allen teilen. Wenn wir mit dem Dienstmädchen beim Bäcker waren und einen kleinen Kuchen als Geschenk bekamen, dann brachten wir ihn nach Hause, teilte ihn in acht Teilen: vier Geschwister, Eltern, Dienstmädchen und Hund.

Einmal brachte meine jüngste Schwester einer Jugendfreundin unserer Mutter einen Rosenstrauß. Die Dame wollte sie mit Kuchen bewirten. Die Kleine bedanke sich, nahm aber keinen Kuchen.

»Warum isst Du nichts?«

Keine Antwort.

Die Dame dachte, dass sie schüchtern sei, und sagte: »Jetzt gehe ich in die andere Stube, und währenddessen kannst Du alle Kuchen essen!«

Kurz darauf kam sie zurück. Die Kuchen lagen in einer Reihe auf dem Tisch, und das Kind zählte verzweifelt an ihren Fingern ab. Ihr Gesichtsausdruck war angespannt und gequält.

»Was ist denn los! Du hast noch nicht einmal angefangen?«

Das Kind begann zu stammeln: »Es ist kein Kuchen da für mich und unseren Hund!«

Es waren nämlich sechs Kuchen, und acht mussten es ja sein, wenn man der Gerechtigkeit Genüge tun wollte und sie auch daran denken durfte, selbst einen Kuchen zu essen

Ich war weniger anständig. Ein scheußliches altes Weib, das stets ein wenig vom Alkohol benebelt war, kam jede Woche und holte Brot und alte Kleider. Ich fand, dass es eine Schande sei, dass sie nur Brot und alter Kleider bekam, weshalb ich in die Speisekammer schlich und mir alle Eier, die ich in meiner Schürze tragen konnte, schnappte.

Ich wurde ertappt. Mann nannte es Diebstahl. Ich wendete ein: »Ich habe ja nichts gestohlen, ich habe nur mit der Frau geteilt!« *Das war Diebstahl!* Und meine gute Mutter weinte.

Also hatte ich gestohlen. Mein Gewissen war so schwer wie ein Mühlenstein und außerdem zwiegespalten. *Ich musste ja stehlen, um zu geben!* Doch ich beschloss, dass ich irgendwann alles beichten würde. Der liebe Gott würde mich dann verzeihen. Am Silvesterabend führte ich meine Mutter in den Keller hinunter – weil das der dunkelste Ort war, den ich kannte –, und dort erzählte ich ihr von allen Diebstählen. Wir weinten zusammen. Am Neujahrstag war mein Gewissen so leicht wie eine Seifenblase. Ein Bettler klingelte an der Tür. Seine Mütze war zerlumpt. Im Flur hingen sieben Hüte, die meinem Vater gehörten. Ich nahm einen davon und gab ihn dem Bettler – den, der am meisten glänzte und von allen am höchsten war. Später hatte ich natürlich keine Ahnung, wo der Hut wohl abgeblieben sein konnte – nicht vor dem nächsten Silvesterabend.

Ich log und ich stahl.

In der Lokalzeitung las ich über einen schrecklichen Mord. Ein Mann hatte zwei alte Menschen mit einem Messer ermordet. Mutter zitterte und bebte angesichts der Tat. Sie war genauso durchdrungen von Mitleid wie ich. Wir sprachen über die arme Mutter des Mörders, über seine Geschwister, seine Großmutter.

In der Nacht konnte ich nicht schlafen. Ich dachte an den Mörder. Ich rang die Hände. Sollte er in die Hölle kommen und in alle Ewigkeit brennen? … Eine Ewigkeit war etwas noch Größeres als ganz hinauf in den blauen Himmel, der einen schwindlig machte, wenn man hineinstarrte, selbst wenn man sicher auf der Erde lag. Ich war bereits so groß, dass ich nicht mehr an die Madenhölle glaubte und auch nicht daran, dass unser Gartenschlauch das ewige Feuer löschen konnte. Ich wollte auf die eine oder andere Weise das Schreckliche mit dem Mörder teilen. An die Ermordeten dachte ich überhaupt nicht. Die kamen ja ganz von allein in den Himmel. Für die Menschen, die in den Himmel kamen, hegte ich hingegen keine größeren Sympathien, weil sie sich damit abgefunden hatten, dass andere in der Hölle schmorten und vor lauter Durst im Feuer vergingen und nie ausbrannten, sondern Tag für Tag weiter braten würden bis in alle Ewigkeit.

Doch, wie wäre es mir möglich gewesen, mit ihm zu teilen?

Ja, es gab nur einen Weg: Ich musste selbst zur Mörderin werden!

Es ist ziemlich lange her, doch ich erinnere mich noch an die lodernde Angst, die mich durchzuckte, als ich meinen Entschluss fasste. Aber wen sollte ich bloß ermorden? Alle Menschen waren ja so gut zu mir. Selbst der schwarze Schornsteinfeger. Vater war krank. Kranke Menschen mussten ohnehin sterben. Ich verließ mein Bett, schlich mich ins Wohnzimmer und holte einen Brieföffner aus Elfenbein! Ich mochte dieses Messer so sehr, es fühlte sich so glatt und schön an. Es konnte Papier in ganz feine, dünne Streifen schneiden wie nichts. Ja, mit diesem Messer wollte ich meinem Vater den Hals durchschneiden. Denn es gab keinen anderen Ausweg. Ich war wohl sechs Jahre alt oder vielleicht sieben. Leise, leise schlich ich mich in das Schlafzimmer meiner Eltern. Der Mond schien, der große grausame Vollmond stand am Himmel und glotzte mich an. Er sah so böse und ekelhaft aus …

Der Mond war schuld daran, dass ich wie eine Besessene zurück in mein Bett stürzte und mich am Fußende verkroch.

Also log und stahl ich, und nun wäre ich um ein Haar zur Vatermörderin geworden!

Wir wurden eigentlich hauptsächlich von den beiden alten Frauen erzogen. Sie wohnten in einem uralten Haus, wo die Fensterscheiben durch die Jahre und die Witterung Regenbogenfarben angenommen hatten. Die Möbel waren über einhundert Jahre alt. Es herrschte ein Frieden, der mir weder vorher noch später jemals wieder begegnet ist. In der Küche war der Boden mit roten Ziegelsteinen belegt. Durch den offenen Herd schaute man direkt in den Himmel hinauf. Großmutter erzählte, dass einmal, als sie dort stand und einen Pudding zubereitete, sich der Deckel hob und sowohl Pudding als auch Deckel in den Schornstein hinaufflogen. Als fünfzehnjähriges Mädchen habe ich immer noch dem Pudding hinterhergestarrt, ob ich nicht doch Reste davon sehen könnte. Jedes Wort, das Großmutter sagte, war die Wahrheit, konnte einfach nur die Wahrheit sein.

Die alte Großtante hatte mich schon das Lesen gelehrt, als ich vier Jahre alt war, später lernte ich von ihr, Strümpfe zu stricken. Ich arbeitete nach der Uhr. Es war ein Wettkampf. Du meine Güte, wie sehr ich mich beeilte! Mir wurde schwindlig. Mein Herz klopfte, schneller, schneller, sonst gewinnt die Uhr!

Und nach dieser Zeit konnte ich nie wieder ruhig sein. Ich musste alles in größter Eile tun, augenblicklich, außer Atem. Die alte Uhr ist in mich gefahren, ich werde sie wohl nie wieder los.

Die Tante selbst war ungemein ruhig. Man hörte kaum ihre Schritte. Sie sprach so leise. Ich habe nie einen anderen Mensch gesehen, der so anspruchslos war in Bezug auf Kleidung und alles andere. Vierzehn Jahre lang trug sie tagein tagaus dasselbe Kleid, aschefarben, ohne Besatz. Um ihrem

Leib hatte sie eine blaugestreifte Schürze aus Baumwolle. Ihre Augen waren so alt, dass ihr Glanz erloschen war.

Auch Großmutter war bescheiden gekleidet, doch am Sonntag und an Feiertagen trug sie ein schwarzes Seidenkleid, »das von allein stehen konnte«, und eine Haube mit echten Spitzen. Sie sah aus wie eine Königin.

Wir Kinder lernten, uns mit wenig zu begnügen und trotzdem das zu lieben, was schön und selten war.

Jeden Weihnachtsabend schenkten diese beiden wunderbaren Wesen uns Kindern ein paar kunstfertig gestrickte Strümpfe, und in jedem Paar befand sich ein sorgfältig in Papier eingewickeltes Zehnörestück. Die Münze steckten wir in die Sparbüchse – es wäre uns nicht einfallen, uns in irgendeiner anderen Weise von ihr zu trennen. Und das Papier hoben wir jahrelang auf.

Jeden Tag unternahm die Tante einen Spaziergang »hinter den Gärten«. Wir Kinder begleiteten sie. Es kam uns wie eine Ehre vor. Die herausgeputzten Bürger gingen dort mit ihren Ehefrauen spazieren. Die Tante ging in Filzschuhen, ohne Hut, ohne Mantel, mit den Händen – so, als ob sie frieren würde – unter der Schürze.

Und wir Kinder lernten, uns nicht darum zu kümmern, »was die Leute sagten«.

Jeden Samstagabend waren wir bei Großmutter eingeladen. Dann spielten wir Kleinkinder Whist mit den alten Damen. Die Punkte wurden mit Kreide auf dem Tisch selbst notiert. Wir freuten uns von Woche zu Woche auf den Samstagabend – ja, darin bestand unsere Einteilung der Zeit.

Sowohl hier als auch zu Hause wurde nur gut über andere Menschen gesprochen. Alles und jeder wurde verteidigt. Wir wussten nicht, konnten nicht ahnen, dass Menschen böse sein oder gegen ihre eigene Überzeugung handeln konnten. Alle anderen Kinder waren wahre Engel. Und das Drollige war, dass wir es glaubten. Wir waren so daran gewöhnt, unsere Augen vor dem zu verschließen, was man besser nicht sehen sollte, dass wir blind dafür waren.

Man erzog uns zur Frömmigkeit. Wenn Großmutter oder die Tante sich von uns verabschiedeten – wir sahen uns ja jeden Tag –, hieß es immer: »Morgen, so Gott will!« Auf dem Tisch unter dem Fenster – ach, dieser wunderschöne Tisch, wo Chinesen umhergingen und Fische schwammen und Schiffe auf blauen Wassern segelten – lag die Bibel. Jeden Tag wurde darin gelesen. Wir glaubten alles, was sie uns vorlasen.

Ich wollte so gern fliegen. Oft träumte ich, dass ich flog, hoch, hoch über die Bäume, über die Wolken, dass ich die Sterne berührte, und mir war ein wenig bang davor, mich zu verbrennen. Ich träumte, dass ich unterwegs in die Schornsteine hinabschaute. Großmutter hatte uns vom »Glauben, der Berge versetzt« vorgelesen. Ja und ich glaubte, ja, ich glaubte fest und unbedingt daran.

Ich stellte mich oben an die hohe Küchentreppe, deren Stufen mit Eisen beschlagen waren. Ich breitete die Arme aus, schloss meine Augen – und flog … Eine halbe Sekunde dauerte die Herrlichkeit wohl, dann lag ich mit ausgeschlagenen Zähnen, blutender Nase und geschwollenen Knien da.

Mein Glaube hatte Risse bekommen, doch hört, wie er vollends zerbrach.

Ich liebte Feuer über alles. Besonders sehnte ich mich danach, wenn mir die Schule so langweilig wurde, dass ich nicht einmal mehr gähnen konnte. Ich flehte den lieben Gott an, ein großes Feuer zu schicken – oder wenn schon kein großes, dann doch wenigstens ein kleines, ein ganz kleines. Ab und an machte er mir wirklich diese Freude. Dann läuteten die Sturmglocken. Das Rathaus lag direkt neben der Schule – es klang, als würde der liebe Gott selbst am Glockenseil ziehen. Es war schwierig ruhig zu sitzen, doch die Erwartung war so süß. Und wie überirdisch herrlich, wenn die Schule vorbei war, und ich – ohne Mittagsessen – mit der Schultasche in der Hand zum Feuer rannte.

Eines Nachts erwachte ich. Mutter stand an meinem Bett: »Wach auf, mein Kind, die Stadt brennt!« Und ich sah, dass es taghell war. Die Flammen durchzuckten die Luft wie Blitze. Es fegte ein Orkan über die Stadt. Schauten wir nach rechts, war dort das Feuer, schauten wir nach links, war es auch dort. Nur Vater blieb ruhig. Er zog sich an und ging hinaus.

Wir saßen wie gebannt im Zimmer, bebend und freudig – wir Kinder. Mutter weinte leise: »Ach, die Armen, die Armen!«

Ich, die sonst immer dabei war, vor Mitleid zu vergehen, konnte kein Mitleid empfinden. Mein innigster Herzenswunsch: ein Riesenfeuer, war in Erfüllung gegangen.

Eine Stunde später – sie kam mir vor wie eine Ewigkeit – kehrte Vater zurück. Er war ruhig, aber seine Hände zitterten, und seine Stimme klang so schwach: »Dein altes Zuhause ist in Gefahr!«, sagte er zu Mutter. Da war es, als ob ich zum zweiten Mal erwachte. Als hätte das Feuer bisher nur mein Körper geweckt und jetzt käme meine Seele zu Bewusstsein.

Keine Macht der Welt hätte uns Kinder länger zurückhalten können, keine Angst vor Strafe.

Die Tante war die letzten acht Tage krank gewesen. Sie war jetzt über achtzig Jahre alt. Sie lag still im Bett, doch wenn wir Kinder kamen, sprach sie mit uns über damals, als sie selbst ein Kind gewesen war und jeden Tag von Napoleon las und hörte. Napoleon in Russland, Napoleon auf St. Helena.

Die Sturmglocken erklangen. Vom Rathaus, von allen Kirchen, vom Krankenhaus. Die ganze Stadt stank nach Rauch. Nase und Mund füllten sich damit. Das Atmen fiel schwer. Heiße Rauchwolken schlugen uns entgegen. Die Luft war rot wie Blut. Überall fielen brennende Holzstücke herunter. Irgendetwas explodierte mit einem lauten Knall. Ein Riesenschornstein stürzte vor unseren Augen um. Alle Menschen waren kreidebleich im Gesicht, die meisten weinten, sowohl Männer als auch Frauen. Die Straßen waren nass. Überall sahen wir die Wasserschläuche blitzen und die Feuerwehrleute mit ihren schwarzen Helmen und glänzenden Gürteln. Ihre gelben Wachstuchkappen waren zerrissen und von Ruß befleckt.

Mutter eilte voraus, weinend.

Hier war abgesperrt, und dort war abgesperrt. Es kam mir vor, als ob nicht nur die ganze Stadt, sondern die ganze Welt brannte. Endlich gelang es uns über große Umwege, »hinter die Gärten« zu kommen. Dort glich alles einem Flammenmeer. Unser Garten – Großmutters Garten – dort, wo sonst nur Friede und Schönheit herrschte, hatte sich in einen Schutthaufen aus Wasser und verbrannten Balken und zerbrochenem Hausrat verwandelt. Der Zaun war umgekippt, die Rabatten waren bis zur Unkenntlichkeit zertrampelt. Und im Garten selbst standen die Feuerwehrleute und bespritzten das Haus.

Mutter stieß einen Schrei aus. Sie wollte hinein. Es war verboten. Doch wir erhielten die Erlaubnis. Wir gingen hinein. Fremde Menschen mit Kannen und Wasserschläuche liefen durch die Küche, die sich zwischen Hof und Garten befand. Wir erkannten sie nicht wieder.

Aber Großmutter saß in ihrem alten Armsessel, aufrecht wie eine Kerze, ihre schwarzen Augen blickten nach innen – oder weit, weit in die Ferne. Ihre Hände waren gefaltet. So saß sie da, als wir hineinstürzten. Ruhig, mit Würde, stand sie auf, küsste uns wie immer auf die Stirn – ihre Lippen waren so kalt. Zu Mutter sagte sie: »Armes Kind, armes Kind!«

Wir schlichen hinüber zum Bett, wo die Tante lag. Die Vorhänge waren zugezogen. Großmutter flüsterte: »Sie weiß von nichts! Hoffentlich lässt man sie in Frieden sterben!« Vater sagte: »Es ist gefährlich hier zu bleiben!« Sie machte ihn ein Zeichen: »Könnten Sie nicht die fremden Menschen darum bitten, sich so ruhig wie möglich zu verhalten, wenn sie durch das Haus laufen. Sagen Sie ihnen, hier liegt eine sterbende Frau!«

»Aber Schwiegermutter, es ist gefährlich hier zu bleiben!« Sie antwortete nicht. Es war, als ob sie nicht eine Sekunde daran dachte, das es um ihr Heim ging, das Haus, in dem sie ihre Kinder zur Welt gebracht hatte, das Haus, in dem ihr seliger Mann selbst geboren worden war. Sie erwähnte es mit keinem Wort.

Höher schossen die Flammen hinauf, wilder tobte der Orkan. Aus fremden Städten kamen die Spritzenwagen. Ein Regiment Soldaten wurden abkommandiert, um beim Löschen zu helfen; Stadtviertel um Stadtviertel versank in Ruinen. Als die Fabriken brannten, explodierten die Kessel mit sonderbarem Dröhnen. Es brannte Tage und Nächte. Und dort lag die alte Großtante und konnte weder leben noch sterben.

Ich hatte immer gedacht, wenn sie irgendwann einmal sterben sollte, würde der liebe Gott ein Wunder geschehen lassen, und – wie beim heiligen Elias – ein Feuerwagen schicken, um sie in den Himmel zu holen. Ach, wie weit war all das von den Tatsachen entfernt! Da lag sie und faltete ihre Hände und wollte das Vaterunser beten – und hatte es vergessen, konnte es nicht.

Sie faltete ihre Hände, und aus ihren armen, halb gebrochenen Augen liefen unaufhörlich die Tränen. Drei Tage und drei Nächte dauerte das Feuer. Drei Tage und drei Nächte dauerte ihr Todeskampf.

Ich hatte die Wahl: Zu glauben, dass sie ein schlechter Mensch gewesen war, der jetzt bekam, was er verdient hatte, oder, dass Gott nicht allgütig war. Es gab keine andere Wahl. Als sie starb, starb auch mein letzter Glaube.

Angst vor Gefühlen

Es wurde bereits gesagt, dass die sentimentale Erziehung nicht die gesündeste ist. Sie fördert Empfindsamkeit und vor allem Mitgefühl, sie schärft das Vermögen zu lieben, aber sie befähigt den Menschen nicht, am Lebenskampf teilzunehmen.

Man wird zu einer Treibhauspflanze, die nicht einmal das geringste kalte Lüftchen vertragen kann, ohne Schaden zu nehmen. Und das Leben besteht nun einmal nicht nur aus Sonnenschein und milden Winden.

Die Kinder von heute laufen gewiss keine Gefahr, an Sentimentalität einzugehen, viel eher flößt man ihnen Angst davor ein, Gefühle zu haben und zu zeigen.

Ein junges Mädchen erzählte mir einmal, dass sie ihr ganzes Leben darunter gelitten hatte, dass niemand sie küsste oder liebkoste, als sie noch ein

Kind war. Es lag nicht an mangelnder Zärtlichkeit, es war in der Familie einfach nicht üblich, die Kinder zu liebkosen. Und das junge Mädchen fand niemals, dass ihr das spätere Leben diese Kindheitsentbehrung ersetzte.

In vielen Kreisen ist es, wie bereits erwähnt, nicht üblich, Kinder zu liebkosen. Teils ist es nicht hygienisch! Teils fürchtet man, die Kinder zu verweichlichen. Man möchte sie abhärten, denn das Leben braucht abgehärtete Menschen. Doch hier verrechnet man sich oft. Löscht man das Feuer in einem kleinen Kinderherz, dann erst friert das kleine Wesen richtig, dass man abzuhärten glaubt.

Und was bedeutet es denn, ein Kind gegen Gefühle abzuhärten? Augen, die nicht weinen können, sind entweder aus emailliertem Glas gemacht oder sie haben andere Mängel. Der Mensch ist mit Gefühlen geboren, um davon Gebrauch zu machen, nicht um sie schamhaft zu verstecken oder auszurotten.

Es gibt gewisse Dinge, die so sehr vernachlässigt und verachtet werden, dass sie zuletzt überflüssig, ja rudimentär werden.

Die schöne Eigenschaft: bewundern zu können, ist fast ausgestorben. Nur bei Kindern und sehr naiven und ganz außerordentlichen Menschen mit Herzensbildung gibt es sie noch. Alles ist: Ganz hübsch! Sehr nett! Nicht schlecht!

Niemand wagt es, vor Verzückung auf die Knie zu fallen, niemand wagt es, zu seinen unmittelbaren Gefühlen zu stehen.

Man hat ein Zuhause und viele Jahre darauf verwendet, um es ganz nach seinem Geschmack einzurichten. Man hat unendliche Sorgfalt walten lassen, man hat jedes zusammengesparte Öre dafür geopfert, und nun ist man zufrieden. Man findet, nichts lässt sich damit verglichen. Doch so etwas wagt man nicht laut auszusprechen. Wenn jemand dein Zuhause lobt, wirst Du höchstens, wie es sich ziemt, bescheiden antworten: »Ja, ich finde selbst, dass es ganz hübsch ist!« Man hat nicht den moralischen Mut, zu sich selbst zu stehen.

Wenn im Theater ein rührseliges, künstlerisch vielleicht nicht vollkommenes Stück aufgeführt wird und den Zuschauern Tränen in die Augen steigen, dann werden sie sich, sofern sie Respekt vor sich selbst haben, schnellstens abwenden und die Tränen wegwischen. Und im Zwischenakt sind sie die Eifrigsten, das Stück lächerlich zu finden. Du hörst einen Vortragenden. Er spricht dich direkt an. Er blickt in deine offene Seele hinein. Du fühlst dich plötzlich von Ehrfurcht ergriffen. Dieser Mann hat dich etwas gelehrt. Er hat dir etwas klar gemacht, worüber du lange vergeblich nachgegrübelt hast. Du wirst ihn nachher aufsuchen, ihm danken.

Dein Nachbar flüstert dir ins Ohr: »Sieh auf seine Hände!« Und du siehst die Hände, die nicht zum übrigen Bild des Mannes passen. Dein Nachbar macht dich auf die Art und Weise, wie er einzelne Wörter ausspricht, aufmerksam. Man hört, dass er von Bauern abstammt. Du zwingst dich, ihn in einem anderen Licht zu sehen. Als er fertig ist, schleichst du dich weg. Immer noch hast du Lust, ihm zu danken, doch deine Gefühle sind gespalten. Du schämst dich, sie zu zeigen.

Auf der Straße fährt ein Kohlenwagen. Er ist viel zu schwer beladen. Die Pferde können ihn nicht ziehen. Du siehst, wie verzweifelt sie sich anstrengen. Du hörst die Peitschenhiebe auf sie niederprasseln. Dein Herz zieht sich zusammen, du fühlst den Schwindel des Mitleides in deinem Blut kochen. Du machst ein paar Schritte, du möchtest mit dem Kutscher reden, ihn mahnen, ihn bitten … Du schämst dich für deine Gefühle und eilst weiter.

Oder du siehst einen alten Mann vorbeiwanken. Er trägt einen Sack mit Brennholz. Der ist zu schwer für ihn. Er muss ihn fallen lassen, und nun kann er ihn nicht wieder zurück in seinen Nacken heben. Du wünschst, es wäre kein Mensch in der Nähe, dann würdest du ihm nicht nur helfen, die Last wieder auf seinen Rücken zu heben, du würdest ihm helfen, sie zu tragen.

Doch überall um dich herum sind fremde Menschen. Einer von ihnen könnte dich erkennen. Du schämst dich, du errötest allein bei dem Gedanken und eilst fort, als ob jemand dir ansehen könnte, was deine Absicht war.

Einmal sah ich auf der Straße einen älteren Mann, er war gut angezogen, doch seine Kleidung war in einem jämmerlichen Zustand. Er hatte eindeutig mehrmals im Straßendreck gelegen. Der Mann war betrunken. Er fiel hin, kam wieder auf die Beine, fiel wieder hin. Menschen versammelten sich um ihn. Er fragte lallend nach dem Weg, man antwortete, lachte, und er torkelte weiter. Ein kaum zwanzigjähriges Mädchen kam vorbei. Auch sie blieb kurz stehen und sah den betrunkenen Mann an. Abwechselnd errötete und erblasste sie. Sie machte einen Schritt nach vorn, wich zurück, trat wieder vor. Plötzlich, als der Mann in die Mitte der Straße hinauswankte und somit Gefahr lief, überfahren zu werden, stürzte sie auf ihn zu, ergriff seinen Arm und hielt ihn mit der ganzen Kraft ihrer Jugend aufrecht. Er starrte sie an. Er war ihr sicher noch nie begegnet, aber sie zwang ihn mit sich zurück auf den Gehsteig und ging weiter, ihn halb hinter sich herschleppend, halb lockend. Nie habe ich ein Antlitz gesehen, das so flehentlich verängstigt war wie das Gesicht dieses Mädchens. Und niemals hat mich etwas mehr bewegt als jener Anblick. Sie handelte aus reinem Instinkt. Es fiel ihr nicht ein, zu sich selbst zu sagen: »Der Mann ist außer Stande, seine Anschrift mitzuteilen!« Nein, sie dachte nur daran, dass er ohne ihre Hilfe vielleicht überfahren worden wäre. In diesem Augenblick war sie eine Märtyrin, eine Heilige. Ihr Erröten, ihre Scheu Menschen gegenüber, das Flehentliche in ihrem Blickes: »Hört auf, uns anzustarren!« war unendlich viel wertvoller, als wenn sie ihm mit Gleichgültigkeit geholfen hätte.

Als Gegengewicht zur Sentimentalität füllt man die Kinder mit Kritik an. Kritik – der Todfeind der Naivität.

Jeder dumme Bengel sieht sofort, ob ein Mensch einen Buckel, ob er eine Hasenscharte hat. Aber nicht jeder dumme Bengel hat die Gabe, einen Sonnenstrahl auf einer weißen Mauer zu beobachten oder über den Anblick eines Schmetterlings zu jubeln oder Herzklopfen zu bekommen, wenn er eine falsch singende Mädchenstimme ein altes, einfältiges Volkslied blöken hört.

Und derjenige, der es gut mit dem Kind meint, sollte ihm seine Naivität so lange wie möglich lassen. Nimmt man ihm sein: »Himmelhoch jauchzend, zum Tode betrübt« weg, dann tut man ihm ein Unrecht an, das nicht wiedergutzumachen ist.

Man braucht das Kind nicht vor schlechten Büchern warnen, indem man sie kritisiert. Gibt man dem Kind eine ausreichend große Anzahl guter Bücher – sodass es in seinem Hunger nicht zu allem greift, was gerade zur Hand ist –, dann veredelt man den ihm von der Natur gegebenen guten Geschmack, sodass es von schlechten Büchern gar nichts wissen will.

Man braucht das Kind nicht vor schlechter Kunst zu warnen. Lasst es Meisterwerke in Hülle und Fülle sehen, und es wird Machwerke links liegen lassen.

Doch während der Kritiker sich verächtlich von einem schlecht gemalten Bild abwendet, wird der empfindsame Mensch – ob Kind oder Erwachsener – es in aller Ruhe betrachten, und kraft seines Instinkts und Mitgefühls begreifen, was der Maler erreichen wollte, aber nicht vermochte.

Der zur Nüchternheit erzogene Kritiker steckt die Finger in die Ohren, wenn er in die Nähe eines Leierkastenmannes kommt, während der empfindsame Mensch sich hin und wieder von süßen Kindheitserinnerungen berauschen lässt, die gerade durch die klagenden Töne des Leierkastenmannes geweckt werden.

Der Kritiker denkt: »Welch schrecklicher Gestank nach Matrosentabak!« Der Sentimentale sieht vor sich den Hafen in der Stadt seiner Kindheit, sieht die Schiffe kommen und gehen und ist plötzlich weit weg in der herrlichen

Welt der Erinnerungen. Der Matrosentabak hat ihm diesen Genuss verschafft.

Die kritische Erziehung hat wohl ihre guten Seiten. Menschen werden nicht so leicht an der Nase herumgeführt. Sie werden nicht enttäuscht, werden nicht so oft ausgenutzt. Aber sie gehen in einem Zustand der Kälte, Engstirnigkeit, Teilnahmslosigkeit und Einsamkeit durch die Welt, der dem Leben seine Schönheit, seine Farbenpracht und seinen Wert raubt.

Der traurigste Mensch ist bekanntlich derjenige, der nur über die Lächerlichkeit des Nächsten lachen kann.

Kritik tötet die Schaffenskraft, und das Kind schafft in jeder Sekunde, die es lebt.

Eltern und Kinder

Es gibt wohl kaum Eltern, die ihr Kind nicht lieben, aber es gibt viele Kinder, die diese Liebe nicht erwidern.

Wer trägt die Schuld dafür? Leider diejenigen, die am meisten darunter leiden. Wenn ein Kind – was oft geschieht – in einem hässlichen oder rohen Ausbruch von sich gibt: »Ich habe nicht darum gebeten, geboren zu werden!«, dann beklage ich im Innersten meines Herzens die armen Eltern, die es ohne ihr Wissen so weit kommen ließen.

Es bedeutet nämlich nicht nur, dass das Kind schlecht und ungerecht ist, sondern auch dass es zutiefst unglücklich ist. Es bedeutet, dass es nach vergifteten Waffen greift, um sich gegen sein eigenes krankes, zorniges und unzufriedenes Gemüt zu verteidigen. Es richtet die Waffen gegen seine Eltern und trifft sich selbst.

Meistens verstummen die Eltern, wenn sie diese Worte zum ersten Mal hören. Sie fühlen sich getroffen. Sie krümmen sich vor Schmerz. Dann versuchen sie, sich zu verteidigen: »Dass sie es stets gut gemeint haben! Zuletzt geht es ihren Herzen wie den Fingerspitzen des Diamantschleifers: Sie sind so oft verbrannt worden, dass sie das Gefühl darin verloren haben.

Doch wenn die Eltern allein sind, sagen sie zu einander: »Haben wir das verdient? Haben wir nicht alles getan, um unserem Kind Freude zu bereiten?« Das Kind lächelt voller Verachtung: »Nicht einmal mehr antworten können sie!«

Später mildert die Zeit alles ab. Das Kind wird erwachsen, es kann tun und lassen, was es will. Es denkt zurück und preist das Schicksal, welches es endlich aus der »Sklaverei« der Eltern befreit hat. Es denkt von oben herab: »Nun ja, letzten Endes haben sie es nicht so schlecht gemeint, sie wussten es einfach nicht besser. Zwei Generationen verstehen einander ja nie. Es sind alte Menschen, man muss Nachsicht mit ihnen üben!« Und gnädig, überlegen, verzeiht das Kind dann seinen Eltern – den Eltern, die alles getan haben, um ihrem Kind ein gutes Leben zu bieten!

Doch die Eltern fühlen sich nicht gedemütigt. Sie sind froh, wenn sie bloß existieren dürfen, wenn sie zusehen dürfen, wie ihr Kind sich sein Leben einrichtet, ohne sie um Rat zu fragen, ohne sie daran zu beteiligen.

Aber – die Eltern waren selbst einmal Kinder, haben selbst erfahren, was es heißt, missverstanden zu werden, Hindernisse in den Weg gelegt zu bekommen, sich versklavt zu fühlen durch den Willen des Stärkeren. Auch sie haben einmal trotzig die Fäuste geballt und Groll im Herzen getragen. Auch sie haben blutige Rache genommen für eingebildetes oder wirkliches Unrecht. Und sie haben zu sich selbst gesagt: »Wenn ich einmal Kinder bekomme, soll es anders werden!«

Wenn die Kinder kommen, ist alles vergessen.

Doch was sollen die armen Eltern tun?

Sie sollen angesichts ihrer Kinder von Anfang an, stets und unermüdlich, ohne es als überflüssig zu betrachten, zurückdenken und jede kleine Forderung, die sie an ihr Kind stellen, erst an sich selbst überprüfen. Sie dergestalt überprüfen, dass sie untersuchen, welchen Eindruck sie auf sie selbst gemacht hätte, als sie Kinder waren. Welche Gedanken sie hervorgerufen hätte. Sie sollen das oberste Gericht ihrer Kindheit im Herzen tragen und es alles entscheiden lassen.

Sie sollen Sport und Spiel der Jugend um sie herum mitverfolgen und beobachten, so weit es ihnen möglich ist.

Der Mann, der als Zwanzigjähriger ein glühender Anbeter moderner Literatur war, hat oft als Vierzigjähriger nur noch einen Achselzucken für sie übrig. Er versucht erst gar nicht, dem Kind seinen geänderten Standpunkt klar zu machen. Er schließt den Bücherschrank, dreht den Schlüssel herum und steckt ihn in die Hosentasche. Und dann wundert er sich darüber, dass das Kind hinter seinem Rücken alles liest!

Hat es ihm geschadet? Nicht die Spur. Aber er ist einfach satt – und mit den Jahren ein wenig reaktionär geworden. Übrigens so sehr, dass er seinen Radikalismus am liebsten vergessen möchte. Er sagt nicht: »Mein liebes Kind, ich bin ein richtiger Dummkopf gewesen. Ich habe all die Bücher verschlungen, die in meine Reichweite kamen, und ich war von ihnen begeistert. Jetzt bin ich etwas fauler geworden und, wie du siehst, fetter und bequemer. Nun nehme ich mir keine Zeit mehr für so etwas. Ich glaube auch, dass es am besten für dich wäre, wenn du dich ein wenig von mir beraten lassen würdest. Es gibt Bücher, bei denen man sich nachher wünscht, dass man sie nicht gelesen hätte. Oder ziehst du es vor, deine eigenen Erfahrungen zu machen?«

Nein, so spricht er nicht, er begnügt sich damit, es zu verbieten.

Erwachsene Menschen haben ein merkwürdiges Bedürfnis, ihre Macht geltend zu machen – ein Bedürfnis, das wohl mit einer gewissen Angst vor der Jugend zusammenhängt –, indem sie Oberrichter, Polizei und Ordnungshüter spielen. Es ist oft so, als fühlten sie eine heimliche Freude darüber, noch – immer noch – am Ruder zu sitzen, und als müssten sie das um jeden Preis so lang wie möglich ausnützen.

Der Mann, der alle Ausstellungen mit Arbeiten junger Künstler besucht und seine Kinder mitnimmt, ohne ihnen durch scharfe Kritik den möglichen Genuss zu verderben, macht sich selbst eine dauerhafte Freude. Einerseits hält er sich jung, andererseits wirkt er daran mit, junge Talente zu entdecken und ihre Entwicklung mitzuverfolgen, und schließlich bewahrt er das Vertrauen seiner Kinder.

Der Mann, der heute nach draußen geht und mit seinem Sohn Schlitten fährt – obwohl er eigentlich zu bequem dazu ist – und der morgen mit demselben Sohn über ein wissenschaftliches Buch redet, dessen Inhalt im Grunde den Horizont des Jungen übersteigt, dieser Mann gewinnt die Freundschaft seines Sohnes.

Der Mann, der zu seinem Sohn sagt: »Als ich noch ein Kind war, war ich in der Schule ein fauler Schlingel, und die Folge ist, dass ich bis zum heutigen Tag die wichtigsten Städte in China nicht kenne und keinen anständigen französischen Brief schreiben kann!«, dieser Mann hilft seinem Sohn unendlich viel mehr als jene Väter, die immer die Klassenbesten in der Schule waren – jedenfalls nach eigener Aussage.

Der Mann, der zu seinem Sohn sagt: »Deine Mutter und ich überlegen, eine Villa zu bauen, aber zuerst müssen wir mit deinen Großeltern sprechen, sie können uns beraten, denn sie haben selbst gebaut!« Dieser Mann erlangt in den Augen des Kindes einen Respekt und eine Würde, die er sich auf keine andere Weise hätte aneignen können.

Der Mann, der seinem Dienstmädchen die Tür aufhält, weil sie eine Frau ist, hat seinem Sohn vielleicht eine Lehre für das Leben gegeben und wird dadurch mitbestimmen, wie die Haltung seines Sohnes Frauen gegenüber sein wird.

Der Mann, der zu seinem Sohn, wenn sie alleine sind, sagt: »Heute Abend gehe ich in den Klub. Tust du mir einen Gefallen? Willst du dafür sorgen, dass deine Mutter sich nicht einsam fühlt. Willst du tun, was du kannst, damit sie einen angenehmen Abend verlebt?« Dieser Mann wird stets von seinem Sohn bewundert und mit äußerster Rücksicht behandelt werden.

Der Mann, der zu seinem Sohn sagt: »Ich verstehe so gut, dass du dir ein Fahrrad wünschst, und ich würde dir gerne eines kaufen; doch die Sache ist die, dass ich etwas unvorsichtig mit dem Geld gewesen bin, und ich weiß wirklich nicht, ob ich mir eine solche Ausgabe gerade jetzt erlauben kann. Doch lass uns darüber nachdenken, wie sich diese Angelegenheit regeln lässt. Ich bin gewillt, meinen Verbrauch an Zigarren auf die Hälfte zu reduzieren, könntest *du* dann nicht die Hälfte deines Taschengeldes sparen, denn dann glaube ich, dass wir bald einen Weg finden, dir ein Fahrrad zu beschaffen.«

Dieser Mann lehrt seinen Sohn nicht nur die Freude am Sparen, sondern erweckt auch seine Dankbarkeit und bringt ihm Verständnis dafür bei, wie schön es sein kann, wenn man Opfer bringt.

Der Mann, der sich in Anwesenheit des Sohnes bei seiner Ehefrau für jeden Gefallen, den sie ihm tut, bedankt, und sei dieser Gefallen auch noch so klein, schenkt ihm eine wunderbare Erinnerung an das Elternhaus und bereitet ihn darauf vor, ein guter Ehemann zu werden.

Frau Doktor empfängt

Es ist noch nicht einmal elf Uhr, doch die ersten Leute kommen schon. Man sollte fast meinen, der lange Korridor vor dem Zimmer der Schuldirektorin sei das Vorzimmer eines Modearztes. Als Louise mit roten Wangen und strahlenden Augen – sie kommt gerade aus einer der Klassen mit den jüngsten Schülern – vorbeieilt, wird sie nicht nur von ihnen, die just zu diesem Zeitpunkt Pause haben, sondern auch von all den fremden Menschen, von denen jeder glaubt, gerade sein Anliegen sei das wichtigste, umringt.

Willys Vater kommt als erster ins Zimmer. Er ist höflich und formell. Er verbeugt sich tief und bedauert, dass er Frau Doktor Minuten ihrer kostbaren Zeit stehlen wird, doch es ist notwendig. Willy will nämlich nicht essen. Willy ist so jung, dass man ihn nur schwerlich mit einem Hungerstreik in Verbindung bringen kann. Er ist dünn wie ein Streichholz, und das wenige Essen, das man in ihn hineinpraktiziert und ihm unter Drohungen einflößt, nimmt er im Stehen ein, um nicht zu dick zu werden! Droht man ihm damit, dass man sich bei Frau Doktor beschweren will, sagt er vertrauensvoll: »Mach nur, Frau Doktor ist derselben Meinung wie ich.« Aber er rückt nicht mit seiner Meinung heraus. Erklärt nur, dass er seine Gründe habe.

Willy wird geholt. Und nun lösen sich die Stimmbänder. Seinen blauen Augen auf Louise gerichtet, sagt er: »Ich will nicht essen, weil ich nicht dick sein möchte! Sie haben selbst gesagt, dass wir bald einen neuen großen Dichter brauchen, und der möchte ich sein. Doch in alten Zeiten haben alle Dichter gehungert, und deshalb will auch ich hungern. Aber falls ich nicht Dichter werde, möchte ich Bankdirektor sein, doch dann muss ich auch dünn sein, um gut rechnen zu können!«

Louise hört aufmerksam zu und nickt verständnisvoll. Sie gibt ihm vollkommen recht. Aber nun stellt sie den Speisezettel zusammen, der sich gleichzeitig für zukünftige große Dichter und Bankdirektoren eignet! *Haferbrei* ist ausgezeichnet, wenn man dichtet; er hilft bei der Suche nach dem passenden Reim. *Apfelkompott* bringt enorm viel Phantasie hervor. *Spinat* ist besonders gut für jene, die vielleicht eine Weihnachtskomödie schreiben wollen. Und zwei, ja sogar drei Eier pro Tag sind das allerbeste Mittel, um ein großer Rechenkünstler zu werden.

Willy hört zu, verspricht und versteht. Nun weiß Louise, dass Willy essen wird, bis er so dick wird wie eine Tonne, wenn man nicht Stopp zu ihm sagt.

Eine *Sechzehnjährige* tritt ein. Sie ist sehr ernst, kommt als Abgesandte der »Schul-Bank«, um zu fragen, ob Frau Doktor nicht meint, dass man die Regeln für einen Tag ruhen lassen könnte, um das Geld für etwas Außergewöhnliches zu verwenden. Auf Umwegen hat man erfahren, dass die Eltern von Edith Bracht heute auf die Straße gesetzt werden sollen, weil sie ihre Hausmiete nicht bezahlt haben. Die Sache ist schnell erledigt, und das Mädchen entfernt sich erleichtert und froh.

»Was ist die ›Schul-Bank‹?«, frage ich und erfahre, dass es eine Art Sparkasse ist, die die Schüler selbst verwalten. Jedes Kind zahlt eine unbedeutende Summe pro Monat ein, wohingegen es früheren Schülern erlaubt ist, größere Beiträge zu leisten, wenn sie diese nachweislich selbst verdient haben. Von dem Geld wird Taschengeld an arme Kameraden ausgezahlt, und auch Sommerreisen für überarbeitete Schüler, Spielzeug für kranke Kinder, ja mitunter Bücher und Kleider für Kinder, die große Not leiden, werden davon bezahlt.

Der Zusammenhalt ist so stark, dass ein Kind ohne Verlegenheit kommen und sagen kann: »Ich möchte gerne Geld haben, um einmal im Monat die Oper zu besuchen. Papa hat dieses Jahr kein Geld dafür, und ich vermisse es so!« Oder: »Könnte ich nicht 30 Kronen pro Monat bekommen für Kleider und Taschengeld, bis ich selbst unterrichte?« Man spendet den Schülern zuerst das Geld und hilft ihnen dann, Nachhilfeschüler zu finden. Sobald ein Kind genügend Nachhilfeschüler hat, kommt es selbst und berichtet darüber, und die Hilfe wird eingestellt. Sehr oft wird der Schul-Bank plötzlich eine Geldsumme aus dem Ausland geschickt: Es ist einer der jungen Doktoren, die eine Stelle bekommen haben und nun das erste von ihnen selbst verdiente Honorar an die Kasse schicken, die ihnen früher geholfen hat.

Die Schul-Bank wird nicht als wohltätige Institution angesehen, sondern als eine Selbstverständlichkeit zwischen Schulkameraden. Es ist genauso, als ob einer sein Pausenbrot vergessen hat und ein Stück von jemand anderem bekommt.

Ein kleines Mädchen, die Tochter eines jüdischen Geistlichen, kommt hereingestürmt: »Warum darf ich keinen Christbaum haben?« Louise antwortet: »Weil du einen anderen Glauben hast! Weil du Jüdin bist!« Rosa antworte: »Mizzi ist auch Jüdin, und sie wird einen Christbaum haben!« »Ja, aber Mizzi ist getauft!« Pause: »Könnte ich dann nicht auch getauft werden?« Louise muss antworten, dass ihr Vater wohl kaum einwilligen würde, dass sein kleines Mädchen getauft wird, nur um einen Christbaum zu bekommen. Rosa ist nicht zufrieden. Offenbar hat sie das Gefühl, die Tatsache, dass sie keinen Christbaum haben wird, bedeute, dass sie nicht so gut ist wie andere Menschen. Plötzlich platzt es aus ihr heraus: »Der Kaiser ist aber doch Jude, nicht wahr?« Und voller Hoffnung wartet sie auf die Antwort. Denn wenn er die Schande mit ihr teilt, dann ist es nicht so schlimm. Doch Louise muss ihr sagen, dass der Kaiser kein Jude ist. Rosa schießen Tränen in die Augen. Louise tröstet sie und verspricht ihr ein schönes Weihnachtsgeschenk; sie darf sich selbst etwas wünschen. Doch Rosa lässt sich nicht trösten. Verzagt will sie fortgehen. In der Türöffnung dreht sie sich freudestrahlend um: »Aber der liebe Gott ist doch Jude, denn das weiß ich. Und dann bekommt er wenigstens auch keinen Christbaum!« Louise nickt ihr liebevoll zu. Wahrscheinlich bekommt der liebe Gott auch keinen Christbaum.

Ein Vater erscheint. Man hat ihn holen lassen. Seine Tochter ist einem jungen Professor gegenüber unhöflich gewesen, der erst seit wenigen Monaten an der Schule angestellt ist. Man hatte die Kindern gebeten, Rücksicht auf ihn zu nehmen, weil er ein Fremder sei, und alles sei bis jetzt gut gelaufen. Louise möchte wissen, ob *Marouscha* zu Hause launisch und hitzköpfig ist. Der Vater schüttelt den Kopf. Er versteht es nicht. Seine Tochter spricht bei jeder Gelegenheit von dem jungen Professor, ja, sie ist sogar dabei, ein Weihnachtsgeschenk für ihn zu sticken.

Louise bricht in Lachen aus: »Sie ist in ihn verliebt, das ist alles!«

Marouscha wird ins Zimmer gerufen: »Warum warst du dem Professor gegenüber so unhöflich?«

Trotzig schaut das Mädchen in die Luft: »Er sagte ›Du‹ zu mir und das verbat ich mir!« »Ja, aber alle Lehrer sagen doch ›Du‹ zu euch!« »Das mag ich nicht!«

»Gut, dann bitte ich ihn, in Zukunft ›Sie‹ zu dir zu sagen. Damit entfällt die Ursache deiner Kränkung. Aber du hast ihn beleidigt, und ich kann dir deine Strafe nicht erlassen. Du musst drei Tage der Schule fernbleiben!«

Am nächsten Tag kommt ein Brief von Marouscha, in dem sie erklärt, dass die Strafe von drei Tagen Schulverweis sowohl streng als auch wohlverdient sei, aber ob Frau Doktor nicht Gnade vor Recht ergehen lassen könnte, sodass der Professor weiterhin »Du« zu ihr sagt. »Denn ich könnte es einfach nicht ertragen, wenn er ›Sie‹ zu mir sagt!«

Ein junger Mann erscheint, lächelnd, zuvorkommend. Er ist gekommen, um die Tochter seines Chefs anzumelden. Er redet über dies und jenes. Und geschickt lenkt er das Gespräch auf eine der Abiturientinnen Louises. Er redet von ihrer Familie und ihren Vermögensverhältnissen. Louise fertigt ihn ziemlich schnell ab.

Als er gegangen ist, nimmt sie das Telefon und erfährt, dass der Chef Junggeselle ist: »Dachte ich's mir doch!« Und sie erzählt, dass dieser junge Mann einer von vielen sei, die bei ihr Auskünfte über eine vermeintlich gute Partie suchen. Deshalb war sie auch so vorsichtig in ihren Äußerungen. Und sie erzählt lächelnd, wie sie einmal überlistet wurde. Eine Stimme sagte am Telefon: »Hier ist das Sekretariat des Markgrafen Palavicini. Der Markgraf möchte Auskunft über Fräulein Hanna St., die sich um die Anstellung als Gesellschaftsdame im Hause des Markgrafen bewirbt, bekommen!«

Nun wusste Louise aber, dass das junge Mädchen wahrhaft eine Anstellung suchte, und der Gedanke, dass sie trotz ihrer nur zwanzig Jahre in eine angesehene Familie aufgenommen werden könnte, begeisterte sie dermaßen, dass sie in Lobpreisungen über das junge Mädchen, das ihre erklärte Lieblingsschülerin war, ausbrach.

Jedoch hörte sie nichts Weiteres vom Markgrafen, aber eine Woche später trat Hanna zur Tür herein und stellte ihr ihren Verlobten vor, der nun eingestand, am Telefon als Sekretariat des Markgrafen aufgetreten zu sein. Er selbst benötigte keine Auskunft über Hanna, hatte aber eine Erbtante, die ihm helfen sollte, einen Hausstand zu gründen, und sie war mit ihrem Hörrohr daneben gesessen und hatte sich durch Louises Lobpreisungen von Hannas vielen Tugenden überzeugen können.

Es klopft. Das muss der »*Straßensänger*« sein; nur er klopft auf diese ängstliche, vorsichtige Weise. Er hat noch nicht gelernt, Menschen zu vertrauen, aber das wird schon noch kommen, wenn Louise ihn sich eine Zeit lang vornimmt.

Wer ist er? Ja, auch seine Lebensgeschichte wirft ein Licht auf die Natur von Louises Persönlichkeit.

Der Anfang spielt sich in ihrem Zuhause ab. Sie bewohnt einen Pavillon im Herzen der Stadt. Hier herrscht eine vollkommene Idylle, die durch hohe Mauern von der Umwelt getrennt ist.

An einem kalten Wintertag hören wir jemanden singen. Das Fenster steht offen, und wir glauben, die Bewohner des Nachbarhauses hätten Besuch von einem Opernsänger. Bezaubernd klingt die fremde Stimme. Unwillkürlich treten wir näher zum Fenster, und zu unserer Überraschung sehen wir einen jungen Mann, der unten im Hof steht und zwischen den aufgeworfenen Schneehaufen singt. Während wir diskutieren, ob es sich wohl um eine Wette handelt, kommt Louise von der Schule nach Hause. Sie bleibt einen Augenblick stehen, um zuzuhören, geht zum Fenster, tritt auf den Balkon hinaus und ruft nach unten. Zwei Minuten später steht der junge Mann mit blaugefrorenen Wangen und roten, geschwollenen Händen vor uns. Er verbeugt sich linkisch und hustet hohl.

Louise spricht auf ihre wundersam eindringliche Art zu ihm. Fragt, ob er weiß, was für eine Schande es sei, sich so zu benehmen. Ob er denn nicht wisse, dass er dadurch, dass er in den Hinterhöfen singt, seine Stimme in kürzester Zeit ruinieren wird. Er sieht sie an, sein Blick ist voller Misstrauen, aber er antwortet: Er weiß wohl, dass seine Stimme eine Goldgrube ist, er weiß, dass er sie zugrunde richten kann dadurch, dass er in den Hinterhöfen singt, aber er kennt keinen anderen Ausweg. Sein Vater wünscht, dass er Kaufmann wird und ihm im kleinen Geschäft zu Hause aushilft. Er weigert sich. Da versagt ihm der Vater jede weitere Unterstützung, und er verlässt sein Zuhause, wandert zu Fuß über Berg und Tal, bis er die Hauptstadt erreicht. Auf einem Phonographen hat er Caruso gehört – das ist sozusagen seine einzige Ausbildung. Er hat sofort einen Plan gefasst: Er will singend von Hof zu Hof gehen, bis jemand auf ihn aufmerksam wird und ihm Hilfe anbietet.

Louise verliert keine Zeit mit überflüssigem Gerede. Er bekommt einen Platz am Mittagstisch. Telefonisch wird ein Treffen mit dem besten Gesangslehrer der Stadt verabredet. Noch am selben Tag wird er zu ihm gebracht. Der Lehrer erklärt, dass das Stimmmaterial einmalig sei, doch der junge Mann sei vorläufig viel zu erschöpft, um daran arbeiten zu können. Vom Lehrer wird er zum Arzt gebracht, der seine Brust untersucht und daraufhin verlangt, dass man ihn ins Sanatorium bringt.

Am nächsten Tag ist er auf dem Weg ins Sanatorium, und das erste Jahr ist für ihn gesorgt. Er hat ein Klavier bekommen, hat Angebote erhalten, sowohl vom Gesangslehrer als auch vom Theorielehrer und Klavierlehrer. Er hat Kleider und Noten bekommen und so viel Aufmunterung, wie er sich nur wünschen kann. Doch ist er nicht zufrieden. Im Sanatorium möchte er arbeiten. Jetzt, wo es so scheint, dass eine große Zukunft vor ihm liegt, kann er nicht warten. Als er geht, frage ich Louise: »Falls er sich eines Tages wirklich einen Namen wie Caruso macht, glaubst du dann, dass er sich bei dir bedanken wird, wie es sich gehört?« Louise antwortet freimütig: »Nein, natürlich glaube ich das nicht, aber was soll's? Er ist ja ein Künstler!«

Ilse kommt, leicht wie ein Blatt Papier, welches durch das Fenster hineinfliegt. Sie kommt, »um ein Gedicht bei Frau Doktor zu bestellen!« Sie sei krank gewesen und nun, wo sie gesund ist, möchten die Eltern ein großes Fest feiern. Da will sie auftreten und ihnen in einem Gedicht danken, weil sie so gut zu ihr gewesen sind, während sie bettlägerig war. Das Gedicht soll in einem Versmaß verfasst sein, »dessen Name fast wie Alexandra klingt«, denn das mag ihr Großvater so sehr, und er schreibt auch Gedichte. Es hilft nichts, dass Louise ihr erklärt, dass sie nicht dichten kann. Ilse hat einen Trumpf in der Hinterhand: »Als Gladys nach Amerika reiste, schrieben Sie ihr ein Gedicht, und es war gar nicht so schlecht!«

Also nimmt Louise »die Bestellung« entgegen.

Eine *ältere schüchterne und sanfte Dame* tritt zögerlich ein. Sie sucht eine Anstellung als Lehrerin an der Schule und bringt eine überschwängliche Empfehlung von einem der Minister mit. Vor zehn Jahren hatte Louise diesen Herrn als Tischherrn, und seither hat er ihr jeden Augenblick solche Protegés aufgedrängt, denen er selbst nicht helfen wollte oder konnte. Er weiß ganz genau, dass die Dame, die sich nie mit dem Unterrichten beschäftigt und auch kein Examen hat, auf keinen Fall in einer Schule zu gebrauchen ist – aber so ist er sie los. Louise beschließt, ihm eine kleine Lektion zu erteilen. Nun soll er und niemand anderer dieser Dame eine Anstellung verschaffen und das sofort. Sie greift zu ihrem geliebten Telefon und ruft den Minister an. Sie dankt ihm, weil er ihr diese vortreffliche Dame geschickt hat, deren einziger Makel es sei, dass sie keine Qualifikationen als Lehrerin besitze. Aber für den Minister müsse es ja ein wahres Glück sein, einen solchen Mustermenschen als Aufsichts- oder leitende Beamtin bei einer der vielen Institutionen, denen er vorsteht, unterzubringen.

Der Minister ist nicht dumm. Er sieht, dass er seinen Meister gefunden hat, und murmelt etwas davon, »dass es ja wahrhaft ärgerlich sei, dass er nicht früher daran gedacht habe, denn er habe wahrhaft eine Stelle, die wahrscheinlich für sie passen würde, aber leider wisse er die Anschrift der Dame nicht!«

»Gott sei Dank!«, ruft Louise aus, sie ist noch bei mir, doch in fünf Minuten wird sie bei Eurer Exzellenz sein. Ein Auto wird bestellt, die Dame hineingesteckt, und wir lachen verständnisvoll. Wenige Minuten später ruft Louise wieder beim Minister an, und mit ihrem kindlichen Lachen erklärt sie mir: »Man muss ihn stets anspornen, sonst weicht er aus …« Als ich einwende: »Wird er dann nicht zornig, wenn Du ihn in solcher Weise ›anspornst‹?«, antwortet sie mit einer Kopfbewegung: »Überall in der Stadt sitzen viele Menschen, die zu wahren Wohltätern geworden sind, nur um meinem Anspornen zu entgehen.«

Ein Vater erscheint, um seine Tochter anzumelden. Sie soll studieren, sagt er, und fällt aus allen Wolken, als Louise antwortet: »Das hängt davon ab, ob sie sich dafür eignet und ob sie Lust dazu hat!« »Meine Frau und ich haben es beschlossen, das muss genügen. Ein fünfzehnjähriges Mädchen hat noch keine eigene Meinung!« Louise sieht ihn scharf an: »Darüber können wir immer noch reden, wenn ich Ihre Tochter getroffen habe!« Die Tochter wartet im Vorzimmer und wird hereingerufen. Sie blickt verstohlen von einem zum anderen. Als Louise sie in knapp zehn Minuten ausgefragt hat, wird sie wieder aus dem Zimmer geschickt: »Haben Sie immer noch den Mut zu verlangen, dass dieses Kind studieren soll? Möchten Sie ihre ganze Jugend zu einem Leidensweg machen?«

Der Vater hüllt sich in Würde: »Das würde eine schlimme Welt werden, hätten die Kinder immer die Erlaubnis, nach ihrem eigenen Kopf zu handeln.«

Doch Louise spricht so eindringlich mit ihm, bis er endlich nachgibt und verspricht, dass die Tochter, statt zum Studium gezwungen zu werden, ihrem höchsten Wunsch nachgehen darf, nämlich in einem Pfarrhof eine Anstellung zu bekommen, wo sie Hauswirtschaft lernen kann. Sie verlangt sein Ehrenwort, dass er dieses Versprechen nicht wieder zurücknimmt. Sein Handschlag gibt die Antwort.

Als er gegangen ist, sage ich: »Meinst du wirklich, dass es einem jungen Mädchen schaden kann, sich Wissen anzueignen?« Sie lächelt: »Nein, ich meine niemals, dass Wissen etwas Böses sein kann, aber siehst du, die Jugendzeit ist so wunderbar – und so kurz, und kein Wissen der Welt kann es einem ersetzen, wenn die Jugendfreude vergeudet wird. Dieses Kind gehört in einen Haushalt. Dort hat sie ihren Platz. Das Wissen würde sich in ihrem Hirn ansammeln wie verwelktes Gras. Jetzt kommt sie aufs Land. Von allem, was sie sieht und hört, wird sie sich das Wissen aneignen, das zu ihr passt. Sie wird es mit Menschen und Tieren zu tun haben, sie wird im Garten arbeiten, Essen zuzubereiten lernen, lernen mit Dienstleuten umzugehen, lernen zu verstehen, wie ein Haushalt geführt werden soll. Und – in fünf Jahren ist sie verheiratet!«

»Du weissagst! Aber gesetzt den Fall sie heiratet nicht?«

»Dieser ›Fall‹ wird kaum eintreten. Sie ist nicht eins der seltenen Wesen, die auf den ›einzig Richtigen‹ wartet. Sie wartet auf einen Mann, mit dem sie eine Familie gründen kann, und so einen gibt es überall. Sollte er dennoch nicht kommen, wird sie einen Beruf ergreifen, aber es wird immer etwas sein, das in Verbindung mit Heim und Gemütlichkeit steht. Und genauso wenig, wie ich mich damit abfinde, dass altmodische Eltern ein begabtes Kind zwingen, in der Küche zu arbeiten und Strümpfe zu stopfen, wenn ihm der Sinn nach einem Studium steht, genauso wenig kann ich mit ansehen, wenn man ein häuslich veranlagtes Wesen hinaus in einen öffentlichen Beruf zwingen will!«

Der kleine Paul ist von seiner Lehrerin geschickt worden, um seine Übeltat zu gestehen. Er hat Georg gehänselt, weil dieser – adelig ist! Louise sieht ihn ernst an: »Würdest du einen Mitschüler hänseln, weil er schielt?« Paul schüttelt heftig den Kopf. »Weil er arm ist?« »Nein, niemals!« »Nun, findest du denn, dass es eine solche Schande ist, adelig zu sein?« Paul schweigt kurz: »Georg stach mit seinem Bleistift nach mir, und dann musste ich mich rächen. Doch Georg hat nichts, womit ich ihn aufziehen kann abgesehen davon, dass er adelig ist. Und wir haben ja gelernt, dass ›noblesse oblige‹ und deshalb fragte ich ihn, ob sein Adel ihn verpflichtete mit einem Bleistift zu stechen!«

Nun wird *Georg* geholt. Die reizenden Jungen stehen einander gegenüber. Sonst sind sie Freunde und gehen miteinander durch dick und dünn, und selbst jetzt können sie es nicht lassen, einander bewundernde Blicke zuzuwerfen.

»Reicht euch nun die Hände und werdet wieder Freunde!« Sie tun es, und der adelige Georg schluchzt: »Wir sind nicht einmal so sehr adelig. Großvater war General, und er wurde erst geadelt, als er sein Abschied nahm, und als Papa ein kleiner Junge war, war er überhaupt nicht adelig!«

Arm in Arm trotten sie davon.

Eine angehende Studentin kommt herein, um darüber zu sprechen, welches Studium sie wählen soll. Ihre Verhältnisse sind dergestalt, dass sie sich so schnell wie möglich selbst versorgen muss. Sie denkt daran, Ärztin zu werden. Hässlich ist sie und melancholisch und menschenscheu, aber offenbar klug und fleißig. Nun ist es Louises schwierige Aufgabe, ihr zu sagen – ohne sie zu verletzen –, dass sie einen Beruf wählen soll, der sie so wenig wie möglich mit Menschen in Berührung bringen wird. Sie sagt selbst: »Ich muss mich doch als Ärztin eignen. Ich bin ernsthaft, ich mache mir nichts aus Vergnügungen, und ich verliebe mich nicht so wie andere junge Mädchen!« Sie versteht nicht, dass in dem Begriff »Ärztin« das Gewicht eher auf dem Weiblichen als auf »Arzt« liegen soll. Sie weiß nicht, dass ihre ausgeprägte Geschlechtslosigkeit sie für diesen Beruf untauglich macht.

Es gibt genügend dritt- und viertklassige Ärzte, mit ihren zu konkurrieren wäre sowohl dumm als auch unwürdig. Eine Frau wird nur eine erstklassige Ärztin, wenn sie voll und ganz eine Frau ist. Auch vom sozialen Standpunkt aus ist es unpraktisch, denn jeder würde es vorziehen, von einem richtigen Mann statt von einen Mannweib behandelt zu werden.

Die Ärztin muss ein warmes Herz haben, gepflegte Hände und ein gesundes, einnehmendes Äußeres. Ihre Stimme muss wohlklingend sein, ihr Blick vertrauenerweckend, sie muss liebenswürdig sein, verständnisvoll, mütterlich und kindlich zugleich, sie muss im Stande sein, zu trösten und zu ermuntern. Sie muss überhaupt die gleiche milde, wohltuende und eindringliche Macht über Menschen haben, die der gute Dorfpfarrer über seine Gemeinde hat.

In vielen Fällen wird eine Ärztin die beste Ratgeberin sein, zum Teil kraft ihres Instinkts, aber vor allem weil sie eine geschmeidigere Empfindsamkeit als ein Mann besitzt und dadurch einen größeren Sinn für die vielen kleinen Dinge, die Männer so leicht übersehen. Und sie kann als Ärztin das Allerwertvollste leisten. Aber nur, wenn sie voll und ganz Frau ist.

Das junge Mädchen hier eignet sich also nicht zur Ärztin, und sie kann sich auch nicht einem rein wissenschaftlichen Studium widmen, weil sie arm ist. Beraubt man sie nun ihres Muts, wird sie ärmer weggehen, als sie gekommen ist. Aber dies geschieht nicht.

Louise spricht mit ihr, und mit diplomatischer Schlauheit, die ausschließlich aus dem Bedürfnis heraus geboren wird zu helfen, entlockt sie endlich dem Mädchen, was der eigentliche Grund ist, weshalb sie Ärztin werden möchte. Sie meint, dass sie dadurch am schnellsten im Stande sein wird, sich selbst zu versorgen. In Wirklichkeit würde sie am allerliebsten Naturwissenschaft studieren, aber da dies ein brotloses Studium ist, wählt sie das andere, weil es »quasi mit ihm verwandt ist.«

Nun ist es ein Leichtes, ihr zu erklären, dass sie als studierte Chemikerin eine Zukunft als Laborassistentin oder in der Industrie haben wird – und dieses Studium ist zwei Jahre kürzer. Sie strahlt vor innerer Freude, ein »Gott sei dank, dann muss ich kein Interesse für fremde Menschen heucheln«, rutscht es ihr heraus.

Louise sieht ihr nach, als sie geht, und beginnt zu erörtern, wie ungeheuer schwierig es ist, all diese jungen Seelen auf die rechte Bahn zu bringen, als plötzlich *ein kleiner Lockenkopf* im Zimmer steht: »Darf ich bitte nach Hause telefonieren? Es geht um etwas ungeheuer Wichtiges!« Louise nickt, und der Junge ruft zu Hause an und bittet darum, mit dem Kindermädchen sprechen zu dürfen: Er hat vergessen, dem Kanarienvogel Wasser zu geben! Louise sagt ernsthaft: »Ja, du hast recht, das war ungeheuer wichtig!« Sie erzählt von einer Sechsjährigen, die vor ein paar Monaten inmitten der Unterrichtsstunde zu weinen begann und nicht beruhigt werden konnte, bevor sie nicht die Erlaubnis bekam zu telefonieren: Sie hatte zu Hause Suppe auf den Puppenherd gestellt, und nun hatte sie Angst, dass die Suppe überkochen würde, während sie in der Schule war.

Der kleine Lockenkopf, der gerade erst aus dem Zimmer geschlüpft ist, klopft erneut: »Frau Doktor, ich kenne eine freie Stelle!« »Das ist ja wunderbar. Was für eine Stelle ist es?« »Gestern sagte mein Onkel, dass er einen neuen Lagerverwalter braucht, und ich sagte ihm, dass er sich nicht darum kümmern soll, denn Frau Doktor kann ihm leicht einen solchen beschaffen!«

»Sehr gut, mein Freund, grüße deinen Onkel und danke ihm dafür. Ich werde ihn später anrufen.«

»Nanu!«, rufe ich aus. »Hast du jetzt auch noch eine Arbeitsvermittlung?« Louise genießt mein Staunen, bevor sie antwortet: »Das wohl nicht, aber so etwa in der Art. Siehst du, ich kenne eine Menge Menschen, die Arbeit suchen, jung und alt, aus besseren und weniger guten Kreisen, und da habe ich mir einfallen lassen, meine Schüler um Hilfe zu bitten, ihnen Stellen zu verschaffen. Mitunter drehe ich eine Runde durch die Klassenzimmer und erinnere die Kinder daran, dass sie, wenn sie davon erfahren, dass eine Arbeitskraft gebraucht wird, zu mir kommen sollen. Es ist gut für sie, das zu wissen. Sie entwickeln ein Verständnis dafür, dass sie nicht nur eine geschlossene Gesellschaft innerhalb der Mauern dieser Schule bilden, sondern auch die Pflicht haben, nach Möglichkeit nach außen hin zu helfen. Wenn sie einmal erwachsen sind, werden sie dadurch besser geeignet sein, die Verantwortung dafür zu übernehmen, andere Menschen einzustellen. Viele der kleinen Knirpse hier werden in etwa zwanzig Jahren an der Spitze großer Handelsfirmen stehen und reichlich Gelegenheit bekommen zu merken, dass das Verhältnis zwischen Arbeitnehmer und Arbeitgeber nicht nur eine Frage des Kaufens und Verkaufens ist, sondern vielmehr etwas, was den Verstand und das Herz betrifft.

Ein Herr mittleren Alters, noch jugendlich und in einem Pelzmantel, tritt gefolgt von einem jungen Mädchen ein. Sie sehen fast aus wie zwei Frischverlobte. Das jungen Mädchen umarmt und küsst Louise, und der Herr überreicht ihr einen Strauß duftender Rosen mit langen Stielen: »Heute ist es fünf Jahre her! Und alle drei lachen glücklich und verständnisvoll.« Louise fragt nach dem Garten, und das junge Mädchen erzählt ganz in das Thema vertieft von all dem Neuen, das im Laufe des Winters geplant wurde. »Wir sind dabei, Treibhäuser für Tomaten und Veilchen zu bauen, und Papa hat beschlossen, im Frühjahr nach England zu reisen, um dort an einem Kurs über die Veredlung von Saatgut teilzunehmen. Aber ich weiß kaum, ob ich ihn so lange entbehren kann.«

Der Vater nickt: »Ach, du wirst sehen, es geht schon. Sobald das Frühjahr kommt, lebt Lotte ja nur für ihre geliebten Pflanzen. Ich glaube fast, dass sie Lust hat, selbst zum Markt zu fahren, um Kohl und Karotten zu verkaufen!«

»Papa findet, das ist ein schrecklicher Gedanke. Ehrlich gesagt würde ich das nur allzu gerne tun. Wenn man schon ein so unvergleichliches Glück mit seinem Gemüse hat, warum sollte man dann nicht auch die Freude haben dürfen, es selbst zu verkaufen?«

Sie holt ein kleines Buch hervor: »Hier ist die Buchführung vom ganzen letzten Jahr. Ich habe es mitgenommen, damit Frau Doktor sehen kann, dass ich auf dem besten Wege bin, eine gute Geschäftsfrau zu werden. Und dann müssen Sie mir versprechen, dass Sie mir im Sommer, so wie letztes Jahr, ein paar junge Mädchen schicken, die Sonne und Erdbeeren brauchen!«

Louise fragt: »Denkst du noch immer nicht daran, dich zu verheiraten?«

Lotte streckt beide Hände aus: »Das ist es ja gerade, weshalb wir gekommen sind, nämlich um Ihnen etwas zu erzählen. Doch – nächsten Sommer!« Frau Doktor ist die erste, die es erfährt.

»Er ist natürlich Gärtner?«

»Selbstverständlich! Was sonst?« Der Vater sagt mit gespielter Traurigkeit: »Und dann kann ich zusammenpacken!« Lotte legt ihre Arme um seinen Hals: »Du weißt es doch besser!« Und sie erklärt Louise: »Unsere Villa soll umgebaut werden, sodass Papa die großen unteren Zimmer behalten kann. Er kann ja nicht ohne sein Billard leben. Wir begnügen uns mit ein paar kleinen Dachzimmer im ersten Stock, bis wir schrecklich reich werden.«

»Wie sieht er denn aus?«

Lotte schneidet eine komische Grimasse: »Er hat Hände so groß wie Schaufeln, und übrigens ist er so hübsch wie der schönste Baum im Garten, und er ist so fleißig wie eine ganze Armeisenkolonie. Lesen und schreiben kann er auch, aber weder Englisch noch Französisch, und er kann keinen Unterschied zwischen einem Rembrandt und einem Werbeplakat sehen!«

»Der Arme!«, sagt Louise.

»Gratulieren Sie mir gar nicht?«

Louise sagt das Beste was ihr einfällt: »Wenn die Schule draußen in den Bergen fertig gebaut ist, sollen du und dein Ehemann als Obergärtner angestellt werden!«

Abgemacht!

»Wer war das?«, frage ich neugierig und höre die sonderbarste Geschichte, die wieder zeigt, wie entschieden Louise ins Leben und in Schicksale eingreift, wenn es um das Glück ihrer lieben »Kinder« geht. Ihr unbezwingbarer Mut, das durchzusetzen, was für sie Recht ist, zeitigt Ergebnisse, die für einen anderen Menschen kaum erreichbar wären.

Eines Abends gegen elf Uhr läutete es an ihrer Tür. Ein siebzehnjähriges Mädchen stürzte herein, verwirrt, fast wahnsinnig vor Aufregung. Sie war von Selbstmordgedanken erfüllt. Ihre Mutter war vor mehreren Jahren gestorben, und sie hatte nie gedacht, dass ihr Vater wieder heiraten würde. Vor Kurzem hatte er »ein abscheuliches und berüchtigtes Frauenzimmer« getroffen, und sie hatte eine solche Macht über ihn gewonnen, dass er sowohl sie als auch ihre Kinder zu sich nehmen wollte. Sie heiraten konnte er wohl nicht, da sie katholisch verheiratet war, doch die Tochter begriff, dass die Absicht dieselbe war. Im Namen der verstorbenen Mutter hatte sie ihn gebeten und bekniet, es nicht zu tun. Aber als das nichts half, bat sie darum zu Hause ausziehen zu dürfen. Sie hatte nur einen Wunsch: Gärtnerin zu werden. Doch der Vater wollte nicht sein einziges Kind missen, ja, er verlangte, dass sie die fremde Frau aufnehmen sollte »als wäre sie ihre Mutter«. Die Tochter hatte einen hysterischen Anfall und lief nach einer stürmischen Szene mit ihrem Vater weg.

»Und eher ertränke ich mich, als mit diesem Weibsbild unter einem Dach zu leben!«, war der Refrain von allem. Louise sah ein, dass es ernst gemeint war und ein Menschenleben auf dem Spiel stand. Im selben Augenblick hatte sie ihren Plan fertig, wohl wissend, dass sie ein gewagtes Spiel spielte und dass das, was sie vorhatte, in Wirklichkeit nach gängigen Moralvorstellungen ungesetzlich wäre.

In derselben Nacht schickte sie das junge Mädchen über die Grenze zu einer Verwandten, der sie telegraphisch das Notwendigste mitteilte

Am nächsten Tag ruft der Vater in der Schule an und fragt, ob man seine Tochter gesehen hat. Das wird verneint. Gegen Abend erkundigt er sich telefonisch zu Hause bei Louise, ob man dort etwas weiß. Louise lässt ihn alles erzählen, ohne durchblicken zu lassen, was sie weiß. Doch sie gibt ihm zu verstehen, dass sie die Angelegenheit als äußerst ernst betrachtet.

Am nächsten Tag kommt er in eigener Person, er hegt den Verdacht, dass Louise Mitwisserin beim Verschwinden seiner Tochter ist. Er pocht auf sein Recht als Vater. Er droht mit den Zeitungen, mit der Polizei. Louise hält stand, weder bestätigt sie noch streitet sie ab, er erfährt nichts, und seine Angst wächst.

In den drei Tagen und Nächten, die der Kampf andauert, lernt Louise ihn zum ersten Mal kennen. Er vertraut ihr alles an und behauptet, er habe das Recht, sein Glück zu ergreifen, wo es sich ihm bietet. Louise räumt dies ein, so lange es nicht auf Kosten anderer, in diesem Fall seiner Tochter geschieht. Und sie sagt gerade heraus, dass er nur gegen eine schriftliche und beglaubigte Erklärung, dass seine Tochter sich aufhalten darf, wo sie will, erfahren wird, wo sie ist. Im gegenteiligen Falle wird er sie nie wieder sehen oder von ihr hören.

Zuletzt hat Louise ihm die Erklärung abgerungen, und im Gegenzug erhält er die Anschrift des Kindes. Er ist plötzlich ein anderer Mensch. Diese Leidenszeit hat ihm die Möglichkeit gegeben, das Für und Wider abzuwägen. Sein Gewissen ist erschüttert. Er hat eingesehen, dass er die Erinnerung an die Mutter gegenüber seiner Tochter besudelt hat. Nun reist er selbst fort, um seine Tochter zu holen und sie in eine Stadt zu bringen, wo sie Gartenbau lernen kann.

Wer kann Louises Erstaunen begreifen, als sie eine Woche später Vater und Tochter eintreten sieht, glückselig, versöhnt. Die Tochter wird ihr Abitur machen, wozu noch ein halbes Schuljahr nötigt ist, und der Vater hat jede Verbindung zu jener Frau abgebrochen, die das Unheil zwischen den beiden angerichtet hatte.

So schön entwickelt sich das Verhältnis, dass der Vater, sobald die Tochter einen gründlichen Gärtnerkurs besucht hat, seinen Betrieb in der Stadt aufgeben wird, um in der Nähe des Ortes zu sein, wo sie ihre Gärtnerei gründen möchte. Aus Dankbarkeit Louise gegenüber kommen die beiden jedes Jahr am selben Tag, wie das Wetter auch sein mag, um ihr einen Strauß mit den letzten Rosen aus dem Garten zu bringen.

Ein Siebenjähriger verkündet mit großer Überzeugung und Energie: »Frau Doktor, ich habe den Beruf gewechselt! Ich möchte nicht länger Erfinder sein, ich möchte einen Leuchtturm bauen, damit die Schiffe in der Nacht nicht auf Grund laufen!« Und ohne auf eine Antwort zu warten, verbeugt er sich tief und entfernt sich mit denselben feierlichen Gesten, wie als er gekommen ist.

»Was in aller Welt bedeutet das?«, frage ich.

Louise geht hinüber zu einen der vielen Glasschränke entlang der Wände, nimmt einen Stoß von Schreibheften heraus und sucht ein paar Minuten: »Ja, dachte ich es mir doch! Die Kinder haben neulich in einer Zehn-Minuten-Aufgabe erzählt, was sie werden wollen, wenn sie groß sind, und Edmond wollte ›Erfinder von solchen Flügeln sein, wie die, die man in der Nacht trägt, wenn man im Traum fliegt. Tagsüber kann man sie nicht kaufen, weil sie noch nicht erfunden worden sind‹.

Nun ist eine Woche vergangen, und er hat seine Meinung geändert. Aber er wollte nicht so ohne Weiteres sein Wort brechen, deshalb ist er förmlich zu mir gekommen und hat von dem Sinneswandel berichtet, den er durchgemacht hat.«

Wir wollen gerade gehen, doch im letzten Augenblick setzt sich Louise hin und beginnt, einen Brief zu schreiben. Ich sage: »Du bist dabei, einen Brief an ein Kind zu schreiben!« »Kannst du das etwa sehen?« »Und ob ich kann!« Und ich äußere meine Verwunderung darüber, dass sie Zeit und Geduld findet, die Hunderten von Briefen von Kindern zu beantworten, die ihr im Laufe des Jahres geschickt werden. Ich habe ja beobachtet, wie sie in den Sommerferien an bestimmten Tagen mehr als dreißig solcher Briefe bekam – die alle am gleichen Tag beantwortet wurden, selbst wenn sie deshalb weder zum Baden am Strand noch zum Spazierengehen kam.

Als sie fertig ist, dreht sie sich zu mir um: »Du hast dich so oft darüber gewundert, dass ich Briefe von Kindern sofort beantworte, jetzt werde ich dir erzählen, warum ich das tue. Und nachher wirst du finden, dass ich recht habe, es ist keine Verschwendung von Zeit oder Energie.«

Ihre Augen verdunkeln sich von der Wehmut der Erinnerungen, und sie erzählt: »Siehst du, wenn mir die Kinder in den Sommerferien schreiben, dass ihre Katze kleine Kätzchen bekommen hat oder dass der Sturm den Ast einer alten Eiche geknickt hat oder dass sie Karausche im Teich gefangen oder Edelweiß in den Bergen gepflückt haben, dann erwarten sie eine Antwort. Für sie sind diese kurzen, lakonischen Briefe genauso gut wie lange Gespräche. Sie gehen davon aus, dass ich alles vor mir sehe, dass ich weiß, was sie denken.

Nachher vergessen sie, dass nicht so viel in den Briefen stand, die sie schickten. Sie glauben, dass sie mir jede Bagatelle erzählt haben. Und sie gehen davon aus, dass ich nichts anderes habe, wofür ich lebe, als ihre Freuden und Sorgen. Sie rufen – ich antworte. Ich bekomme ja nicht nur Briefe von den Kindern, die jetzt die Schule besuchen, sondern von allen, die sie jemals besucht haben. Die mit ihren Eltern in andere Ländern gereist sind, die geheiratet haben, die eine Anstellung gefunden haben, die selbst kleine Kinder haben. Alle schreiben sie mir und erzählen von ihrem Leben, und misslingt ihnen etwas, soll ich ihnen Rat geben. Sie erwarten alle eine Antwort – eine schnelle Antwort. Falls ich nicht sofort antworte, würden sie glauben, dies wäre ein Zeichen von fehlendem Interesse.

Einmal beantwortete ich den Brief eines Kindes nicht, und dieses Vergehen wird mein Gewissen quälen, solang ich lebe. Es ist mehrere Jahre her. Du weißt, dass es vor den Sommerferien immer ein Durcheinander von Abschieden und Versprechen und Erledigungen gibt, dass man ganz am Ende beinahe ganz verwirrt ist. Ich bewegte mich zwischen den Kindern, alle hatten bis zum letzten Augenblick etwas zu erzählen. Ich traf auf ein vierzehnjähriges Mädchen, und – ohne weiter darüber zu denken – sagte ich zu ihr: ›Lola, ich habe etwas Wichtiges worüber ich mit dir reden muss. Falls ich jetzt keine Zeit habe, schreibe ich dir in den Ferien.‹

Selbstverständlich war dieses ›Wichtige‹ überhaupt nichts Wichtiges, aber ich pflege aus Rücksicht auf die Kinder, den kleinen Dingen eine ungeheure Bedeutung zu verleihen, alle Dimensionen zu vergrößern. Vielleicht wollte ich ihr nur ein Buch leihen oder sie für ihren Vortrag eines Gedichts loben. Ich habe keine Ahnung, was ich wollte.

Die Ferien begannen, und ich vergaß mein Versprechen. Es war kein Verbrechen. Ich hatte so viel zu tun, dass es verzeihlich war. Doch eines Tages kommt eine Ansichtskarte von dem Kind: ›Viele liebe Grüße von Lola.‹ Ich erinnere mich schwach, dass da etwas mit Lola war – vergesse es wieder – und vergesse, ihr zu schreiben und mich für die Karte zu bedanken.

Die Ferien waren nicht vorbei, als ich einen Brief von ihren Eltern bekam: Lola war an den Folgen einer Blinddarmoperation gestorben.

Nach Ende der Ferien übergaben die Eltern mir ein Tagebuch, das sie in Lolas Versteck gefunden hatten. Aus diesem Tagebuch erfuhr ich, dass das Kind darauf gewartet und gewartet hatte, etwas von mir zu hören, es hatte buchstäblich die Stunden gezählt. Es war voller Vorfreude gewesen: ›Das muss etwas Schönes sein, sonst würde Frau Doktor nicht sagen, dass es etwas Wichtiges ist! Es muss etwas Gutes sein! Frau Doktor lächelte so, als sie es sagte!‹ Jeden Tag geht sie dem Briefträger entgegen. Zuletzt bequemt sie sich, mir zu schreiben. Aber sie ist zu schüchtern, mich direkt an mein Versprechen zu erinnern. Deshalb nur die lieben Grüße und der Name. Das muss genügen. Frau Doktor kann doch nicht etwas vergessen, das so wichtig ist. Und sie wartet und wartet. Und da auch jetzt kein Brief kommt, kommt es zu einem Umschwung in ihr. Von Erwartung zu Kummer und Bitterkeit, von da zu Misstrauen, Zorn und tiefer Verzweiflung.

Die ganze Welt scheint ihr nun böse und gemein. Kann sie mir nicht vertrauen, kann sie niemanden vertrauen. Im Tagebuch schreibt sie, dass Frau Doktor nicht erfahren soll, dass sie krank ist. Dass sie mich nie wieder sehen und von mir hören will …

»Begreifst du jetzt, dass ich keine Ruhe habe, bevor nicht jeder Brief eines Kindes beantwortet ist?«

Die Sprechstunde ist vorbei. Louise zieht ihren Mantel an, drückt die Mütze auf ihre dunklen Locken, die sich weder von einem Kamm noch von einer Nadel bezwingen lassen, weil sie die schlechte Angewohnheit hat, sich jedes Mal, wenn sie bewegt ist, mit den Händen durchs Haar zu fahren – was ja im Laufe des Tages unzählige Mahle geschieht.

Wie üblich legt sie ihre Handschuhe gedankenlos in die grüne Tasche, die eher wie ein kleiner Seesack aussieht, so vollgestopft ist sie mit Briefen und Gedichten. Die Kinder haben die Gewohnheit, ihr Gedichte zu schreiben, die sie ihr auf den Tisch legen, ohne ihre Namen anzuführen. Ihre kleinen, unendlich energischen Hände, die eher breit sind, aber mit aristokratisch spitzen Fingern, sind so lebendig, dass sie unwillkürlich gegen jeden Handschuhzwang rebellieren, so wie ihr Körper sich nie einem Korsett hat unterwerfen können. Sie greift sich einen Armvoll Blumen, gibt einer der jungen Sekretärinnen die Anweisung, den Rest ein paar kranken Kindern zu bringen, und wir gehen durch die langen Gänge, wo die Kinder, die dabei sind aufzubrechen, umherwimmeln. Louises Stimme und ihr Lachen erschallen in alle Richtungen. Unter den fünfhundert Kindern gibt es kaum eines, mit dem sie im Laufe des Tages nicht entweder gesprochen oder ihm im Vorbeigehen die Hand gereicht hat.

Ein paar kleinere Kinder zupfen sie am Kleid: »Frau Doktor, wir sind gekommen, um Sie für Montagabend einzuladen, wir sind eine Deputation!« Louise bleibt stehen: »Liebe Kinder, das ist leider unmöglich. Montagabend habe ich eine große Gesellschaft zu Hause.« (Am Montag ist ihr Geburtstag). Die Kinder sehen überhaupt nicht enttäuscht aus: »Aber es ist ja gerade zu Ihnen nach Hause, wohin wir Sie einladen wollen!«

Dies ist natürlich etwas ganz anderes. Sie bedankt sich für die Einladung, und wir gehen.

Die Schule draussen in den Bergen

Louise, dieses Kind des Tages und der Tat, hegt einen Traum in ihrem Herz – hegt ihn mit einem Lächeln, mit Tränen und mit Sehnsucht. Es gab Zeiten, wo sie daran zweifelte, ob der Traum jemals in Erfüllung gehen würde. Aber wenn sie dann in den roten Sonnenuntergang schaute, sah sie jedes Mal aufs Neue mit den Augen ihrer Seele jenes stolze Gebäude sich erheben, das einmal die jubelnden Kinder beherbergen sollte: die Idealschule draußen in den Bergen, umgeben von nach Harz duftenden Wäldern.

Und in jenen Stunden des Missmuts, wenn selbst ihre hoffnungsvolle Natur kapitulierte, sodass sie sich auf ihrem Bett hin und her warf, ohne Ruhe finden zu können, legte der Traum plötzlich seine weichen Flügel um sie und trug sie durch die Nacht hinaus in ihre geliebten Berge. Dann sah sie im Traum, wie man ein Fundament in den Felsen sprengte, wie Stein auf Stein gelegt wurde, bis die Mauern sich erhoben.

Das Gebäude, das sie auf diese Weise im Traum sieht, ist dem Süden zugewandt, offen für die Sonne des Himmels, geschützt von den naheliegenden Wäldern, umflogen von den großen wilden Vögeln der Berge. Auf dem abschüssigen Hang finden sich hängende Gärten. Aus der Entfernung sehen sie aus wie bunte Treppenstufen, die zum Gebäude hinaufführen, dessen Flügel sich wie ausgebreitete Arme öffnen. Aus der Nähe sieht man, dass es Gärten sind, viele, viele kleine Gärten. Sie sind so unterschiedlich wie die Gedanken, die sich hinter der Stirn eines Kindes befinden. Jeder Garten spiegelt eine Kinderseele wider. Jedes Kind darf seinen Garten bepflanzen, wie es will. Das eine pflanzt Rosen des Duftes wegen, das andere Tomaten des Nutzens wegen. Ein Kind pflanzt ausschließlich Stiefmütterchen der Schönheit wegen, ein anderes Erdbeeren des Geschmacks wegen. Der eine Garten strotzt von Lavendel, der zusammengebunden und zwischen den Kleidern aufgehängt werden sollen, um sie den Winter über mit Sommerduft zu erfüllen, ein anderer ist grün von Farnen und Moos, ein dritter ist wie ein bunter Teppich aus altmodischen Blumen, Erinnerungen an den Garten einer geliebten Großmutter.

Wenn der Tau zu fallen beginnt, kommen die Kinder, zu zweit und zu dritt tragen sie große Glasscheiben, die sie über die jungen Pflanzen legen, um sie gegen die nächtliche Kälte zu schützen. Oft sind die Kleinen schon vor Tagesanbruch an Ort und Stelle, um zu sehen, was die Nacht vollbracht hat.

Kommt man von unten und schaut zu den Gärten hinauf, während die Kinder mit Pflanzen und Säen beschäftigt sind, könnte man glauben, sie sind große farbenprächtigen Blumen, die auf ihren Stängeln fleißig hin und her wehen, von den Gebirgswinden bewegt.

Louise sieht all dies in ihren Träumen.

Es ist eine Sommernacht. Doch auf den fernen hohen Gipfeln leuchtet noch der Schnee. Die Wälder atmen sacht, jeder Baum träumt seinen Traum. Die Vögel schweigen. Sieh, aus der Schule zieht ein große Schar von Jungen aus! Ihre Augen sind offen für die Wunder der Nacht, die Märchen der Nacht. Still wandern sie dahin, so still, um nicht die schlummernde Natur zu wekken. Sie blicken zu den Sternen hinauf, jedes Kind hat seinen Freund, seinen Liebling dort oben. Der Himmel ist wie eine Landkarte, und sie kennen alle Wege, auf denen sie wandern. Sie haben andere Nächte im Observatorium der Schule verbracht unter den großen Ferngläsern, die den Himmel nach unten ziehen, sowie man eine Fahne von einem Mast einholt. Berauscht vom Jubel haben sie die Sterne sich bewegen sehen, gesehen, wie der Mond rund wird wie eine Kugel, sodass sie förmlich die Rundung in ihren Händen spürten. Im Fernglas haben sie die launischen unkontrollierten Bahnen der Kometen verfolgt.

Nun leuchten die Sterne wie kleine weiße Blumen, und die Wolken bewegen sich wie das Laub in den Wäldern der Nacht.

Jeder Laut bringt die Kindern dazu, anzuhalten und zu lauschen. Nicht vor Angst, sondern vor Ehrfurcht. Sie hören die Harmonien des Windes, sie hören das Rauschen des Baches nah und fern, ein Vogel rührt sich in seinem Nest. Unten im Gras laufen emsige Käfer, sie machen die Nacht zum Tag. Die Spinnen spannen ihre seidiges Gewebe zwischen den Strahlen des Mondes.

Noch ist es Sommer, doch bald kommt der Herbst, und die Vögel ziehen in den Süden. Die Kinder wissen es, denn im vorigen Jahr standen sie in einer Nacht wie dieser auf dem offenen Feld und sahen, wie sich die Scharen der Zugvögel zur Abreise versammelten. Das Geräusch der Tausenden Flügelschläge war wie ein fernes Läuten von winzigen Glocken, als ob es Sterne wären, die zu läuten anfingen. Sie hörten den Schrei der Wildgänse. Sie lernten die Vögel an der Form der Schar und dem Geräusch ihrer Flügelschläge zu erkennen.

Doch jetzt ist Sommer, und die Vögel schlafen. Man betritt die laue Dunkelheit der Fichten. Unter den Füßen spüren die Kinder die Glätte der heruntergefallenen Nadel. Ihre Schuhsohlen werden durch das Gehen dort genauso glatt wie das Holz, das sie am Tag in der Werkstatt für Intarsien polieren. Sie kommen an einem riesengroßen Ameisenhaufen vorbei – sieh, die Tiere arbeiten auch bei Nacht. Es wird wie in einer riesigen Stadt gearbeitet, ohne Unterlass. Ein kleiner Amerikaner fragt, ob wohl die Ameisen dasselbe Gehalt für die Nachtarbeit bekommen wie für ihre Arbeit am Tag. Die Kinder wissen viel über Ameisen. Sie haben erst neulich *Maeterlincks* Buch über die Bienen gelesen, und gleichzeitig haben sie Bienenstöcke in der Schule gehabt, um vergleichen zu können.

Für sie ist jede Ameise und jede Biene nicht nur ein lebendes Wesen, sondern ein denkendes, empfindendes Individuum in der großen Gemeinschaft. Die Welt ist größer und reicher geworden. Sie haben nicht nur Freunde bei den Menschen und Tieren, sondern auch bei Insekten, Blumen und Sternen.

Lange sind sie schweigend gewandert, nun erhebt sich eine Stimme zu einem Lied, und singend wandern sie alle durch die Nacht. Der Mond, der vorhin den Himmelsbogen so hoch und blau erscheinen ließ, ist längst untergegangen – sie haben ihn verschwinden sehen, mit heiligem Grauen haben sie gesehen, wie er schnell hinter den Fichten versank. Nun ist er weg, und die Nacht ist dunkel. Ja, der Herbst ist nahe. Die ersten Blätter fallen von den Bäumen, nicht scharenweise, sondern einzeln und langsam, als würden sie an sorgfältigen Fallschirmen zur Erde gleiten, damit sie sich nicht stoßen. Tagsüber sind die Wälder in den Bergen wie die bunten Bilder, die die Kinder malen – rot, golden, grün leuchtend. Nun sind alle Farben erloschen, doch die Blätter fallen weiterhin, sanft und launisch schweben sie herab wie Schmetterlinge, die ein wenig müde sind.

Die Kinder rasten. Sie legen sich hin, fegen die Blätter zusammen und machen ein Feuer. Während sie sich ausruhen, erzählt der kleine Amerikaner von den riesigen Waldbränden, die jahraus, jahrein seine stolze Heimat heimgesucht haben. Er erzählt, wie man nun überall Alarmstationen baut, sodass man ohne große Vorwarnung bereit sein kann, das feindlichen Feuer zu bekämpfen. Und er erzählt von der furchtbaren Larve, die durch einen unglücklichen Zufall den Weg in die Vereinigten Staaten fand und nun die schönsten Wälder unterminiert, indem sie die Baumrinde immer spröder und morscher macht, sodass der Stamm seine Widerstandskraft verliert. Er schildert mit schnellen Worten, die ihn selbst beeindrucken, wie während eines einzigen Sturms tausende von Bäumen umstürzen, als wären sie Streichhölzer, die geknickt werden, wie die Flüsse die Erde von den Wurzeln wegspülen, sodass die von Bäumen bewachsenen Abhänge tiefe Risse bekommen, in denen die verkümmerten Bäume zusammenstürzen und verwelken.

Ein russischer Junge erzählt mit weichem Tonfall und abwesendem Blick vom wilden Wald seines Vaters, wo Bären und Wölfe umherstreifen wie die Schafe unten im Tal. Er erzählt von den Sümpfen, aus welchen der Gestank von Öl so dick und boshaft emporstieg, dass niemand es aushalten konnte, in ihrer Nähe zu wohnen, und wie diese Sümpfe nun in Petroleumquellen verwandelt worden sind. Er erzählt von den tiefen Bohrungen, die Monate, sogar Jahre dauern können, und von der Spannung, wenn eine solche Bohrung zu Ende ist und das Ergebnis sich zeigen soll.

Ein Junge aus dem Norden, aus Finnland sagt leise: »Unsere Bäume sind so grün, wir haben so viele Sterne und so viele Seen.« Und plötzlich stimmt die ganze Schar die wunderbare finnische Nationalhymne an, während das Kind aus Finnland sein Gesicht mit den Händen bedeckt und vor Glück weint.

Dann wandert man weiter, bergauf, bergab. Und dort oben in der Höhe wird das Kommen der Sonne begrüßt.

Und die Kinder der Freude stürmen im Wettlauf durch Nebel und Sonne hinunter zur fröhlichen Schule, ihrem Zuhause, das sie zu jeder Tageszeit mit liebevollen, offenen Armen erwartet. Die duftende Mahlzeit, Obst und Eier vom eigenen Hühnerhof, warten auf sie und auch frisch gemolkene Milch von ihren eigenen, mit Glocken behängten Kühen. Dann ein schnelles Bad und sofort kopfüber ins Bett. Wundersame Träume, die man träumt, wenn man sich gesund und fröhlich schlafen legt, während die Sonne zu allen Fenstern hereinscheint.

All das sieht Louise. Während sie von den weichen Schwingen des Traumes getragen wird, schwebt Bild für Bild an ihr vorbei.

Es ist die Zeit, wenn der Bauer sein Getreide erntet und in die Scheune bringt. Der Bauer schaut zum Himmel hinauf und bittet um trockenes Wetter. Aus dem Wald springt ein Schwarm sprudelnd gesunder Jungen. Singend und johlend laufen sie über Stock und Stein. Wohin wollen sie? Hinunter zum Bauern.

Was wollen sie dort? Bei der Ernte helfen. Ob sie das können? Ob sie gelernt haben, mit einer Sense zu hantieren, einen Dreschflegel zu schwingen? Sie können mehr als das. Sie sind vertraut mit all den merkwürdigsten Maschinen, die der Bauer ein wenig Angst hat zu berühren, von denen er jedoch weiß, dass sie die Arbeit mehrerer Männer ausführen können. Die Jungen sind zu ihm hinuntergekommen, um zu helfen, teils weil der Bauer finanzielle Probleme hat, teils um ihre eigenen junge Kräfte zu erproben. Sie können alles essen, vom steinharten Brot bis zur Trüffelpastete. Sie sind bereits gut von der Sonne gebräunt, wenn sie ins Tal hinuntergehen, doch wenn das Erntefest vorüber ist und sie zurückkehren, ist ihre Haut golden wie die der Araber. Der Honig der Arbeit hat sie gefärbt. Sie werden wie die Helden des Altertums empfangen, wenn sie nach Hause kommen. Ihre Beute besteht aus Erzählungen über all das, was sie gesehen und gehört haben. Am offenen Herdfeuer müssen sie berichten, und draußen auf dem Hof müssen sie den Mädchen die plumpen und rührenden Volkstänze beibringen, die sie selbst kürzlich gelernt haben.

Louise lächelt im Traum und träumt weiter. Sie träumt, dass ein naseweiser Schatten sie am Ärmel zupft und sagt: »Mit Verlaub, was lernen die Kinder in der ›fröhlichen Schule‹, außer in der Nacht herumzurennen und sich in die Arbeit anderer Menschen einzumischen?« »Warte nur!«, antwortet sie. »An dem Tag an dem die Schule öffnet, sollst auch du, Naseweis und Zweifler, dich mit deinen eigenen Augen überzeugen. Aber kannst du nicht so lange warten, kann ich dir alles erzählen, was du wissen willst. Ich habe sowohl Zeit als auch Geduld. Du weißt, dass in Träumen eine Minute wie hundert Jahre ist, und es ist noch viel Zeit bis zur Morgenstunde!«

»Sollen wir dann von Anfang an beginnen?«

»Jedes Kind, die ganz kleinen und die ganz großen, bekommt, wenn es ankommt, eine Anzahl von Bilderrahmen ausgehändigt, die geöffnet und geschlossen werden können. Die Rahmen sind leer. Nun gehen die Kinder hinüber in die Bilderbibliothek der Schule, wo es – so hoffen wir – tausende von Bildern gibt. Kunstwerke aus allen Epochen: Gemälde, Skulpturen, architektonische Bilder, Schlösser, Kirchen, Gebäude vom Altertum bis zur Gegenwart, Bilder von berühmten Parks, Wasserfälle, wilde Tiere, Bilder von Wüsten und Urwäldern, vom Nordpol und den Tropen. Die Kinder dürfen selbst wählen. Anfangs wählen sie ohne Überlegung und Unterschied, sie stellen ein Flusspferd mit einem Bild von Rembrandt zusammen, aber das macht nichts. Jedes Bild wird zu einer Quelle der Belehrung und Freude, weil sie es selbst gewählt haben.

Die Kinder besuchen einander und untersuchen, was an den Wänden hängt. Und jetzt kommt noch der kunsthistorische Unterricht dazu. Während die Kinder von Giotto hören, haben sie seine naiven Bilder vor Augen, und sie können ihre Zimmer mit Bildern aus dem Italien schmücken, in dem er lebte und wirkte. Oder sie lernen von Malern aus der Rokokozeit, und an ihren Wänden hängen graziöse Bilder von zierlichen Männern und Frauen. Interieurs mit den verschnörkelten Möbeln jener Zeit.

Und wenn den Kindern der Gigant *Michelangelo* offenbart wird – wahrscheinlich draußen in den Bergen, denn nur dort sind die Decken hoch genug –, dann können sie sich Bilder von den Palästen der Medici, vom Petersdom oder einzelne Gestalten aus seinem Jüngsten Gericht an die Wände hängen.

Aber das ist nicht alles. Die Bibliothek enthält ja auch Bilder von Kunsthandwerk, und während die Kinder selbst ›in die Lehre gehen‹ und sich auf die Gesellenprüfung vorbereiten, können sie die edelsten Möbel und Schmuckstücke aus der Zeit der Pharaonen bis hin zu Laliques Werkstatt betrachten. Das Kind, das Gartenarchitektur als zukünftigen Beruf gewählt hat, kann Dutzende von Bildern haben, von der *Wilhelmshöhe* über *Versailles* bis zur *Villa d'Este*. Das junge Mädchen, das sich Mode und Damenschneiderei widmen will, kann sich mit den Kleidern aller Epochen vertraut machen.

Wenn die Lehrer die Zimmer der Kinder besuchen, werden sie beim Anblick dieser bildergeschmückten Wände einen intimen Einblick in ihren Geschmack und Charakter bekommen. Es ist nicht immer ein Zeichen von bestem Geschmack, ausschließlich Meisterwerke an den Wänden hängen zu haben.

Es ist nicht beabsichtigt, die Kunstgeschichte eine unverhältnismäßig große Rolle im Unterricht spielen zu lassen, um die Kinder dazu zu bringen, dieses Fach als Sonderstudium zu wählen, sondern weil Kunst das Leben der Menschen so viel reicher und schöner macht. Und weil die Kunst mehr als irgendetwas anderes die Entwicklung der Welt in sich birgt und ein Maßstab ist für die Taten der großen Geister.

Die Kinder können, wenn sie wollen, Porträtgalerien von historischen Männern und Frauen anlegen, oder sie können einen einzigen Künstler wählen und sich mit ihm beschäftigen. Alles geschieht frei, ohne Zwang, ohne Kritik.

Die Schule wird einen Versuch wagen, der gewiss noch nie unternommen wurde. Man wird – falls es machbar ist – den Unterricht so organisieren, dass die Kinder sich nicht gleichzeitig in einer verwirrenden Menge von Epochen bewegen müssen. Wenn die Kunstgeschichte sich mit der Renaissance beschäftigt, wird die Geschichte sowie die Literaturgeschichte dasselbe tun. So wird die Schule im einen Jahr in einer rein klassizistischen Atmosphäre leben, im anderen Jahr in einer vollständig modernen. Für das Kind werden Zeitgeist, Zeitkunst und Zeitgeschichte unlösbar miteinander verknüpft werden, und obwohl Jahreszahlen keine Rolle spielen, werden größere Fehler unmöglich gemacht.

Sowohl für das gewöhnliche Kind als auch für das begabte Kind wird die ganze Welt nach und nach deutlich hervortreten, so wie die Landkarten der einzelnen Länder. Die Entwicklung des einzelnen Landes wird nicht isoliert, sondern zu einem präzise eingefügten Teil des Ganzen werden. Diese Reform wird viel Kopfzerbrechen mit sich führen, doch ist der Plan erstmals etabliert, wird das Ergebnis die Mühe wert sein.«

Louise hat sich im Traum warm geredet. Der neugierige Schatten hat zugehört und genickt, aber nun fragt er: »Welche Art von Kindern wird diese Schule besuchen? Ist es beabsichtigt, die Kinder von ihren guten Familien wegzuholen und wie Waisenhauskinder zusammenzupferchen?«

Louise schüttelt den Kopf: »Nichts kann ein gutes Zuhause ersetzen. Aber beachte bitte, dass ich ›gutes‹ sage. Es ist nicht die Absicht, den Kindern etwas wegzunehmen. Die Eltern, die es vermögen, mit und für ihre Kinder zu leben, die ihnen das geben, was sie an Liebe, Sorgfalt und gutem Vorbild brauchen, sollen sie bei sich behalten, so lange es möglich ist. Aber es gibt viele Eltern, die den Kindern, auch wenn sie es wirklich wollen, nicht die notwendige seelische Pflege geben können. Für sie ist die fröhliche Schule gebaut worden.

Die Kinder sollen aus der ganzen Welt kommen. Auf gewisse Art und Weise wird die Schule so kosmopolitisch sein, wie Großstadthotels es sind – die Hotels mit Sternen. Aber die Schule soll nicht von der Unruhe, Herzlosigkeit und Gleichgültigkeit eines Hotels geprägt sein.«

»Welche Kinder sollen die Schule draußen in den Bergen besuchen?«

»Kinder von solchen Eltern, die einem Künstlerberuf nachgehen, der sie daran hindert, genügend Zeit für ihren Nachwuchs aufzuwenden. Kinder von Offizieren, die in Gegenden ziehen, wohin sie ihre Kinder nicht mitnehmen können. Kinder von Diplomaten und Beamten, deren Aufenthaltsort wechselt. Und schließlich Kinder von Eltern, die entweder getrennt leben oder nicht wollen, dass die Kinder Zeugen des Unglücks ihrer Ehe werden.

Die Nationalität der Kinder ist kein Hindernis. Von dem Augenblick an, wo sie die Schwelle der Schule überqueren, haben sie dort ein Zuhause, dann werden sie ein für alle Mal von der Freude selbst adoptiert, und im Handumdrehen eignen sie sich die universelle gemeinsame Sprache der Schule an.

Aber der kosmopolitische Aspekt hat auch einen weiteren Vorteil. Durch diesen kommen die Kinder mit einer Reihe von lebendigen Sprachen in Berührung, die sie im Lehrplan anderer Schulen niemals kennenlernen würden. Um ein radebrechendes Kauderwelsch in allen Sprachen ohne feste Grundlage in einer Sprache zu vermeiden, hat sich die Schule ihr eigenes System ausgedacht.

Die Kinder lernen infolge des Plans in den drei Hauptsprachen lesen und schreiben. Außerdem bekommen sie im Hinblick auf die Musik auch etwas Unterricht in Italienisch. Die übrigen Sprachen können sie sich spielend aneignen! Ja, genau: spielend. Nehmen wir an, dass drei russische Kinder verschiedenen Alters angemeldet werden, dann wird in den Klassen, in die sie gehen werden, gefragt, wer Lust hat, mit ihnen ›Sprachen zu tauschen‹, und die fremden Kinder werden in die Obhut der Kinder gegeben, die sich melden. Sie sollen mit ihnen beim Spielen, Sport und auf allen Ausflügen zusammen sein. Und ohne Zwang oder Anstrengung tauschen sie nun Sprachen, Wort für Wort, Satz für Satz.

Es ist ja immer leicht für Kinder, sich fremde Sprachen anzueignen, aber für Kinder, die die Anfangsregeln nach der ›lustigen Grammatik‹ gelernt haben, ist es noch um ein Vielfaches leichter. Und nicht nur werden Wörter und Sätze getauscht, nicht nur eignet man sich die Architektur der fremden Sprache an, sondern auch den Rhythmus und die Betonung, was sonst das Letzte und Schwierigste ist. Der Unterricht wird auch zu einer Art Tauschhandel auf dem Gebiet der Kultur, man lernt Sitten und Gebräuche voneinander, man erzählt Sagen und Geschichten aus dem Heimatland, singt die Volkslieder des eigenen Landes und empfängt im Austausch das gleiche aus einem anderen Land.

Und doch werden die Kinder nicht mit Sprachen überfordert, es ist alles freiwillig.

Ob diese Kinder nun später im Leben in der Welt herumreisen als Diplomaten, Geschäftsleute, Gelehrte, Künstler oder Handwerker, ob sie nun die Erde bestellen und sich nie von ihrem Vaterland fortsehnen, die auf solche Art und Weise angeeigneten Sprachen werden ihnen stets nur Freude und Nutzen bringen.

Es gibt noch einen anderen Vorteil bei der kosmopolitischen Erziehung: Die Kinder gewöhnen sich früh daran, die Unterschiede in Wesen und Temperament bei Menschen aus verschiedenen Ländern, verschiedenen Himmelsstrichen, mit verschiedenen Moralvorstellungen zu erkennen und zu verstehen. Sie werden befreit vom blinden Rassenhass, der immer auf Unverständnis beruht. Sie lernen – ohne das Vertrauen in die Menschen zu verlieren –, sich gegen Enttäuschungen zu wappnen, sie lernen, zuerst Forderungen an sich selbst zu stellen.

Diesen Kindern werden die kleinlichen Vorurteile fremd sein, die sonst von Wesensunterschieden herbeiführt werden.

Viele Kinder werden auf der Welt von einem Ort zum nächsten geschleppt, weil die Berufe der Eltern wechselnde Aufenthaltsorte verlangen. Und das hat sicher etwas Gutes an sich. Solche Kinder werden früh selbstständig, eignen sich ein natürliches Auftreten und Lebensklugheit an, aber – sie verlieren das Heimatgefühl. Sie werden zu Nomaden. Diese Schule möchte vor allem dagegen ankämpfen. Hier leben sie bildlich gesprochen ›unter eigener Flagge‹. Man versucht nicht, sie ihrer Eigentümlichkeiten zu berauben, man fügt bloß hinzu, gibt, ohne zu nehmen. Die Schule ist ihr Zuhause. Dort haben sie dieselben Rechte wie in ihrem Vaterland, wie im Haus ihrer Eltern. Und ihre ursprünglichen Sitten und Bräuche, der Charakter ihres Vaterlandes werden von den Kameraden in Ehren gehalten. Die Schule liegt draußen in den Bergen, die Flagge der Freude weht über ihr, die Flagge der Freude ist ihr Banner.«

Der fragende Schatten, der Louises Träume stört, scheint Fragen zu stellen, um sie in eine Falle zu locken. Nun sagt er: »Ja, das klingt alles sehr gut, aber was bedeutet dann das Ganze? Es ist eine Schule für wohlhabende Kinder – für sie kann immer gesorgt werden. Hier werden sie sich in noch höherem Maße als sonst als die Auserwählten fühlen. Sie werden lernen, auf den Armen, den Proleten herabzuschauen. Und sie werden dazu beitragen, den Klassenhass zu schüren, den alle zu bekämpfen versuchen sollten.«

Louise reibt sich die Augen. Sie ist unendlich müde, aber sie ist es gewohnt, alle Fragen zu beantworten, ohne ihre Ungeduld zu verraten.

»Nein«, sagt sie, »so wird die fröhliche Schule nicht sein. Für den Sohn des armen Bergbauern, für den Sohn des kleinen Handwerkers gelten dort dieselben Bedingungen wie für das Millionärskind. Es ist beabsichtig, dass die Schule genauso viele freie Plätze wie bezahlende Kinder hat, und es soll – wenn möglich – eine größere Ehre sein, ohne Schulgeld aufgenommen zu werden, als für Aufenthalt und Unterricht zu bezahlen. Kinder sind von Natur aus Demokraten – bis die Erwachsenen ihnen aristokratische

Neigungen einpflanzen. Das Kind aus der armen, unkultivierten Familie wird hier nicht bewundernd zum Sohn des Herzogs aufschauen, und dieser wird niemals die Gelegenheit bekommen, sich auf Kosten des armen Kindes hervorzutun. Sie sind alle gleich. Und doch wird die Schule nicht nach demokratischen Prinzipien geleitet werden, insofern als Äußerlichkeiten große Bedeutung beigemessen werden wird. Es wird auf ausgesuchte Vornehmheit in Wesen und Benehmen geachtet werden. Nehmen wir ein Beispiel: Tischmanieren. Jedes Kind hat seine guten und schlechten Angewohnheiten, wenn es bei Tisch sitzt. Hier sieht man es aber nicht als größeren Fehler an, wenn jemand das Messer in den Mund steckt und bei Tisch den Kopf in die Hände stützt als wenn jemand mit so steifem Rücken dasitzt, als wäre er ein Eiszapfen. Alle Kinder werden korrigiert. Und damit sie ein Verständnis für ihre Unarten entwickeln, werden ihnen diese in lebendigen Bildern gezeigt! Langsam und geduldig wird ihnen beigebracht, sich ungezwungen und nach den Regeln der Schönheit zu bewegen. Es ist ein großer Fehler zu glauben, dass alle Kinder aus guten Familien auch gute Manieren haben. Der Bauernsohn kann eine stille Würde besitzen, die ihn in seiner Erscheinung dem Grafensohn überlegen sein lässt.

Alles soll mit Augenmerk auf Schönheit vor sich gehen. Die Kinder dürfen nach einer Wanderung selbst den Tisch mit den Blumen des Jahres decken. Es wird ihnen erklärt, dass sie selbst in Tannenzapfen und Moos, wenn nichts anderes zur Hand ist, ein Material haben, um den Tisch prunkvoll und feierlich zu schmücken. Mit anderen Worten werden die Kinder dazu erzogen, sowohl im Schloss als auch in der Hütte zu leben.

Über Jahrhunderte hinweg gab es eine fast unüberwindbare Kluft zwischen den Männern der Hand und den Männern des Geistes. Als im Laufe der Zeit Kultur und Wissen allen Klassen und Ständen zugänglich gemacht wurden, wurde diese Kluft in Wirklichkeit nur noch größer. Die Folge war, dass der erbärmlichste Lastenträger davon träumte, seinen Sohn zum Studieren zu schicken – nicht, um das tägliche Brot zu verdienen, sondern damit er ›zu den anderen‹ gehört. Das schreckliche Studentenproletariat ist wiederum ein Resultat davon. Jeder Vater wünschte sich, sein Sohn möge studieren, ohne Rücksicht darauf zu nehmen, ob er die Fähigkeiten oder die Motivation dazu hatte. Unter entsetzlichen Opfern und oft verzweifelten Anstrengungen von Seiten des Sohnes schaffte es dieser, die erste Prüfung zu bestehen – nun meinte die Familie, dass er ab sofort selbst für den Rest verantwortlich sei. Wie viele brave – aber nicht sonderlich begabte – Priester,

Ärzte oder Juristen sind nicht schon zugrunde gegangen im Kampf um das tägliche Brot? Die besten Jahre ihres Lebens haben sie mit Anstrengungen und Mühe verbracht, und sie haben ihr Ziel – oder das ihrer Eltern –, nämlich das Staatsexamen, als verschuldete, zerrüttete, ausgehungerte Männer erreicht, die nie wieder auf die Beine kommen werden. So wie der Zugang zu den Universitäten ausgeweitet wurde, so wurde der Handwerkerstand eingeschränkt. Handwerker zu sein, war etwas, das wohl nicht gerade verachtet wurde, aber worauf man doch herabschaute. Der Handwerker, der ein Künstler in seinem Fach war, machte Platz für denjenigen, ›der nichts anderes werden konnte‹ und fünf gerade sein ließ. Die wenigen Handwerker, die Künstler auf ihrem Gebiet wurden, weil der Künstler in ihnen unüberwindbar stark war, lebten ein elendes Dasein, immer und überall in den Schatten gestellt von der Arbeit, die mit Maschinen ausgeführt wurde. Und doch ist es eine ewig gültige Wahrheit – je höher die Kultur eines Landes steht, umso mehr benötigt man den Handwerker, der seinem Beruf wie einer edlen Kunst nachgeht. Handwerk und Kunst sind Brüder, eines gedeiht nicht ohne das andere. Ein Heim wird nie vollkommen, wenn die beiden nicht Hand in Hand miteinander arbeiten.

Das Kind wird wohl nicht mit einem bereits ausgebildeten Geschmack geboren, oder es geschieht nur in den seltenen Fällen, wo die Familie viele Generationen hindurch zu den kultivierteren gehört hat. Aber der primitive Sinn des Kindes dafür, was schön ist, ist unbestechlich. Davon kann man sich leicht überzeugen. Die Wohnungen, die in der letzten Hälfte des vorigen Jahrhunderts entstanden, sind wohl die hässlichsten, die jemals das Licht der Welt erblickt haben. Das Heim als Gebäude und als Modephänomen. Die Kinder aus solchen Wohnumständen machten sich wohl kaum klar, warum sie mit so großem Behagen das – oft ärmliche – Zuhause der Großeltern besuchten oder bei einem alten Kindermädchen saßen, das nur eine einzige Stube hatte. Doch später, wenn die Möbel ihres eigenes Elternhaus längst dem Chaos des Vergessens anheimgefallen waren, erinnerten sie sich deutlich und in allen Einzelheiten an eines der alten Möbel, dessen edle Form sich in ihr Gedächtnis eingeprägt hatte. Oder es war ein altes Glas, ein Löffel, ein Kleidungsstück. Dann fällt dem Erwachsenen auf, dass er schon als Kind, ohne etwas von Stil oder Geschmack zu wissen, begriffen hat, was schön ist, und deshalb das Hässliche hat links liegen lassen.

Die Schule draußen in den Bergen setzt sich zum Ziel: Jeder Junge soll, wenn er als Achtzehnjähriger seine Abitur macht, gleichzeitig auch die Gesellenprüfung in einem Handwerk ablegen.

Wie ist da möglich? Wie kann der Junge zwei Dinge meistern, die beide seinen ganzen Fleiß und seine ganze Aufmerksamkeit erfordern? Ja, das ist Sache der Schule. Kennt man das wunderbar eingerichtete Gehirn des Kindes aus dem Effeff, dann weiß man auch, welche empörende Verschwendung von Zeit und Kräften man sich damit erlaubt. Dann weiß man, was ein Kind leisten kann, ohne sich zu überanstrengen. Im Gegenteil, Handwerk und Hirnarbeit, Hand und Geist vertragen sich in großartiger Weise.

Als Lehrer für diese Handwerkskurse werden richtige Handwerksmeister angestellt. Sie sollen mit ihren Familien in der Schule wohnen. Genauso wie auch mehrere Gärtner dort wohnen werden. Auf diese Art und Weise entsteht eine kleine Kolonie von Menschen, die nichts mit dem gewöhnlichen Schulunterricht zu tun haben. Genau wie in alten Zeiten, wo Handwerker ihre kleinen Hütten um die Burg herum wie Schwalbennester an die Mauern klebten, werden die heutigen Handwerker ihren Platz auf dem Areal der Schule bekommen.

Wenn die Jugend der Schule Freilufttheater spielen, werden die Handwerker mit Frauen und Kindern unter den Zuschauern sein.«

Der fragende Schatten schwindet. Der Traum setzt sich fort, das Bild wechselt.

Sieh, wie die Tiere, große und kleine, sich zur Fütterungszeit versammeln! … Die langsamen, glockenbehängten Kühe, die Schafe mit ihren weißen Lämmern, die Esel, die hier so fromm sind, weil sie unter Freunde sind. Und das alte Pferd, das zu nichts mehr nutze ist, seit es mit seiner viel zu schweren Last stürzte und das die Kinder vor dem Fleischermesser gerettet haben. Es wackelt mit dem Kopf und bewegt sich nicht viel. Es ist halb blind und halb lahm, aber es geht umher und genießt so gute Tage wie noch nie.

Aber kein Tier ist so verwöhnt wie das weiße Schwein mit seinen rosigen Ferkeln. Warum gerade das Schwein? Es ist der Gerechtigkeitssinn der Kinder, der hier zum Ausdruck kommt. Jahrhundertelang hat man es als Abschaum behandelt, der dreckigste Abfall war gerade gut genug für es. Nicht einmal sauberes Wasser hat man ihm zu trinken gegönnt. Und das Schwein blieb in seiner Erniedrigung – ein Schwein. Aber sieh mal, wie sauber, wie gemütlich grunzend es auf seinen steifen, unbeholfenen Beinen umherstolpert – und sieh, wie die Jungen umhereilen und mit den kleinen Mädchen spielen! Eines der Kinder hängt sogar einen Blumenkranz um Mama Schweins dicken Hals, und alle lachen.

Die Tauben flattern wie große Schneeflocken über die Schule – bald sitzen sie dort, schauen durch die offenen Fenster und verfolgen den Unterricht, bald versammeln sie sich auf dem Festplatz und sehen gratis bei den *Dalcroze*-Tänzen oder bei den Fechtübungen zwischen Jungen und Mädchen zu.

Der arme Rabe, den sie mit gebrochenen Flügeln fanden, ist nun ein Hausfreund – er fühlt sich sicher wohl, denn er versucht nie, wegzufliegen und sein Nest drüben in den Fichten zu finden. Und man hat ihm nicht die Flügel gestutzt. Von Zeit zu Zeit macht er einen kleinen Ausflug zum Gipfel des Berges, doch vor Abend ist er wieder zurück. Die Kinder haben angefangen, ihm das Sprechen beizubringen.

Sie betreuen den großen Hühnerhof selbst und passen auf, dass der böse Iltis sich nicht hineinschleicht und die Küken zuschanden beißt. Sie sammeln Eier, führen Buch darüber und vergleichen die Eierpreise in New York, Paris und London, genau wie die größeren Jungen die Börsenkurse verfolgen.

Es ist Mittagspause. Während die Glocke läutet – einer der schönsten Gongs aus Indien, ein Geschenk eines Kindes, das sich stets nach der Schule zurücksehnt – strömen die Kinder zusammen auf den Schulhof, und aus dem Gebäude kommen Jungen und Mädchen mit blumengeschmückten Körben auf den Kopf. Die Jungen verteilen frischgebackenes Brot, die Mädchen Obst. Sie trinken Wasser am Brunnen, wie die Frauen des Altertums, und während das Wasser in kleinen Kaskaden emporsteigt, hört man den Jubel der Kinder, wenn es ihnen gelingt, einander Gesicht und Haare nass zu spritzen.

Es hat zwei Tage und zwei Nächte durchgehend geschneit. Draußen in den Bergen ist es immer stiller geworden, die Fichten biegen sich mehr und mehr unter der schweren Last. Ab und zu hört man ein leichtes Seufzen, wenn ein Ast bricht. Im Laufe der Nacht ist draußen im Hof ein Palast aus Schnee entstanden – keiner weiß wie. Es steht dort ruhig, vornehm, mit seinem hohen geschwungenen Portal, mit seiner offenen Halle. Auf einem Thron in der Mitte sitzt der Schneekönig mit seinen jungen Töchtern. Sie tragen Kronen aus Goldpapier.

Doch oben auf dem flachen Dach liegt der Schnee wie ein dickes Daunenfederbett, ein Federbett so dick, wie es nur die altmodischen Bauern besitzen.

Heute soll der Schnee weggeschaufelt werden. Die Mannschaft rückt aus mit Schaufeln und Besen. Sie haben als Belohnung eine Extraration an gebratenen Äpfeln bekommen. Wer brät die Äpfel? Selbstverständlich Ida – die »junge Braut«, wie alle Jungen sie nennen. Alle beten sie heimlich an und huldigen ihr unverhohlen.

Ida hat fünf Monate von den achten hier verbracht, die sie darauf verwenden möchte, um sich auf ihren Beruf als Hausfrau vorzubereiten. Sie kommt aus einer vornehmen Familie, wo alle Türen von lautlosen Dienern geöffnet und geschlossen werden. Sie heiratet – nach einem harten Kampf mit den Eltern – den meistgeliebten aller Lehrer. Sie traf ihn vor zwei Jahren, als sie ihre kleine Schwester besuchte, die in die Schule geht. Sie hat sich entschlossen, ihm ein helles und glückliches Heim zu schaffen. Deshalb will sie alles lernen. Ihr Zimmer in der Schule ist selbst in der kältesten Winterszeit wie ein blühender Garten. Ihr zu Ehren plündern alle Jungen und Mädchen ihre kleinen Treibhäuser. Sie vergöttern sie. Wenn sie an ihre Tür klopfen, ertönt ein jubelndes: »Herein!« Und man sieht sie dasitzen und schreiben und schreiben. Die Kinder verstehen nicht richtig, dass sie jeden Tag so viele Seiten schreiben kann – aber dann denken sie daran, dass ihr geliebter Lehrer sich ganz dort unten in Rom befindet, und dann können sie es doch begreifen. Nach ihm sehnen sie sich jeden Tag – und wenn es Frühjahr wird, kommt er zurück – und dann reist sie nach Hause zur Hochzeit im Mai.

An den klaren Frosttagen, wenn die Sonne scheint, hängt sie ihre Wäsche selbst zum Trocknen auf. Sie handhabt die Wäscheklammern wie Kastagnetten – »Sie ist eine Braut!«, flüstern die Kinder einander zu, als ob das ein großes Geheimnis wäre. Keine Arbeit ist ihr zu grob. Sie rührt Teig an, sie näht Kleider oben im Handarbeitssaal, der nur ein Oberlicht hat, sie fegt die Böden mit dem drolligen amerikanischen Besen, der ganz einfach wie ein Bündel von Lumpen an einen Stiel aussieht. Sie ist das Glück in Person, und die Kinder spüren das.

He, was ist da los? Ist es ein Feuer? Ist man auf der Jagd nach einem Dieb? Was hat der große junge Mann verbrochen, dass er von der ganzen barfüßigen Schar verfolgt wird?

Ach, es ist bloß einer der Lehrer, der einen Morgenlauf mit seiner Klasse unternimmt. Bergauf, bergab. Brust raus, Bauch rein. Dass ihnen nicht die Luft ausgeht! Nein, sie haben bloß rote Wangen und kräftig Appetit bekommen. Das taunasse Gras glänzt mit der Sonne um die Wette.

Die Blätter fallen wieder ... Die goldenen Birken und der rote Ahorn schütteln ihre Schätze, als wären es Millionen von Schmetterlingen, die eine Rast gehalten haben und nun davonflattern, um neue Süße, neues Glück zu finden.

Wenn man durch das welke Laub watet, hört es sich an wie brausende Bäche. Sieh nur, die Proviantmannschaft mit den Säcken auf dem Rücken. Was haben sie wohl in den Säcken? Kartoffeln. Wofür? Warte nur. Tief im Wald schiebt man die Blätter zur Seite und gräbt ein Loch, sammelt Reisig und macht ein Feuer. Die Kartoffeln werden in der Asche gegart. Und über einem anderen Feuer wird Speck gebraten. Es riecht nach angebrannten Zwiebeln. Die dünnen Speckscheiben krümmen sich und werden braun. Man gibt den Kindern die Erlaubnis eine Mahlzeit zu überspringen, um Appetit für diese zu sammeln.

Und nun ist es so weit! Doch die, die Speck haben wollen, müssen sich damit abfinden, auch etwas welkes Laub zu bekommen. Die Blätter glauben gewiss, dass das siedende Fett ein netter kleiner See ist, auf dem sie eine gratis Segeltour bekommen.

»Wer kennt die meisten Arten, gebratene Kartoffeln zu essen?« »Mit Salz!« »Mit Pfeffer!« »Mit Butter und Kastanienpüree!« *Die kleine May* streckt zwei Finger in die Luft. »Na, wie isst du am liebsten gebratene Kartoffeln?« May antwortet, indem sie mit ihren blauen Augen eine Riesenkartoffel fixiert, die ihr zuerst gereicht wird, weil sie die Allerkleinste ist:

»Mit dem Mund und mit den Händen.«

Heute ist Einladungstag! Was das ist? Fragen wir die Kinder! Doch statt zu antworten, springen sie vor Freude in die Luft. In jeder Freistunde werden Versammlungen abgehalten, echte politische Zusammenkünfte im Kleinen. Es ist genauso wichtig, was die sechsjährige Katie zu sagen hat wie das, was der achtzehnjährige Franz meint.

Man hat die Erlaubnis bekommen einen »Helden« einzuladen. Was für einen Helden? Soll er ein Krieger sein? Muss er Menschen getötet haben? Oder ein Seeräuber? Nein, das ist gerade etwas, was er nicht sein darf. Aber sonst kann er alles Mögliche sein, vom Schornsteinfeger bis zum Papst, wenn er sich nur der Ehre würdig erweist, von der ganzen Schule eingeladen zu werden. Er kann Dichter, Luftschiffer, Erfinder, Arzt oder Wissenschaftler sein. Übrigens braucht er kein *Mann* zu sein. Er kann gut eine Frau sein. Ja, er muss nicht einmal am Leben sein, vielleicht nicht einmal gelebt haben. Letztes Jahr feierte man eine alte holländische Frau, die ihr Haus niedergebrannt hatte, damit sich die Kinder beeilten, vom berstenden

Eis an Land zu kommen. Sie entstammte wahrscheinlich eher einer Erzählung. Harald aus Dänemark erwähnte sie, und da alle die Erzählung kannten, wurde man sich sofort einig. Sie konnte zwar nicht eingeladen werden, aber man errichtete ihr draußen im Wald aus einem Felsblock das schönste Denkmal, und alle Kinder halfen mit, ihn zu behauen.

Üblicherweise werden nur lebende Menschen eingeladen, so ist es auch am fröhlichsten. Wenn man sich erst auf den »Helden« geeinigt hat, werden von der ganzen Schule die Einladungskarten oder Einladungsbriefe an ihn geschrieben. Sie werden alle in einer Mappe gesammelt, die in einer der Werkstätten aus Juchtenleder hergestellt wird und auf der Außenseite goldene Buchstaben trägt, und das ist gar nicht so einfach.

Selbstverständlich antwortet er telegraphisch mit »Ja!«, wie könnte es anders sein? Er kommt. Er wird von den Kindern in einem blumengeschmückten Wagen abgeholt. Er tritt durch eine Fahnenallee ein. Alle kleinen Mädchen tragen weiße Kleider – die sie selbst genäht haben, alle Jungen Samthosen mit weißen Strümpfen und Schuhe mit Spangen.

Der fremde Held kann ansonsten tun und lassen, was er will, er muss sich nicht anstrengen und wird nicht mit langen Reden und Vorführungen gelangweilt, aber er erhält die Erlaubnis, in allen Klassen ein und aus zu gehen und bei allen Spielen mitzumachen. Er wird eingeladen, auf die höchsten Bäume zu klettern, und um ihn wird mehr Aufhebens gemacht, als er sich je hätte vorstellen können – seit er ein Kind war und vom Schlaraffenland träumte. Und – ist er Dichter, dann entdeckt er zu seiner Freude, dass alle, unabhängig davon, ob sie etwas von seinen Werken verstehen oder nicht, ausnahmslos alles von ihm gelesen haben, sodass er sie abfragen könnte wie der Pastor seine Konfirmanden den Katechismus abfragt.

Es ist Sonntag vor Weihnachten. Was ist jetzt wieder los? Was bedeutet dieses Durcheinander, dieses Umherlaufen und dieser Lärm? Diese Völkerwanderung? Geht man in die Kirche? Nein, nein, das sind die Bediensteten, die in die Stadt fahren, um die Weihnachtsausstellung zu sehen, sie haben von früh am Morgen bis spät am Abend frei. Die Handwerker und ihre Familien fahren auch mit.

Sie werden standesgemäß verabschiedet. Die großen Jungen, die bereits den Führerschein haben, fahren sie mit dem riesigen Bus in mehreren Gruppe hinunter in die Stadt. Die anderen Kinder stehen auf der Terrasse und winken und rufen: »Auf Wiedersehen!« und »Viel Spaß!« Es wird Abschied genommen, als handle es sich um eine Reise an den Nordpol.

Unten in der Küche geht es los. Es wird gebraten und gekocht und gebacken. Es ist schließlich eine Ehre, von seiner Klasse als Koch für diesen Tag ausgewählt zu werden. Jede Klasse schickt einen Jungen oder ein Mädchen. Das Menu wird auch als Folge eines Ministerrats zusammengestellt. Es hängen Geheimnisse in der Luft. Niemand weiß, was es zu essen gibt – es sei denn, man kann es am Geruch erraten. Die auserwählten »Stubenmädchen« bringen die Zimmer in Ordnung, andere füttern die Tiere. Die ganz kleinen Mädchen haben um Erlaubnis gebettelt, das Hühnerhaus ausmisten zu dürfen. Es war so schwierig, nein zu sagen, doch wurde die Erlaubnis nur unter der Voraussetzung gegeben, dass ältere Freundinnen sie nachher mitsamt Kleidern ins Bad stecken, sodass die kleinen Mitbewohner der Hühner später nicht zu sehr in der Gegend herumspringen.

Zwei Jungen schälen um die Wette Kartoffeln. Der Speisesaal wird feierlich mit Fichtenzweigen geschmückt, ganze Kronen mit bunten Wachskerzen und Papierrosen werden aufgehängt. Es duftet nach dem Weihrauch, der vor dem Feuer liegt und glüht.

Dann wird zu Tisch gebeten. Kleine Wichtelmänner in grauen Überraschungskleidern und mit roten Zipfelmützen balancieren den Lammbraten und die knusprigen Enten auf Tabletts herein. Nur ein Braten ist angebrannt – und er wird am allermeisten gelobt! Der Tag ist so voller Erlebnisse, dass er viel zu früh zu Ende geht. Das Spülen wird mit Chorgesang erledigt: »Trois jolis tambours« – nur drei Teller bleiben auf dem Schlachtfeld in Scherben zurück.

Als »die Kleinen« ins Bett gebracht worden sind, setzt ein reges Treiben ein, für die Rückkehrer muss eimerweise Kaffee gekocht werden und man muss haufenweise Rosinenbrötchen backen. Und guten Gewissens wird der Tag mit einem improvisierten Ball beendet.

Louise reibt sich die Augen. Die Uhr hat sieben geschlagen! Es ist Tag. Sie muss zur Schule. Die andere Schule, die unten in der Stadt. Die Schule draußen in den Bergen ist noch nicht gebaut, aber der Grundstein ist gelegt. Bald werden sich die Mauern wie in dem Traum erheben, bald wird alles Wirklichkeit. Bald wird der neue Tag anbrechen, wenn sie selbst mit ausgebreiteten Armen draußen in den Bergen stehen wird, um »die Kinder der Freude« zu empfangen.

Wo liegt nun diese Schule? Draußen in den Bergen! Ja, aber in welchen? – Ja, in welchen?

Karin Michaëlis: Eine erstaunliche Frau

Sven Hakon Rossel, Alexander Sitzmann

Zweifelsohne gehört die dänische Journalistin und Schriftstellerin Karin Michaëlis (1872–1950)[1] – neben der Norwegerin Sigrid Undset und der Schwedin Ellen Key – zu den bedeutendsten und einflussreichsten Frauenpersönlichkeiten Skandinaviens im 20. Jahrhundert. Wie Undset war Michaëlis eine bedeutende Autorin und wie Key auch eine bahnbrechende Reformpädagogin, alle drei interessierten sich brennend für aktuelle gesellschaftliche und politische Fragen, engagierten sich in der Frauenbewegung und nehmen bis zum heutigen Tag nicht nur in den skandinavischen Ländern, sondern auch in einem internationalen Kontext eine bedeutsame Position ein.

Heute ist Karin Michaëlis in vielen europäischen Ländern vor allem als Kinderbuchautorin bekannt, doch als sie 1929 ihr erstes Kinderbuch, *Bibi*, herausgab, war sie bereits eine etablierte Autorin mit mehr als 30 veröffentlichten Erwachsenenromanen, u.a. *Den farlige Alder* (1910; dt. *Das gefährliche Alter*, 1910), der großes Aufsehen erregte durch die Schilderung einer Frau in den Wechseljahren, die gegen ihr früheres Leben rebelliert und ihren Mann auf der Suche nach der wahren, d.h. erotischen Liebe verlässt. Der Roman war ein Skandalerfolg, wurde vielfach übersetzt und zweimal verfilmt, sowohl 1911 in Dänemark als auch 1927 in Deutschland, mit dem dänischen Filmstar Asta Nielsen in der Hauptrolle. In Deutschland war das Buch innerhalb von 14 Tagen ausverkauft und wurde mehrfach wieder aufgelegt. Daraufhin war Michaëlis bis in die 1930er Jahre vor allem in Deutschland und Österreich als Vortragende und Autorin sehr gefragt. Sie nahm aktiv an den Debatten der Zeit über die Frau und ihre Sexualität teil; gleichzeitig beschäftigte sie sich mit Fragen der Kindererziehung.

Karin Michaëlis wurde in der jütländischen Provinzstadt Randers in eher bescheidenen Verhältnissen geboren. Ihre Kindheit und Jugend schildert sie in einem ihrer Hauptwerke, der teilweise autobiographischen fünfbändigen Romanreihe *Træet paa godt og ondt* (1924–30; dt. *Der Baum der Erkenntnis*, 1925–31). 1892 ging sie nach Kopenhagen, um sich als Konzertpianistin ausbilden zu lassen. Während ihres Studiums begegnete sie dem Schriftsteller Sophus Michaëlis, den sie 1895 heiratete. Die Ehe wurde 1911 aufgelöst; im darauffolgenden Jahr heiratete sie einen amerikanischen Diplomaten und späteren Professor in Berlin, Charles Emil Stangeland, jedoch hielt auch diese Ehe nur wenige Jahre. Das Paar ging bereits 1917 auseinander, ließ sich aber erst 1925 scheiden.

Auf ihrer ersten europäischen Lesereise 1910 lernte Michaëlis in Wien die Pädagogin und Frauenrechtsaktivistin Eugenie »Genia« Schwarzwald (1872–1940) kennen, die insbesondere als Pionierin in der Mädchenbildung bekannt ist. Schwarzwalds Wohnung war Treffpunkt für viele der bedeutendsten Künstler und Persönlichkeiten des kulturellen Lebens jener Zeit (wie z.B. Helene Weigel, Maria Lazar, Adolf Loos, Arnold Schönberg, Oskar Kokoschka, Elias Canetti, Egon Friedell, Robert Musil und Alma Mahler-Werfel sowie Rainer Maria Rilke bei seinen Aufenthalten in Wien).

Die pädagogischen Ideen Schwarzwalds inspirierten Michaëlis zu ihrem Werk *Glædens Skole* (1914; dt. Die fröhliche Schule) – dem vorliegenden Buch. Hier schildert Michaëlis in fiktiver Form die private Reformschule von Eugenie Schwarzwald in Wien mit u.a. dem Architekten Adolf Loos, dem Komponisten Arnold Schönberg und dem Maler Oskar Kokoschka als Lehrer, in der Jungen und Mädchen gemeinsam erzogen wurden und wo Mädchen die Matura machen konnten. Im Unterricht spielten die musischen Fächern und Aktivitäten eine bedeutsame Rolle.

Eine lebenslange Freundschaft entwickelte sich zwischen den beiden Frauen. Die Grundideen der Schwarzwaldschen Pädagogik waren von Gewaltfreiheit, Förderung der Phantasie und Gestaltungskraft und freier Entfaltung des Kindes geprägt – die Ähnlichkeit zu Ellen Keys pädagogischen Ideen ist übrigens frappant – und die beiden korrespondierten miteinander, so wie auch Key mit Michaëlis in Kontakt stand. In einen Brief an die Autorin vom 16. Dezember 1914 schreibt Key: »Meine Liebe, welch bezaubernde Schilderung Sie von Eugenie Schwarzwalds Schule gegeben haben! Was wird sie sich freuen, dass sie so gut verstanden, so liebenswürdig gezeichnet ist! (…) Ich bin so froh darüber, dass ich Sie am liebsten *umarmen* möchte. Grüßen Sie Eugenie, wenn Sie ihr schreiben, und sagen Sie ihr, dass ich sie wiedererkannt habe. (…) Wir leben in düsteren Zeiten, so dass ich oft an meine Freunde in Wien – unter ihnen Genia Schwarzwald – denken muss. Über den Krieg will ich nicht in einem Atemzug mit *Die fröhliche Schule* sprechen, da letztere der helle Frühling ist, der Krieg hingegen der grausige Fimbulwinter.«[2]

Michaëlis beschreibt Eugenie Schwarzwald und ihren Kreis übrigens auch in ihrer dreibändigen Autobiographie *Vidunderlige Verden* (siehe unten) und in verschiedenen Zeitungsartikeln. In ihrem Kinderbuch *Bibis store Rejse* (1930; dt. *Bibis große Reise*, 1930) lässt die Autorin Bibi in Deutschland die sogenannte Odenwaldschule, eine ähnliche Schule wie die Schwarzwald-Schule in Wien, kennenlernen, die 1910 vom deutschem Ehepaar Paul und Edith Geheeb gegründet wurde, und wir finden hier auch einen direkten Hinweis auf »eine schwedische Dame« – zweifelsohne Ellen Key.

Michaëlis veröffentlichte in ihrem Leben etwa 70 Bücher und hatte insgesamt drei große, internationale Erfolge. Der erste kam mit dem Tagebuchroman für Erwachsene *Barnet* (1902; dt. *Das Kind*, 1902), einem Werk, das fünf Jahre im Leben eines sterbenden Kindes schildert, und dem Briefroman *Lillemor* (1902; dt. *Das Schicksal der Ulla Fangel. Eine Geschichte von Jugend und Ehe*, 1902), einem eher makabren Buch, das damit schließt, dass die Titelgestalt, eine kindliche Braut, sich selbst in einem Brunnen ertränkt. Beide Romane wurden sofort ins Deutsche und danach in weitere Sprachen übersetzt (der erste in 12, der zweite gar in 15) und z.B. von Rainer Maria Rilke positiv rezensiert. Die Bücher fokussieren auf die Sexualität und Psyche eines Mädchens in der Pubertät beziehungsweise einer jungen Frau, die einen älteren Mann heiratet, der in seiner Jugend in ihre Mutter verliebt war.

Der zweite Durchbruch erfolgte mit dem bereits erwähnten Roman *Das gefährliche Alter* von 1910. Innerhalb von zwei Wochen nach Erscheinen wurden 86.000 Exemplare verkauft, und um nur ein paar weitere Zahlen zu nennen: 1925 wurden 500.000 Exemplare in Deutschland und 120.000 Exemplare in Frankreich verkauft. In vielen ihrer folgenden Romane schilderte Michaëlis die Tragödie älter werdender Frauen: *Elsie Lindtner* (1911; dt. 1911), eine Fortsetzung von *Das gefährliche Alter*, *Mette Trap og hendes Unger* (1922; dt. *Mette Trap*, 1925), *Familie Worm* (1928 [überarbeitet1933]; dt. *Familie Worm*, 1928), und *Justine* (1931; dt. 1933). Diese werden jüngeren Frauen gegenübergestellt, die gerade dabei sind, ihr fortschreitendes Alter zu realisieren. Oft sind sie die Töchter der älteren Frauengestalten, die gerne im Titel erwähnt werden, da Michaëlis sich mit Vorliebe für das konkurrenzbetonte Verhältnis zwischen Mutter und Tochter (sowie für die beiden Übergangsperioden Pubertät und Klimakterium) interessierte und in weiteren Roman analysierte.

Der dritte große Erfolg gelang mit den sieben sogenannten Bibi-Büchern, angefangen mit *Bibi* (1929; dt. *Bibi, Leben eines kleines Mädchens*, 1929) – ursprünglich für amerikanische Kinder geschrieben und 1928 in New York auf Englisch erschienen – bis hin zu den letzten beiden Bänden *Bibi og Val-*

borg (1939) und *Bibi bliver Landmand* (1939), die bereits 1938 zusammen in dem Band *Bibi lernt Landwirtschaft* auf Deutsch veröffentlicht wurden.

Bibi ist ständig unterwegs. In *Bibis store Rejse* (1930; dt. *Bibis große Reise*, 1930) schafft sie es unter dramatischen Umständen bis Marseille, in *Bibi og Ole* (1931; dt. *Bibi und Ole*, 1931) besucht sie die damalige Tschechoslowakei, in *Bibi og de Sammensvorne* (1932; dt. *Bibi und die Verschworenen*, 1932) Ostpreußen und dann auch noch das heimatliche Jütland mit ihren Freundinnen in *Bibi paa Ferie* (1935; dt. *Bibi in Dänemark*, 1935). In diesem Band versuchen die Mädchen, Kinder auf der ganzen Welt im Kampf für die Rechte der Tiere zu vereinen – auch heute ein aktuelles Thema, kombiniert mit der für die Autorin so typischen internationalen Perspektive. Während die Bibi-Bücher nur bescheidenen Erfolg in Dänemark hatten, wurden sie schnell in mehr als 20 Sprachen übersetzt, u.a. in die anderen nordischen Sprachen sowie ins Englische, Deutsche, Französische, Italienische, Russische und Hebräische.

In den Bibi-Büchern wird immer wieder die autoritäre Schule, vor allem in Form von Mädchenschulen, kritisiert. So antwortet Bibi bei einer Zugfahrt auf die Frage eines älteren Ehepaars (sie nennt sie die »grauen Leute«), ob sie denn fleißig in der Schule sei: »Aus der einen Schule bin ich ausgewiesen worden, weil ich so viele Strafen bekam und immer schwänzte, und aus meiner jetzigen Schule wollen sie mich auch hinauswerfen«. Als die ältere Dame bestürzt reagiert, erwidert Bibi: »Versuchen Sie doch einmal, eine ganze Stunde lang stillzusitzen und sich zu langweilen, immer bloß zu langweilen! Da muss man ausreißen, sonst stirbt man ja!« – eine für Bibi typische Einstellung und Reaktion. Sie will selbst lernen und ihre Erfahrungen selbst machen, und sie kümmert sich einfach nicht um den Inhalt der Schulbücher.

Bereits 1913 richtete Karin Michaëlis in Karl Kraus' Zeitschrift *Die Fackel* zusammen mit u.a. der schwedische Autorin Selma Lagerlöf, dem dänischen Autor Peter Nansen, mit Arnold Schönberg und Adolf Loos einen Appell an die Leser, Geld für die notleidende deutsche Dichterin Else Lasker-Schüler zu sammeln. Später wurde Michaëlis als humanitäre Aktivistin während des 1. Weltkriegs karitativ in Österreich tätig, wo sie bereits so viele Freunde hatte. Diese Aktivitäten führten zu viel Kritik im neutralen Dänemark, doch sie sah es als ihre Aufgabe an, die neutralen Staaten auf die Not, die in den kriegführenden Ländern herrschte, aufmerksam zu machen. Sie reiste mit einer Gruppe von Journalisten nach Budapest, Sarajevo, Montenegro und Albanien und besuchte unterwegs

Flüchtlings- und Gefangenenlager, Krankenhäuser und Waffenfabriken; ihre Eindrücke veröffentlichte sie in verschiedenen dänischen und ausländischen Zeitungen.[4]

Über die Kriegsgeschehnisse gab Michaëlis außerdem auf Deutsch zwei fiktionale Werke heraus, den Erzählband *Weiter leben! Kriegs-Schicksale* (1915) und den Roman *Die neuen Weiber von Weinsberg* (1916). Während ihres Aufenthaltes in Wien begleitete Michaëlis 1919 übrigens die österreichisch-deutsche Schauspielerin und spätere Leiterin des berühmten Berliner Ensembles und Frau des Dramatikers Bertolt Brecht, Helene Weigel, eine Schülerin Eugenie Schwarzwalds, zum Vorsprechen in der Wiener Volksbühne und berichtete darüber in der Berliner *Vossischen Zeitung*. Damit wurde ebenfalls eine internationale Freundschaft begründet.

Nach dem Krieg versuchte Michaëlis weiterhin, in Zeitungsartikeln Völkerverständigung zu propagieren. So nahm sie 1926 an einer Paneuropatagung in Wien teil, organisiert von Richard Coudenhove-Kalergi, und gerade in den 1920er Jahren wurde ihr Engagement immer politischer, sie wandte sich gegen jegliche Art von Zensur, politischer Verfolgung und Folter. Dieses Engagement kam sowohl in zahlreichen Zeitungsartikeln zum Ausdruck als auch in dem antiautoritären und an Robinson Crusoe erinnernden utopischen Roman – oder eher der Parabel – für Kinder und Erwachsene *Die grüne Insel* (1933), von Maria Lazar (siehe unten) ins Deutsche übersetzt und erst 1937 in dänischer Sprache als *Den grønne Ø* veröffentlicht. Geschildert wird eine Naturkatastrophe und der Versuch der überlebenden Bewohnern einer Insel, eine neue Gesellschaft aufzubauen. Verwirrung und Gesetzlosigkeit werden nicht zuletzt unter Mitwirkung der Kinder durch Solidarität ersetzt, und am Horizont taucht schließlich ein rettendes Schiff auf.

Frühzeitig warnte Michaëlis vor der von Mussolini und Hitler ausgehenden Gefahr; bereits 1932 beteiligte sie sich an der großen Antikriegstagung in Amsterdam mit etwa 2000 Delegierten. Im selben Jahr feierte sie ihren 60. Geburtstag in Wien und wurde hier mit einem großen Festbankett und einem Fackelzug vom PEN-Club, dessen Mitglied sie war, gefeiert. Sie erhielt sowohl das Ehrenzeichen für Verdienste um die Republik Österreich als auch den Orden des Weißen Löwen in der Tschechoslowakei.

Im Jahr 1932 trat sie viermal in der Öffentlichkeit mit Reden gegen den Nationalsozialismus auf, weshalb man in Deutschland ab 1933 versuchte, ihre Bücher zu verbieten. Keine neuen Titel von ihr wurden veröffentlicht, und 1936 wurden sie zwar nicht verboten, aber doch für unerwünscht erklärt; ihre Verlagsguthaben wurden eingefroren, bis schließlich im April 1939 all ihre Bücher verboten wurden. Bereits ab 1933 hatte Michaëlis begonnen, in ihren drei Häusern auf der kleinen süddänischen Insel Thurø insgesamt 15 Emigranten aus Nazideutschland aufzunehmen, darunter Bertolt Brecht, Helene Weigel, Hans Henny Jahnn[5] und auch die österreichisch-jüdische Schriftstellerin Maria Lazar.

Im April 1939 emigrierte Karin Michaëlis in die Vereinigten Staaten, die sie bereits zwischen 1903 und 1913 jedes Jahr und später auch in den 1920er und 30er Jahren öfter besucht hatte. In New York hielt sie im Rahmen der Weltausstellung anlässlich des Weltkongresses des PEN-Clubs eine Rede, in der sie für eine neue Weltordnung plädierte, in der die Kultur nicht länger in der Zuständigkeit einer einzelnen Nation läge. Am 11. Mai 1939 wurde sie sogar ins Weiße Haus eingeladen und dort von Präsident Franklin D. Roosevelt empfangen.

Obwohl Michaëlis während des 2. Weltkriegs Trost in ihrer Arbeit suchte und fand, war sie um ihre vielen europäischen Freunde besorgt. Nach der deutschen Okkupation Dänemarks 1940 galten ihre Sorgen natürlich vor allem ihren dänischen Freunden. Finanziell waren es für Michaëlis schwierige Jahre. Von ihren dänischen Einnahmen abgeschnitten, versuchte sie – jedoch ohne großen Erfolg – für amerikanische Magazine zu schreiben, Vorträge zu halten und Romanmanuskripte an amerikanische Verlage zu verkaufen. Erfolg hatte sie aber erst mit dem auf Englisch verfassten Memoirenband *Little Troll* (dt. *Kleiner Kobold*, 1948) im Jahre 1946.

1942 wurde Michaëlis' 70. Geburtstag mit einem festlichen Bankett in New York gefeiert, das von dankbaren deutschen Emigranten arrangiert worden war. Auf der Liste der Spender standen Namen wie Albert Einstein, Sinclair Lewis, Sigrid Undset und Jan Masaryk.

Bertolt Brecht veröffentlichte an diesem 20. März 1942 einen offenen Brief an Michaëlis in der deutschsprachigen Wochenzeitung *Aufbau* in New York, beginnend mit diesen Worten: »Liebe Karin, ich denke nicht, daß Du sehr erstaunt bist, im Exil zu sein; ich jedenfalls wäre eher erstaunt, wenn Du nicht im Exil wärest – bei Deiner Liebe zur Wahrheit und Deinem Zorn gegen Unrecht«, und er schließt mit folgenden Worten: »Wir waren immer darin einig, daß die Zeit, in der wir leben, für Kämpfer eine vortreffliche Zeit ist. In welcher anderen Zeit hatte die Vernunft eine solche Chance? In keiner lohnte der Kampf mehr. In herzlicher Kameradschaft. Dein Brecht«.

Doch Karin Michaëlis wurde von gesundheitlichen Problemen heimgesucht. Im Sommer 1943 erlitt sie eine Koronarthrombose und reiste anschließend als Rekonvaleszentin nach Santa Monica in Kalifornien, wo sie Brecht und Helene Weigel besuchte. Erst nach Ende des 2. Weltkriegs kehrte sie 1946 nach Dänemark zurück, wo sie zu diesem Zeitpunkt fast vollkommen in Vergessenheit geraten war. In Kopenhagen in einer Pension wohnend organisierte sie Lebensmittelpakete für Deutschland und bestimmte testamentarisch, dass die Einnahmen ihrer Bücher in Deutschland dort Notleidenden helfen sollten. Trotz Krankheit arbeitete sie an einer dänischen Version des Bandes *Little Troll*, der unvollendet mit dem für sie so charakteristischen optimistischen Titel *Vidunderlige Verden*, 1–3 (1948–50; wörtlich: »Wunderbare Welt«) veröffentlicht wurde. 1950 starb Karin Michaëlis noch voller Energie und weiterer humanitärer und literarischer Pläne.

Es ist bezeichnend, dass in der reichhaltigen Landschaft von Michaëlis-Bibliographien ein Buch mit dem Titel *Karin Michaëlis. En europæisk humanist* (»Karin Michaëlis. Eine europäische Humanistin«)[6] zu finden ist. Sie war beides: kosmopolitisch und ihr Leben lang für pädagogische Fragen und das Wohlergehen anderer Menschen engagiert – und auch als Schriftstellerin war sie außerordentlich talentiert. Bezeichnend sind ihre Kontakte zur einer großen Anzahl von europäischen Berühmtheiten aus Kunst, Wissenschaft, Politik und Literatur. Zu den oben erwähnten können noch Namen wie Arno Holz, Gerhart Hauptmann, Klaus Mann, Jakob Wassermann, Peter Altenberg, Józef Piłsudski und Edvard Beneš hinzugefügt werden. Eine erstaunliche Frau.

Anmerkungen

1 Siehe Beverley Driver Eddy. *Karin Michaëlis – Kaleidoskop des Herzens. Eine Biographie.* Wien: Edition Praesens, 2003 und Birgit S. Nielsen. *Karin Michaëlis. En europæisk humanist.* Kopenhagen: Museum Tusculanum, 2002.

2 Brief in der Königlichen Bibliothek Kopenhagen, zitiert in Birgit S. Nielsen, S. 117.

3 Karin Michaëlis. Bibi. Leben eines kleinen Mädchens. Mit acht farbigen Bildern und über hundert Zeichnungen von Hedvig Collin und Bibi. Berlin: Herbert Stuffer Verlag, 1928, S. 124–125.

4 Siehe Birgit S. Nielsen, S. 25–26.

5 Hans Henny Jahnn zeichnet im Übrigen ein interessantes, ja sogar ein wenig groteskes Bild von seinem Aufenthalt auf Thurø: »Ich selbst war vorübergehend bei Karin Michaëlis. Ich schulde ihr Dank. Aber die Wahrheit ist, daß ich nicht lange bei ihr sein konnte.

Sie ist (…) ein ungemein interessanter Mensch – mit vielen Schwächen. Sie liebt Juden und Männer im Frack. Sie raucht täglich 100 Zigaretten. Mir lieh sie ein kleines Holzhaus, einen Pelzmantel und beschüttete mich gelegentlich mit Parfüm. Sie ist in praktischen Dingen des Lebens ungemein tüchtig und erwartete von mir, daß ich ihren sehr umfangreichen Garten in Ordnung hielte. Dazu war ich weder fähig, noch hatte ich den Willen dazu. Trotzdem vertrugen wir uns ausgezeichnet. Aber die Zeiten ändern sich. Brecht kam auch nach Turö.« (zit. nach: Die Zeit (5.12.1986), S. 41).

6 Siehe Fußnote 1.